250 x
Bayern erleben

Der offizielle Ausflugsführer von

Bayerns beste Freizeittipps

Lisa Bahnmüller , Martina Gorgas

Inhalt

Vorwort

Bayern, das ist mehr als ein Ort.

*E*s ist ein besonderes Lebensgefühl, der starke Zusammenhalt untereinander und vor allem natürlich unsere Heimat, die – ganz nach dem Motto »Laptop und Lederhosn« – Tradition und modernes Leben so wunderbar miteinander vereint.

Genauso vielfältig wie das Leben hier in Bayern sind auch die Erlebnisse, die wir für euch in unserem neuen Buch zusammengestellt haben. Als Inspiration für alle, die neue Ecken bei uns im Freistaat kennenlernen wollen, zusammen mit der Familie oder mit Freunden.

Ob Schneewittchen-Schloss, spannende Wildwasserabenteuer oder eine Reise ins Weltall – in »250 x Bayern« ist für jeden etwas dabei! Ich wünsche euch ganz viel Spaß beim gemeinsamen Entdecken und viele schöne Momente mit euren Lieben.

Euer

Wolfgang Leikermoser

Anfahrt **Öffentlich:** Zug nach Würzburg, Regionalzug nach Bad Neustadt, Bus 8305 nach Bischofsheim. **Auto:** A 71 Ausfahrt Bad Neustadt, B279 Richtung Bischofsheim, dann links auf die St 2289, rechts auf die NES 53 und rechts in die Hofstraße nach Bischofsheim.

Informationen Kloster Kreuzberg, Kreuzberg 2, 97653 Bischofsheim, Tel. 09772/912 40; www.kloster-kreuzberg.de.

Auf den höchsten Gipfel Frankens   1

Der Kreuzberg bei Bischofsheim ist ein Berg der Superlative: eines der beliebtesten Ausflugsziele der Rhön, mit stolzen 928 Metern der höchste Berg weit und breit, dank seiner jahrhundertelangen Tradition als Wallfahrtsort der »heilige Berg der Franken« und wegen seines hervorragenden Klosterbiers bei Bierkennern geschätzt.

Zugegeben, etwas steil ist die Wanderung von Bischofsheim auf den Kreuzberg durchaus – ein wenig Kondition braucht ihr also schon! Dafür verläuft sie aber größtenteils im Schatten – und die Strapazen des Aufstiegs lohnen sich unbedingt! Denn sobald ihr die Stufen zu den drei Gipfelkreuzen bezwungen habt, bietet sich euch ein atemberaubender Panoramablick über die Rhönberge und die umliegenden Dörfer. Außerdem erwartet euch ein traditionsreiches Kloster mit einer sehenswerten Klosterkirche und einem tollen Klostergarten. Und nicht zuletzt eine gemütliche Klosterschänke, in der ihr mit dem aromatischen Kreuzbergbier, das hier seit 1731 gebraut wird, euren Durst löschen könnt. Also, worauf wartet ihr? Die Wanderschuhe geschnürt und los!

Ausgangspunkt der rund zweieinhalbstündigen Wanderung ist der Parkplatz in der Bischofsheimer Altstadt. Dort folgt ihr der Markierung mit einem grünen »Ö« (Zubringer zum Hochrhöner) und biegt zunächst rechts in die Kreuzbergstraße ein, danach erneut rechts in den Zentweg. Der weitere Weg verläuft schön über Wiesen bis zu einem kleinen Waldstück. Hier geht ihr den angenehm schattigen Waldweg hoch und kommt wenig später an der Ruine Osterburg vorbei. Ihr folgt weiter dem grünen »Ö« und erreicht den Hochrhöner. Hier wechselt die Markierung und wird zu einem orangefarbenen »Ö« (Premiumweg Hochrhöner), das euch ab jetzt bis zum Ziel dieser Wanderung, dem altehrwürdigen Kloster, begleitet. Ihr geht nun am Hang des Arnbergs entlang (herrliche Aussicht!) bis zur Kreuzung Kreuzbergstraße/Abzweigung Oberwildflecken. Im Folgenden wandert ihr nach rechts entlang der Kreuzbergstraße, dann über Wiesenwege und durch Buchenwald zum Kloster Kreuzberg.

Anfahrt **Öffentlich:** Bahnlinie München–Würzburg, ab Würzburg Regionalbahn nach Münnerstadt. **Auto:** A 9 München–Nürnberg, Ausfahrt Kreuz Nürnberg, A 3 Richtung Frankfurt a. M./Würzburg/Bamberg/A 73/Nürnberg-Nord, Ausfahrt Kreuz Fürth/Erlangen, A 73 Richtung Schweinfurt/A 70/Bamberg/Erlangen/Coburg, Ausfahrt A 70 Richtung Schweinfurt/Bamberg, Ausfahrt Dreieck Werntal, A 71 Richtung Erfurt/Bad Neustadt/Bad Kissingen, Ausfahrt Bad Kissingen/Oerlenbach, Richtung Bad Kissingen/Oerlenbach/Rannungen, B 286 bis Münnerstadt fahren.

Informationen Stadt Münnerstadt, Marktplatz 1, 97702 Münnerstadt, Tel. 09733/810 50; www.muennerstadt.de. Rhön GmbH, Spörleinstraße 11, 97616 Bad Neustadt, Tel. 09771/946 70; www.tourismus-nes.de.

Mittelalter live erleben
in Münnerstadt

2

Mit der über 700 Jahre alten Stadtmauer, den wuchtigen Stadttoren, der spätbarocken Klosterkirche und dem Riemenschneideraltar in der gotischen Pfarrkirche ist ein Besuch in Münnerstadt wie ein Ausflug ins Mittelalter. Wenn ihr sportlich ambitioniert seid, lässt sich die Stadt-besichtigung mit einer schönen Fahrradtour kombinieren.

Die Kleinstadt Münnerstadt liegt sehr reizvoll an den südlichen Ausläufern der Rhön. Bewaldete Berge umgeben sie. Schon vor rund 6000 Jahren, in der Jungsteinzeit, wurde auf dem heutigen Stadtgebiet gesiedelt. Im Jahr 770 wurde die Stadt erstmals urkundlich als Munirihestat erwähnt. Um das Jahr 1230 entwickelte sich die befestigte Stadt Münnerstadt. In der historischen Altstadt mit ihren zahlreichen fränkischen Fachwerkbauten, einer noch sehr gut erhaltenen Stadtmauer und dem 35 Meter hohen Stadtturm aus dem 13. Jahrhundert erlebt ihr noch heute mittelalterliches Flair. Direkt am Marktplatz beeindruckt das Rathaus im Fachwerkstil, das um 1469 errichtet wurde. Weitere historische Gebäude in der Altstadt sind die Zehntscheune, das Landgerichtsgebäude, das Heimatspielhaus, der Henneberger Hof, die Stadtpfarrkirche und die Klosterkirche St. Michael. Der älteste Gebäudekomplex der Altstadt ist der Bildhäuser Hof, ursprünglich ein Patrizierhof, später die Stadtniederlassung des Klosters Maria Bildhausen. Das ehemalige Deutschordensschloss beherbergt heute die Sammlungen des Henneberg-Museums.

ANTENNE BAYERN TIPP

Wenn ihr gerne mit dem Fahrrad unterwegs seid, empfehlen wir euch die sehr schöne Radtour entlang des Rhönradwegs von Bischofsheim nach Hammelburg (ca. 76 Kilometer). Von Bischofsheim mit seiner historischen Altstadt und dem berühmten Kloster Kreuzberg verläuft der Radweg flach bis leicht abfallend auf einer ehemaligen Bahnlinie in Richtung Bad Neustadt. Dort fahrt ihr durch den Kurpark und das Kurviertel in Richtung Niederlauer. Weiter geht's nach Bad Kissingen und schließlich nach Hammelburg, der ältesten Weinstadt Frankens. Nun ist es nicht mehr weit bis nach Münnerstadt. Je nach Kondition und persönlicher Fitness teilt ihr euch die Strecke individuell ein: Fahrradfreundliche Hotels, Pensionen und Gaststätten gibt es entlang der Strecke in großer Auswahl.

Anfahrt

Öffentlich: Bahnlinie München–Fulda, ab Fulda Bus nach Bad Brückenau, ab Bad Brückenau Bus nach Wildflecken-Oberbach. **Auto:** A 9 München–Nürnberg, Ausfahrt Kreuz Nürnberg, A 3 Richtung Frankfurt a. M./Würzburg/Bamberg/A 73/Nürnberg-Nord, Ausfahrt Kreuz Biebelried, A 7 Richtung Hannover/Kassel/Schweinfurt, Ausfahrt Bad Brückenau/Wildflecken, B 286 Richtung Bad Brückenau/Wildflecken/Jossa, Ausschilderung nach Wildflecken folgen.

Informationen

Tourismusverband Franken e. V., Wilhelminenstraße 6, 90461 Nürnberg, Tel. 0911/94 15 10; www.frankentourismus.de.
Ballonteam Rhön, Marc Trum, Löwenstraße 15a, 97653 Bischofsheim/Rhön, Tel. 09772/93 09 65; www.ballonteam-rhoen.de.
Rhöner Ballöner e. V., Agentur: Sturmiusstraße 12, 36037 Fulda, Tel. 09772/71 60; www.rhoener-balloener.de.

Schwerelos durch die Luft: Ballonfahrt in der Rhön

Wünschst du dir manchmal, abheben zu können? Frei wie ein Vogel zu sein? Dann bist du reif für einen Flug im Heißluftballon. Am besten in der Rhön, dem bayerischen Heißluftballon-Mekka. Die Schönheit der Rhön mit ihren Bergen und Kuppen aus der Vogelperspektive zu bewundern, ist ein unvergessliches Erlebnis.

Der wohl schönste Startplatz für eine Ballonfahrt in der bayerischen Rhön ist der Kreuzberg beim unterfränkischen Städtchen Wildflecken. Vom Gipfel aus hast du einen fantastischen Rundblick weit in das fränkische Land, die hessische Rhön, den Thüringer Wald und den Spessart. Da verwundert es kaum, dass es hier im Umkreis von nur 25 Kilometern zehn Ballonfahrtanbieter gibt.

Du hast dich schon für eine Ballonfahrt angemeldet? Prima, dann kann es gleich losgehen. Kleide dich am besten so, als würdest du wandern gehen. Wichtig sind vor allem stabile Schuhe. Und bring etwas Zeit mit. Die reine Fahrtzeit in der Luft beträgt eine bis eineinhalb Stunden. Mit Aufrüsten, Fahrt, Bergung, Taufe und Rückfahrt zum Startplatz kommt man aber leicht auf drei bis vier Stunden.

Vom vereinbarten Treffpunkt fährt man gemeinsam zum Startplatz, wo du beim Aufbau des Heißluftballons mit anpacken darfst. Vor dem Abheben macht dich dein Pilot mit dem Ballon vertraut und weist dich in deine »Pflichten an Bord« ein. Und schon hebst du ab und schwebst mit dem Wind über die bewaldeten Kuppen und Hügel der Rhön, ihre kleinen Dörfer und spitzen Kirchtürme. Genieße das unbeschreibliche Gefühl der Schwerelosigkeit und freue dich, die Welt einmal aus einer ganz anderen Perspektive zu erleben. Irgendwann sucht dein Pilot dann ein geeignetes flaches Landegelände. Bei der Landung kippt der Ballon häufig um. Jetzt weißt du, warum festes Schuhwerk ratsam ist. Danach ist »Aufräumen« angesagt. Die daran anschließende »Ballönertaufe« mit einem Glas Sekt und dem Überreichen deiner Taufurkunde erhebt dich sozusagen in den Adelsstand der Ballonfahrer.

Anfahrt

Öffentlich: Bahnlinie München–Würzburg, ab Würzburg Regionalexpress bis Bad Neustadt (Saale), ab Bad Neustadt Bus nach Bischofsheim. **Auto:** A 9 München–Nürnberg, Ausfahrt Kreuz Nürnberg, A 3 Richtung Frankfurt a. M./Würzburg/Bamberg/A73/Nürnberg-Nord, Ausfahrt Kreuz Biebelried, A 7 Richtung Hannover/Kassel/Schweinfurt, Ausfahrt Bad Brückenau/Wildflecken, B 286 Richtung Bad Brückenau/Wildflecken/Jossa, bei St 2289 rechts, bei B 279 rechts, Ausfahrt B 278 auf der linken Seite Richtung Eisenach/Ehrenberg/Bischofsheim a. d. Rhön/Kreuzberg, bei NES 10 rechts, Ausschilderung nach Bischofsheim a. d. Rhön folgen, über Hochrhönstraße zum Schwarzen Moor fahren.

Informationen

Biosphärenzentrum »Haus der langen Rhön«, Unterelsbacherstraße 4, 97656 Oberelsbach, Tel. 09774/91 02 60; www.biosphaerenreservat-rhoen.de. Informationsstelle Schwarzes Moor, Schwarzes Moor 1, 97650 Fladungen, Tel. 09778/74 85 16; www.rhoentravel.de.

Früher Grusel, heute Natur pur im Schwarzen Moor

4

Schwarzes Moor – schon der Name klingt geheimnisvoll. Man würde sich nicht wundern, wenn hier aus dem Rhön-Moor plötzlich der Hund der Baskervilles auftauchen würde. Man sagt, man könne noch heute ab und zu die Turmuhr einer Stadt schlagen hören. Diese soll im Moor versunken sein, weil ihre Bewohner zu sündig lebten.

Wer weiß, vielleicht hörst auch du die Uhr, wenn du auf Bayerns erstem Moorlehrpfad wanderst? Doch keine Sorge, heute ist es ungefährlich, sich dem Schwarzen Moor zu nähern. Du kannst es auf einem knapp drei Kilometer langen Bohlensteg erkunden, der 1987 angelegt wurde und sogar mit Kinderwagen oder Rollstuhl befahrbar ist.

Das Schwarze Moor stellt einen einzigartigen Naturraum dar und bietet seltenen Tieren Lebensraum, etwa dem Birkhuhn, das sonst außerhalb der Alpen als ausgestorben gilt, oder der Arktischen Smaragdlibelle. Zwischen 1770 und 1939 wurde im Schwarzen Moor Torf abgebaut, aber zum Glück nur in geringen Mengen, sodass das Gebiet heute immer noch sehr gut erhalten ist. Das Schwarze Moor steht unter Naturschutz und gehört zudem zum europaweiten Schutzgebiet NATURA 2000.

Beim Zugang zum Schwarzen Moor fällt dir bestimmt ein steinernes Tor auf. Es ist der Eingang zu einem früheren Lager des Reichsarbeitsdienstes, das die Nationalsozialisten 1936 hier errichten ließen. Die Rhön sollte ein nationalsozialistisches Mustergebiet werden. Teile des Moores wurden trockengelegt, Wälder aufgeforstet und Äcker angelegt. Eine Infotafel am Tor gibt Aufschluss über diese unrühmliche Zeit. Heute ist der als Musterhof angelegte Rhönhof eine Gaststätte, das Lager bis auf das Eingangstor verschwunden.

Erst vor Kurzem wurde ein 17 Meter hoher Aussichtsturm aus Holz errichtet. Von dessen großer Plattform hast du einen guten Überblick über das Moor und die Hochrhön.

ANTENNE BAYERN TIPP

Von 1. April bis 31. Oktober kannst du immer sonntags um 10 Uhr an einer interessanten geführten Moorwanderung teilnehmen. Treffpunkt ist der Steinerne Torbogen.

Anfahrt

Öffentlich: Bahnlinie München–Aschaffenburg, ab Aschaffenburg Bus zum Pompejanum. **Auto:** A 9 München–Nürnberg, Ausfahrt Kreuz Nürnberg, A 3 Richtung Frankfurt a. M./Würzburg/Bamberg/A73/Nürnberg-Nord, Ausfahrt Aschaffenburg-Ost, B 26 Richtung Aschaffenburg, bei St 2312 auf St 2309 bis Pompejanum fahren.

Informationen

Pompejanum Aschaffenburg, Pompejanumstraße 5, 63739 Aschaffenburg, Tel. 06021/21 80 12.

Öffnungszeiten

1. April–15. Okt. 9–18 Uhr, Mo geschlossen.

Preise

Erwachsene 5,50 €, ermäßigt 4,50 €, Kinder und Jugendliche bis 18 Jahre frei.

Pompejanum Aschaffenburg – fast wie in »Bella Italia«

Was wäre Bayern ohne den kunstsinnigen König Ludwig I.? In München hat er viele bedeutende Bauwerke erbauen lassen. Doch nicht nur in der Landeshauptstadt realisierte der König eindrucksvolle Bauprojekte, sondern auch in Aschaffenburg. Dort steht das »Pompejanum«, das Idealbild einer römischen Villa.

Der Italien-begeisterte König Ludwig I. war von den Ausgrabungen in Pompeji so fasziniert, dass er in Aschaffenburg von 1840 bis 1848 ein römisches Wohnhaus originalgetreu nachbauen ließ. Die römische Villa war nicht für ihn persönlich gedacht, sondern sollte Kunstliebhabern eine Möglichkeit zum Studium der antiken Kultur geben. Doch in der Realität erreichte er sein Volk damit kaum.

Ganz anders geht es uns heute beim Besuch im Pompejanum. Die römische Villa fasziniert durch ihre originalgetreue Architektur und Innenausstattung. Um die zwei Innenhöfe, das Atrium mit Wasserbecken zum einen und das begrünte Viridarium im hinteren Teil zum anderen, sind im Erdgeschoss Empfangs- und Gästezimmer, Küche und Speisezimmer angeordnet. Die Wandmalereien und Mosaikböden der farbenprächtigen Räume sind an römische Vorbilder angelehnt. Seit 1994 bilden sie den Rahmen für Kunstwerke aus den Beständen der Staatlichen Antikensammlung in München. Neben römischen Bildnissen, Statuen und Marmorwerken gehören dazu Gebrauchsgegenstände wie ein Schreibstift, eine bronzene Hundemarke, ein Angelhaken oder ein Vorhängeschloss.

Auch der Standort für die römische Villa in Bayern war geschickt gewählt. Das Pompejanum liegt malerisch auf einem Weinberg über dem Main und ist von einem mediterran gestalteten Garten umgeben. Es werden auch wechselnde Sonderausstellungen gezeigt.

ANTENNE BAYERN TIPP

Per Smartphone in die Antike – unter museum.de gibt es eine spannende Kinderführung durch das Pompejanum. Stationen, auf denen die Kids mehr über römisches Alltagsleben erfahren, sind etwa »Die Culina (Küche)«, »Das Viridarium (Garten)« und »Die Latrina (Toilette)«.

Anfahrt **Öffentlich:** Mit der Bahn bis Aschaffenburg Hauptbahnhof, zu Fuß weiter; die FunFabrikBowl liegt südlich des Bahnhofs, Luitpoldstraße/Ecke Friedrichstraße. **Auto:** Über die A 3 nach Aschaffenburg-Ost, dort auf der B 26 ins Stadtzentrum.

Informationen FunFabrikBowl,

Luitpoldstraße 9, 63739 Aschaffenburg, Tel. 06021/582 28 00; www.funfabrikbowl.de.

Öffnungszeiten Mo/Mi/Do ab 15 Uhr, Fr ab 14 Uhr, So/So ab 9 Uhr, dienstags Ruhetag.

Preise Je nach Wochentag und Uhrzeit pro Spiel ab 2,50 € oder 1 Std. ab 16 €.

Bowlingfreude pur – speziell auch für Kids

6

Zehn Pins, ein Bowlingball, die Chance auf einen Strike! Hier geht es um Bowling pur, die aus Amerika stammende, sportlichere Art des Kegelns. Probiert es einfach einmal aus – in der großen FunFabrikBowl von Aschaffenburg. Die Regeln sind schnell gelernt und Spaß für alle ist garantiert!

Wer noch nie in einer Bowlinghalle war, bekommt in der FunFabrikBowl auf Wunsch zunächst eine kurze, kostenlose Einführung. Dabei werden die Regeln, der Spielablauf und vor allem die Wurftechnik genau erklärt. Im Anschluss daran mietet ihr euch am besten eine eigene Bahn und probiert es aus. Tauscht eure Straßenschuhe aber vorher gegen spezielle Bowlingschuhe, denn sie schonen die Bahn. Es gibt sie vor Ort gegen eine geringe Gebühr zu leihen … und schon kann es losgehen.

Im Unterschied zum Kegeln gibt es beim Bowling einen Kegel mehr. Hier stehen zehn Pins – so heißen die Kegel beim Bowling – in Dreiecksformation am Ende der Bahn. Im Idealfall räumt ihr diese »ten pins« mit einem Wurf ab! Dann habt ihr den »strike« geschafft, den absolut perfekten Wurf. Damit alle diesen schönen Erfolg ernten, gibt es etwas ganz Besonderes für kleinere Kinder im FunFabrikBowl: Auf allen zwölf Bowlingbahnen ist ein kindgerechtes sogenanntes Bumper-Bowling-System installiert. Dabei werden die Seitenwände erhöht, damit jede Kugel immer den richtigen Weg findet und nicht seitlich an den Pins vorbeikullert. Denn auch beim Bowling gilt: Nur die Übung macht den Meister! Bestimmt habt ihr auf diese Weise den Dreh schnell raus und dann steht einem richtigen Familienduell nichts mehr im Weg.

ANTENNE BAYERN TIPP

Wunderbar kombinieren lässt sich der Besuch der Bowlingbahn mit einer Besichtigung der schönen Altstadt von Aschaffenburg. Das Schloss Johannisburg oder das Pompejanum, eine nachgebaute römische Villa, wie man sie sich im 19. Jahrhundert idealerweise vorgestellt hatte, sind nur zwei von vielen Möglichkeiten. Im Sommer lockt vor allem das am Main gelegene Aschaffenburger Freibad Familien zu einem Sprung ins Wasser.

7 Adelsburg im Miniformat: Templerhaus in Amorbach

Das gibt es nicht überall: ein Haus – unten Turm, oben Fachwerk. Die Rede ist vom Templerhaus in Amorbach, das zu den ältesten Fachwerkhäusern in Deutschland zählt. Neben dem Templerhaus trefft ihr in dem romantischen Barockstädtchen auf enge, verwinkelte Gassen, das historische Rathaus und die Abteikirche mit der riesigen Barockorgel.

Wenn ihr vor dem Templerhaus steht, wird euch auffallen, dass es aus zwei Teilen besteht: Das Obergeschoss im Fachwerkstil wurde 1291 errichtet, der turmartige Unterbau ist vermutlich bis zu 100 Jahre älter. Im Laufe der Zeit wechselte das Templerhaus mehrfach seinen Besitzer, bis 1975 war es bewohnt. 1981 erwarb die Stadt das Anwesen, das restauriert und unter Denkmalschutz gestellt wurde. Der Name »Templerhaus« geht auf eine Beschreibung Amorbachs von 1856 zurück und hat nichts mit dem Templerorden zu tun. Außerdem sehenswert: die spätbarocke Abteikirche mit ihrer Rokokoausstattung.

ANTENNE BAYERN TIPP

Lust auf eine Wanderung bei Amorbach? Aus der Stadt führt ein fünfeinhalb Kilometer langer, mit einem gelben »L« markierter Rundweg über den Sommerberg durch ehemalige Weinberge auf den Gotthardsberg. Die Gehzeit beträgt gemütliche zwei Stunden.

Anfahrt Öffentlich: Bahnlinie München–Aschaffenburg, ab Aschaffenburg Regionalbahn bis Miltenberg, ab Miltenberg Regionalbahn bis Amorbach. Auto: A 9 München–Nürnberg, Ausfahrt Kreuz Nürnberg, A 3 Richtung Frankfurt a. M./Würzburg/Bamberg/A 73/Nürnberg-Nord, Ausfahrt Dreieck Würzburg-West, A 81 Richtung Stuttgart/Heilbronn/Tauberbischofsheim, Ausfahrt Ahorn, Richtung Buchen/Hardheim, bei L 579 links, bei L 514 rechts und bis Amorbach fahren.

Informationen Stadt Amorbach, Kellereigasse 1, 63916 Amorbach, Tel. 09373/2090; www.amorbach.de. Informationen zu öffentlichen Gästeführungen »Templerhaus«: Informationszentrum Bayerischer Odenwald, Schlossplatz 1, 63916 Amorbach, Tel. 09373/200574.

Wie im Fieber: Höhen-rausch in Reinkultur!

Ein Flugplatz, wie es ihn in Bayern kein zweites Mal gibt. Zu erreichen über ein winziges Sträßchen. Flugverrückte unter sich. Gestartet und gelandet wird auf einem 450 Meter hohen Plateau – mit dem Motor-flugzeug, Ultraleichtflugzeug, Gyrokopter, Hubschrauber, Gleitschirm oder mit dem Fallschirm in der Absetzmaschine …

Wo du auf dieses Abenteuer der Lüfte triffst? Auf dem Flugplatz von Mainbullau, einem Ortsteil von Miltenberg, auf einem Berg hoch über dem Maintal gelegen. Hier gibt es einfach alles für »über den Wolken« – Motorflugzeuge, Motorsegler, Ultraleichtflugzeuge, Hubschrauber und Fallschirmspringer – für jeden einzeln oder auch für Gruppen. Einfach herkommen und mitfliegen!

Du musst dich nur entscheiden, was du in der Luft erleben willst: zum Piloten in das Cockpit eines modernen Ultraleichtflugzeugs einsteigen oder – nach einer kurzen theoretischen Einweisung – einen Schnupper-kurs in der Luft machen? Ein unvergesslicher Genuss ist das Fallschirm-springen, ob zu zweit oder allein: Nach einem kurzen Lehrgang gleitest du im Tandem mit dem Fallschirm durch die Lüfte – zuvor gilt es aber, 50 Sekunden freien Fall aus 3000 Meter Höhe durchzustehen!

Anfahrt Öffentlich: Zug nach Aschaffen-burg, Regionalbahn nach Miltenberg, RUF 84 Rufbus zum Flughafen Mainbullau (Voranmeldung bis Freitag 16 Uhr unter Tel. 09371/60 06).

Informationen Flugsportclub Miltenberg e. V., Mainbullau, Flugplatz 3, 63897 Miltenberg, Tel. 09371/3363; www.flugplatz-mainbullau.de (sämtliche Flüge können online gebucht werden).

Öffnungszeiten Im Winter telefonisch erfragen, im Sommer 8–16 Uhr.

Preise Schnupperflug Ultraleichtflug-zeug 30 €, Ultraleichtflugzeug selbst fliegen 168 €, Motorflug z. B. 115 €, Tandemsprung 195 €. Weitere Kosten siehe Homepage der Freizeitwerkstatt.

Anfahrt **Öffentlich:** Bahnlinie München–
Aschaffenburg, ab Aschaffenburg Regionalbahn
nach Miltenberg, ab Miltenberg Bus nach
Großheubach. **Auto:** A 9 München–Nürnberg,
Ausfahrt Kreuz Nürnberg, A 3 Richtung Frankfurt
a. M./Würzburg/Bamberg/A 73/Nürnberg-Nord,
Ausfahrt Wertheim/Lengfurt, Richtung Wert-
heim/Lengfurt/Miltenberg, bei L 2310 links,
bei St 2309 links bis Kloster Engelberg fahren.

Informationen Franziskanerkloster
Engelberg, Kloster Engelberg 1,
63920 Großheubach, Tel. 09371/94 89 40;
www.franziskaner-engelberg.de.

Auf »Engelsstaffeln« zum kühlen Klosterbier

9

Anstrengend ist es schon, die 612 Stufen zum Kloster Engelberg zu erklimmen. Aber lohnenswert ist es allemal. Von dem beliebten Wallfahrtsort genießt ihr herrliche Ausblicke. Nach einer Legende haben Engel das Baumaterial die Treppe hinaufgetragen – deshalb heißen die Stufen auch »Engelsstaffeln« …

Auf eurem mühseligen Weg nach oben begleiten euch sechs Wegkapellen und 14 Kreuzwegstationen – man mag sich gar nicht vorstellen, dass dieser Kreuzweg noch vor 50 Jahren auf Knien gebetet wurde! Wir sind jedenfalls froh, oben anzukommen, und genießen den fantastischen Blick über das Maintal und auf Großheubach.

Der geschichtliche Ursprung des Engelbergs lässt sich nicht mehr genau feststellen, ist aber um etwa 1300 zu suchen. Es gilt als sicher, dass in der Nähe des heutigen Klosters eine heidnische Kultstätte existierte. Etwa um 1300 wurde dann eine schlichte Holzkapelle erbaut und dem Erzengel Michael als Kämpfer gegen die heidnischen Götter gewidmet. Wer die kurz danach errichtete Marienstatue aus geschnitztem und bemaltem Holz gestiftet hat, ist nicht überliefert. Die Verehrung des Erzengels Michael und der Gottesmutter war der Beginn der bis heute andauernden Wallfahrten.

Im Jahr 1630 trug der Mainzer Erzbischof Kasimir von Wambold einer Gruppe von Kapuzinermönchen den Bau eines Klosters auf dem Engelberg auf. König Ludwig I. übergab das Kloster 1828 dann jedoch den Franziskanermönchen, die es noch heute bewirtschaften. Das Kloster kann nur im Rahmen einer Führung besichtigt werden. Öffentlich zugänglich ist aber der traumhaft schöne Franziskusgarten. Die stille Atmosphäre mit Kerzenkapelle und Franziskusbrunnen lädt zum Verweilen ein.

ANTENNE BAYERN TIPP

Nach dem anstrengenden Aufstieg habt ihr euch einen genussreichen Aufenthalt im schönen Bier- und Weingarten des Klosters verdient. Dort werden nach altem Rezept gebrautes dunkles Klosterbier, frisch gebackenes Gewürzbrot und selbst gekelterter Wein vom kleinen Weinberg beim Kloster angeboten. Im Klosterladen findet ihr kulinarische und andere Reiseandenken.

Anfahrt **Öffentlich:** Mit der Bahn bis Heigenbrücken, dann 30 Minuten Fußweg. **Auto:** Über
die A 3, Ausfahrt Weibersbrunn/Heigenbrücken,
oder über die B 26 nach Heigenbrücken.

Informationen Kletterwald Spessart,
Am Wildpark, 63869 Heigenbrücken, Tel.
0179/454 58 68; www.kletterwald-spessart.de.

Öffnungszeiten Ab den Osterferien
bis Ende der Herbstferien; in den Ferien tgl.

10–19 Uhr, sonst i. d. R. Fr–So (Uhrzeit siehe
Internet).

Preise 2,5-Stunden-Ticket: Kinder bis
12 Jahre 16 €, Jugendliche bis 18 Jahre 19 €,
Erwachsene 22 €.

Altersbeschränkung Eine Mindestgröße von 1,40 m gilt für den Erwachsenen-
parcours.

Ganz wie Tarzan durch den Kletterwald Spessart

Hoch oben zwischen Bäumen klettern. Ohne Boden unter den Füßen. Nur durch ein Seil gesichert! Das ist nicht nur etwas für Adrenalinjunkies, sondern für alle, die ihre Grenzen im sicheren Rahmen testen wollen. Im Kletterwald Spessart steigt ihr über fünf Parcours bis in die höchsten Baumwipfel – und das natürlich ohne jegliches Risiko!

Dieser Kletterwald ist hervorragend für alle Familien geeignet, auch für solche, die noch nie zuvor einen Kletterwald ausprobiert haben. Während der Einweisung wird euch das Expoglider-Sicherheitssystem ganz genau erklärt. Es ist wirklich kinderleicht: Ihr hängt euch nur einmal im Seil ein und seid dann die ganze Zeit über gesichert.

Sechs verschiedene Parcours – von leicht bis schwer – mit allerlei lustigen und spannungsreichen Elementen warten auf euch. Ihr steigt durch Boxsäcke, Gleichgewichtsbalken, V-Netze, Steigbügel und Plankenpfade. Probiert auch den Lianengang, die Hangelringe oder den kniffeligen Charlie Chaplin.

Für den besonderen Kick sorgt die megalange sogenannte gelbe Strecke. Sie besteht aus vielen verschiedenen »Flying Foxes«. Das sind insgesamt 600 Meter lange Seilrutschen. Hier könnt ihr hoch über dem Boden von Baum zu Baum fliegen! Auch für die kleinsten Familienmitglieder ist mit zwei bodennahen Strecken und einer Kletterwand gesorgt. Da können sie ihre Kraft so richtig austesten und erste Erfolge erzielen.

Falls sich vielleicht nicht alle von euch in den Klettergarten trauen oder Kleinkinder im Kinderwagen dabei sind – kein Problem. Gleich nebenan liegt der Wildpark Heigenbrücken im Bächlesgrund. Hier leben viele heimische Tiere wie Hirsche, Wildschweine, Ziegen oder verschiedene Vögel. Es gibt einen Wasser-Matsch-Spielplatz und zahlreiche Möglichkeiten zum Spielen in der herrlichen Natur. Eine perfekte Alternative!

ANTENNE BAYERN TIPP

Wenn ihr noch nicht genug habt, besucht doch den spannenden »Waldlehrpfad zur Grotte«, der ebenfalls am Kletterwald beginnt.

Anfahrt **Öffentlich:** Bahnlinie München–
Aschaffenburg, ab Aschaffenburg Bus zum
Schloss Mespelbrunn. **Auto:** A 9 München–
Nürnberg, Ausfahrt Kreuz Nürnberg, A 3 Rich-
tung Frankfurt a. M./Würzburg/Bamberg/A 73/
Nürnberg-Nord, Ausfahrt Rohrbrunn, Richtung
Obernburg/Dammbach, auf St 2312, bei St 2308
links, Ausschilderung zum Schloss folgen.

Informationen Schloss Mespelbrunn,
Schlossverwaltung, 63875 Mespelbrunn,
Tel. 06092/269; www.schloss-mespelbrunn.de.
Hochzeit im Schloss: VG Mespelbrunn,
Tel. 06092/94 21 14; www.vgem-mespelbrunn.de

Öffnungszeiten Anfang März–
Anfang Nov. tgl. 9–17 Uhr.

Märchenhochzeit im Schloss Mespelbrunn

Auf der Suche nach der Location für deine Traumhochzeit oder ein romantisches Wochenende? Unser Tipp: Schloss Mespelbrunn, wunderschön in einem verschwiegenen Tal zwischen Frankfurt am Main und Würzburg gelegen. Seit Kurzem können auch Normalsterbliche hier standesamtlich heiraten – eine überwältigend romantische Kulisse!

Fast scheint es, als ob es sich vor Besuchern verstecken will, das malerische Schloss Mespelbrunn. Nach einem kurzen Spaziergang taucht es ganz unvermittelt hinter Bäumen auf. Es würde einen nicht überraschen, wenn Dornröschen hier über die Zugbrücke wandeln würde …

Märchenhaft ist auch die Geschichte des Mespelbrunner Schlosses. An einem heißen Sommertag 1412 soll der Ritter Hamann von Echter den von der Hirschjagd völlig erschöpften Kurfürsten Johann mit eigener Kraft zur nächsten Quelle getragen haben. Als Dank für die selbstlose Hilfe bekam der Ritter vom Erzbischof Johann von Main den »Platz zum Espelborn« mit der gleichnamigen Quelle geschenkt. Dort legte er mit seinem Haus und Hof den Grundstein für das spätere Schloss. Zum Schutz vor den Spessart-Räubern, die in dieser Zeit ihr Unwesen trieben, baute der Sohn des Ritters das unbefestigte Weiherhaus in ein wehrhaftes Gebäude mit dicken Mauern und Türmen um. Als die Zeiten friedlicher wurden, wurde die abweisende Wasserburg bis zum Ende des 16. Jahrhunderts nach und nach in ein verträumtes Renaissanceschloss umgewandelt.

Noch heute wohnt im Südflügel des Schlosses die Familie »Grafen von Ingelheim genannt Echter von und zu Mespelbrunn«. Der Nordflügel ist teilweise zugänglich und kann im Rahmen einer Führung auch besichtigt werden.

ANTENNE BAYERN TIPP

Schlosshotel Mespelbrunn: Seit 100 Jahren übernachtet man hier gepflegt und angenehm in unmittelbarer Nähe des Schlosses. Frag bei Interesse nach speziellen Arrangements für Romantikwochenenden. Schlosshotel Mespelbrunn, Schlossallee 25, 63875 Mespelbrunn, Tel. 06092/6080; www.schlosshotel-mespelbrunn.de.

Anfahrt **Öffentlich:** Mit der Bahn bis Lohr am Main. **Auto:** Über die A 3, Ausfahrt Hösbach, weiter auf der B 26 nach Lohr oder über die B 27 weiter zur B 26 nach Lohr.

Informationen Spessartmuseum, Schloss Lohr am Main, Schlossplatz 1, 97816 Lohr a. M., Tel. 09352/793 23 99; www.lohr.de.

Öffnungszeiten Di–Sa 10–16 Uhr, So/feiertags 10–17 Uhr.

Preise Erwachsene 3 €, Kinder 2 €, Führungen 35 € zzgl. Eintritt.

Von Schneewittchen und Räubern im Spessart 12

Das Märchen von Schneewittchen und den sieben Zwergen kennt ihr alle. Aber wisst ihr auch, wo ihr den Spiegel der bösen Stiefmutter findet? Ob ihr es glaubt oder nicht, dieser berühmte Spiegel hängt bis heute im Spessartmuseum im Schloss von Lohr am Main. Dort erfahrt ihr noch viel mehr Interessantes und auch Kurioses aus dem Spessart.

Warum sollen Schneewittchen und ihre böse Stiefmutter ausgerechnet aus Lohr am Main stammen? Des Rätsels Lösung findet ihr im Schneewittchenkabinett des Spessartmuseums im Lohrer Schloss. Akribisch und unterhaltsam hat hier »Fabulologe« Dr. Karlheinz Bartels die Beweisstücke aufgelistet. Der Märchenwissenschaftler hat alle Fakten zusammengetragen – von den Zwergen bis zum vergifteten Apfel und dem Zauberspiegel. Versucht, euch anhand der Indizienkette selbst ein Urteil zu bilden. Aber denkt daran: Das Schneewittchenkabinett versetzt euch in eine andere Welt. Ihr findet euch in einem begehbaren Luftschloss wieder. Oder beim Versuch, Schneewittchen auf seinem Fluchtweg zu folgen. Über 35 Kilometer musste das schöne Mädchen fliehen, bis es die Zwerge traf und in Sicherheit war. Heute ist Schneewittchens Fluchtweg als Schneewittchen-Wanderweg ausgewiesen. Falls ihr also nach dem Schlossbesuch noch Lust habt …

Im märchenhaften, bald 700 Jahre alten Schloss befindet sich aber noch viel mehr Interessantes. Die Ausstellungen und Exponate drehen sich rund um Geschichte, Tradition, Kultur, Wirtschaft und das mitunter gefährliche Leben im Spessart. In diesem waldigen Mittelgebirge sollen ja einst auch viele Räuberbanden ihr Unwesen getrieben haben. Und natürlich dürfen auch die legendären Spessart-Räuber nicht fehlen. Liselotte Pulver und das »Wirtshaus im Spessart« lassen grüßen.

ANTENNE BAYERN TIPP

Neben dem Spessartmuseum gibt es in Lohr noch das hochinteressante Schulmuseum. Dort dürft ihr Schulbänke der letzten 200 Jahre drücken und könnt Klassenzimmer, Schulbücher, Lernmaterialien, Kreidetafeln mit Sütterlinschrift und eine Lehrerwohnung besichtigen – ihr werdet staunen, wie sehr sich der Schulalltag gewandelt hat!

13 Mit dem Segway durch den Spessart

Outdoor-Fans aufgepasst: Es ist einfach genial, auf dem Segway durch die Landschaft zu cruisen – deutlich entspannter als mit dem Mountainbike und viel lustiger als zu Fuß. Gönnt euch dieses einzigartige Erlebnis und erkundet mit dem Segway den Spessart – in einer netten Truppe und mit Weinprobe am Ende!

Genial und easy – das sagen alle, die schon mal mit einem Segway gefahren sind: Man steht aufrecht und ist bis zu 20 km/h »schnell«. Bisher meist in Städten unterwegs, sind sie aber auch geländetauglich. Hättet ihr nicht Lust, das zum Beispiel auf der »Segway Wein & Lust-Tour« durch den Spessart, eine Tour, die die Firma »Segtrail« anbietet, auszuprobieren? Dabei fahrt ihr zunächst durch die City, dann traumhaft schön den Main entlang und in die herrlich gelegenen Weinberge am Randersacker. Am Ende erwartet euch noch ein besonderes Highlight: eine kurzweilige Weinprobe in gemütlicher Atmosphäre im »Weingut König«. Und ganz nebenbei erfahrt ihr ein paar interessante Fakten zum regionalen Frankenwein.

Ihr habt eher Lust, Würzburg auf dem Segway zu erkunden? Kein Problem, auch dafür gibt es das passende Angebot – entweder ganz entspannt beim kurzweiligen Fahren durch die Stadt oder eher klassisch auf den Spuren der wichtigsten Sehenswürdigkeiten.

Anfahrt Öffentlich: Zug nach Würzburg, Bus 8078 nach Marktheidenfeld, Bus 8051 Richtung Wertheim Bahnhof, dort Bus 8051 Richtung Marktheidenfeld nach Kreuzwertheim. **Auto:** A 3 Ausfahrt Markt-heidenfeld, Richtung Wertheim/Kreuzwertheim, rechts auf B 8, dann auf St 2315, rechts auf MSP 35, rechts auf Krautäcker.

Informationen Segtrail Herzog & Schwarz GbR, Pleichertorstraße 5, 97070 Würzburg, Tel. 09391/609 46 60; www.segtrail.de. Zum Segway-Fahren benötigt man mindestens einen Mofaführerschein. Ein Fahrradhelm ist Pflicht.

Preise Wein & Lust-Tour: Pro Person 89 €.

Wie früher: Übernachten im Baumhaus

Versteckt im Wald in einem gemütlichen Baumhaus übernachten. Abends bei Kerzenlicht und einem Glas Wein auf der kleinen Terrasse in luftiger Höhe sitzen und die himmlische Ruhe genießen. Mit dem Rauschen der Baumwipfel und dem Geruch des Waldes einschlafen – romantischer geht's nicht! Und eine Prise Abenteuer ist auch dabei …

Denkst du manchmal an dein Baumhaus aus Kindertagen? Oder hast du früher nur davon geträumt? Wie auch immer – es ist einfach faszinierend, hoch über dem Erdboden zu schlafen und beim Aufwachen in die Baumkrone einer gewaltigen alten Eiche zu blicken.

Diesen Traum kannst du dir im Wipfelglück Baumhaushotel bei Mönchberg im Spessart erfüllen: Auf etwa fünf Meter hohen Stelzen, teilweise auch an alten Eichen verankert, wurden hier urige Baumhäuser aus Lärchen- und Fichtenholz gebaut, jedes mit einer Grundfläche von ca. 25 Quadratmetern für bis zu vier Personen, hell und freundlich eingerichtet. Dein Lieblingsplatz wird bestimmt die kleine Terrasse vor dem Haus, auf der man morgens das leckere Frühstück, das im Picknickkorb angeliefert wird, genießen kann. Inzwischen gibt es sogar ein Baumhaus für Rollstuhlfahrer. Der »große Bruder« ist über eine Rampe zu erreichen.

Die Umgebung der Wipfelglück-Baumhäuser ist traumhaft, ob zum Wandern, Nordic Walking oder (Sonnen-)Baden im Freibad Badespaß, sodass du dich noch lange an dein Baumhaus-Wochenende erinnern wirst.

Anfahrt **Öffentlich:** Zug nach Aschaffenburg, Regionalexpress nach Miltenberg, Bus 81 nach Mönchberg. **Auto:** A 3 Abfahrt Rohrbrunn, über Eschau nach Mönchberg.

Informationen Wipfelglück Baumhaushotel GbR, Urbanusstraße 12, 63933 Mönchberg, Tel. 09374/319; www.wipfelglueck.de.

Preise Übernachtung im Baumhaus ganzjährig 168 € pro Haus/Nacht, maximale Belegung mit 4 Personen.

Anfahrt **Öffentlich:** Bahnlinie München–Würzburg, ab Würzburg Regionalbahn nach Veitshöchheim. **Auto:** A 9 München–Nürnberg, Ausfahrt Kreuz Nürnberg, A 3 Richtung Frankfurt a. M./Würzburg/Bamberg/A 73/Nürnberg-Nord, Ausfahrt Rottendorf, B 8 Richtung Würzburg-Ost/Dettelbach/Biebelried, Schildern nach B 8/B 27/Marktheidenfeld/Fulda/Heidelberg/Stadtring-Nord folgen, auf Schweinfurter Straße/B 8, weiter auf B 27 Richtung Marktheidenfeld/Fulda/Heidelberg/Stadtring-Nord/Oberdürrbach/Grombühl, Ausfahrt Veitshöchheim, bis Veitshöchheim fahren.

Informationen Schloss und Hofgarten Veitshöchheim, Echterstraße 10, 97209 Veits-höchheim, Tel. 0931/915 82; www.schloesser.bayern.de.

Öffnungszeiten Ganzjährig ab 8 Uhr bis Einbruch der Dunkelheit, längstens 20 Uhr.

Lustwandeln im Rokoko-garten Veitshöchheim

Der vermutlich prachtvollste Rokoko-Hofgarten Deutschlands befindet sich in Veitshöchheim. Bischof Adam Friedrich von Seinsheim verwandelte den Veitshöchheimer Garten in ein beeindruckendes Gesamtkunstwerk mit über 300 Steinfiguren entlang schöner Alleen und Beete, in Lauben und kleinen Seen.

In Veitshöchheim, etwa zehn Kilometer außerhalb von Würzburg, hatten die Würzburger Fürstbischöfe ihr Sommerschloss. Hier waren sie nicht an das strenge Zeremoniell des Würzburger Hofs gebunden und genossen ein freieres Leben. Auch den Hofgarten von Veitshöchheim legten Würzburger Fürstbischöfe an. Wenn ihr zwischen Alleen und von Hecken umsäumten Wegen spaziert, eröffnen sich immer wieder neue Ausblicke auf Lauben, Pavillons, Rondells sowie auf den Großen See. Dort erhebt sich ein zerklüfteter Felsen, »der Parnass«, aus dem Wasser: Auf ihm haben sich die neun Musen mit ihrem Anführer, dem Leier spielenden Apollon, versammelt. Und von der Spitze des Berges steigt das geflügelte Dichterross Pegasus in den Himmel, um allen von der Ankunft einer neuen Weltordnung im Zeichen der Wissenschaft und Kunst zu verkünden.

Die gesamte Parkanlage schmücken etwa 300 Skulpturen der Würzburger Hofbildhauer Johann Wolfgang van der Auvera, Ferdinand Tietz und Johann Peter Wagner. Der Park besteht aus drei Teilen – Wald-, Laub- und Seenregion –, denen im Rahmen barocker Bilderwelten antike Gottheiten, Personifikationen, Allegorien und Tierdarstellungen zugeordnet sind. Eine faszinierende Welt, die sich euch am besten bei einer Führung erschließt.

ANTENNE BAYERN TIPP

Auch zur »fünften Jahreszeit«, im Fasching, ist Veitshöchheim eine Reise wert: Die Veitshöchheimer Prunksitzung »Fastnacht in Franken« ist weit über die Grenzen Frankens berühmt und wird auch im Fernsehen übertragen. 2018 war der designierte Bayerische Ministerpräsident Markus Söder noch mit dabei, verkleidet als volksnaher und populärer Prinzregent Luitpold. Doch nun, so Söder, sei Schluss mit der Verkleiderei – als Ministerpräsident komme man mit Frack und Fliege.

16 Kleine Artisten – im Circus Blamage

Der lustige Name täuscht – hier blamiert sich garantiert niemand. Im Gegenteil: Im Jugendzirkus »Circus Blamage« verwandeln sich Kinder während eines einwöchigen Camps in Artisten und Künstler. Am Ende zeigen sie dann den Eltern und Freunden in einer grandiosen Vorstellung, was für Kunststücke sie nun draufhaben!

Manege frei – für die Kids! Mit viel Eifer, Freude, Spaß und Engagement begeistert der Circus Blamage seit mehr als 25 Jahren sein Publikum wie auch alle Mitwirkenden. Das Besondere am Circus Blamage ist, dass hier Kinder und Jugendliche mit und ohne Behinderung gemeinsam das Zirkusprogramm gestalten und bestreiten. Jeder bringt sein Talent und Können ein. Im Circus Blamage wird Inklusion wirklich gelebt und erlebt.

In der einwöchigen Ferienfreizeit dürfen die Kinder in Zelten übernachten und werden auch verköstigt. Tagsüber verwandeln sie sich unter Anleitung von Zirkuspädagogen in Artisten und Künstler. Sie sind Jongleure, Clowns, Seiltänzer, Trapezschwinger, Feuertänzer, Einradfahrer oder Zauberer – je nach Vorliebe. Es wird trainiert, geübt, aber auch viel gelacht, gespielt und neue Freundschaften werden geschlossen.

Das kunterbunte Programm mit vielen artistischen Einlagen ist der krönende Höhepunkt eines jeden Camps. Es ist unglaublich, wie sich Kinder für ihre Kunststücke konzentrieren und wie sie lernen, dass sie nur gemeinsam weiterkommen. Am Ende gibt es zwei öffentliche Vorstellungen in einem richtigen Zirkuszelt. Habt ihr Lust bekommen, Zirkusluft zu schnuppern? Dann meldet euch gleich an!

Anfahrt   Das Zirkuscamp findet meist in verschiedenen Gemeinden und Städten im Landkreis Miltenberg statt. Infos zu Feriencamps, Vorführungen und Anfahrt s. Internet.

Informationen   Circus Blamage e. V., Seeweg 25, 63906 Erlenbach, Tel. 0160/95 26 14 08; www.circus-blamage.de.

Öffnungszeiten   Immer während der bayerischen Oster-, Pfingst- und Sommerferien.

Altersbeschränkung
Ab 9 Jahren.

Mit dem Waldwichtel auf den Dillberg

Für aktive Familien mit Kleinkindern gibt es bei Marktheidenfeld einen wunderbar kindgerechten Wanderweg. Erkundet und erforscht die Natur auf dem WaldWichtelWeg. Mit seinen elf Stationen – von Kindergartenkindern mit entwickelt – macht er den Kleinen richtig Lust aufs Wandern.

Der kleine Waldwichtel mit seiner lustigen roten Weste lotst euch vom Wanderparkplatz am Rande von Marktheidenfeld auf den WaldWichtelWeg. Er lädt euch ein zu einer Entdeckungsreise in seinen geheimen Wald. Dort setzt ihr euch spielerisch mit der Natur auseinander und schult euer Wahrnehmungsvermögen. Lasst Hektik, Stress und Alltagsleben hinter euch und genießt den wunderbaren Tag im Schatten des Waldes.

Den WaldWichtelWeg hat sich der Kindergarten Marktheidenfeld ausgedacht. Die unterhaltsamen Stationen sind gemeinsam mit den Kindergartenkindern entstanden.

Besonders schön ist, dass sich der Rundweg auch mit Kinderwagen und Rollstuhl befahren lässt. Außerdem gibt es eine kürzere und eine längere Variante (1,8 bzw. 2,6 Kilometer), je nachdem, wie viel Ehrgeiz und Ausdauer die Kids beim Wandern haben.

ANTENNE BAYERN TIPP

Wer gern schwimmt, kombiniert den WaldWichtelWeg mit einem Besuch in der Erlebnistherme Wonnemar in Marktheidenfeld. In diesem Sport- und Familienbad habt ihr sicherlich viel Spaß in den Erlebnisbecken und der Röhrenrutsche. Für die Kleinsten gibt es Wonniland, einen Kleinkinderbereich mit extra warmem Wasser und Wasserspielen.

Anfahrt **Öffentlich:** Mit der Bahn bis Lohr am Main, weiter mit dem Bus nach Marktheidenfeld, weiter mit Stadtbus, Haltestelle »Waldstraße«. **Auto:** Nach Marktheidenfeld, von dort über den Südring Richtung Lengfurt in den Ortsteil Dillberg, dort in die Waldstraße bis zu deren Ende.

Informationen Touristinfo Marktheidenfeld, Luitpoldstraße 17, 97828 Marktheidenfeld, Tel. 09391/500 40; www.waldwichtelweg.de.

Öffnungszeiten Jeden Tag bis Sonnenuntergang.

Preise Kostenlos.

Anfahrt

Öffentlich: Bahnlinie München–Würzburg. **Auto:** A 9 München–Nürnberg, Ausfahrt Kreuz Nürnberg, A 3 Richtung Frankfurt a. M./Würzburg/Bamberg/A 73/Nürnberg-Nord, Ausfahrt Rottendorf, B 8, Richtung Würzburg-Ost/Dettelbach/Biebelried, Richtung B 8/B 27/Marktheidenfeld/Fulda/Heidelberg/Stadtring-Nord, Richtung Würzburg fahren.

Informationen

Falkenhaus am Markt, Marktplatz 9, 97070 Würzburg, Tel. 0931/37 23 98; www.wuerzburg.de. Schloss- und Gartenverwaltung Würzburg, Residenzplatz 2, Tor B, 97070 Würzburg, Tel. 0931/35 51 70; www.residenz-wuerzburg.de.

Öffnungszeiten

April–Okt. tgl. 9–18 Uhr, Nov.–März 10–16.30 Uhr. 1. Jan., Faschingsdienstag, 24., 25. und 31. Dez. geschlossen.

Das Schloss der Schlösser: die Würzburger Residenz

Kein Zweifel: Die Würzburger Residenz ist eines der schönsten Schlösser Europas. Wen wundert's, ist sie doch ein Gesamtkunstwerk aus französischer Schlossarchitektur, Wiener Barock und oberitalienischem Palast- und Sakralbau. Gelungen ist dieses »Projekt« dem damals noch unbekannten, erst 33 Jahre alten Balthasar Neumann.

Im Jahr 1719 beauftragte der Würzburger Fürstbischof den Baumeister Balthasar Neumann mit dem Bau einer neuen Residenz – keine leichte Aufgabe. Anders als die Münchner Residenz, die über mehrere Jahrhunderte erbaut wurde und Räumlichkeiten verschiedener Epochen besitzt, ist die Würzburger Residenz in knapp einer Generation errichtet worden. Um dieses gewaltige Bauvorhaben zu realisieren, holte sich Balthasar Neumann die besten Köpfe aus Frankreich, Österreich und Italien. Das Ergebnis konnte sich sehen lassen.

Berühmt ist vor allem das Treppenhaus, als freitragende Muldenkonstruktion eine architektonische Meisterleistung. An der prachtvollen Ausstattung des Treppenhauses wirkten hervorragende Künstler mit, darunter der Stuckateur Antonio Bossi und der bedeutendste Freskenmaler des 18. Jahrhunderts, Giovanni Battista Tiepolo. Über der Treppe erstreckt sich das größte Deckenfresko der Welt, ein Meisterwerk Tiepolos.

Darüber hinaus lohnen der prunkvolle Kaisersaal und das Spiegelkabinett einen Besuch. Beide sind nur im Rahmen einer Führung zugänglich. Gleiches gilt für den stimmungsvollen Residenzweinkeller, ebenfalls ein Werk Balthasar Neumanns. Nach vorheriger Anmeldung könnt ihr hier sogar an einer Weinprobe teilnehmen. Zum Abschluss solltet ihr die Hofkirche besuchen, die durch eine Tür vom Residenzplatz her zugänglich ist. Mit ihren aufwendigen Fresken ist sie eine der schönsten Kirchen des 18. Jahrhunderts in Deutschland.

ANTENNE BAYERN TIPP

Ein reizvoller Spaziergang führt zur mächtigen Festung auf dem Marienberg, dem Wahrzeichen der Stadt. Spätestens dort oben werdet ihr verstehen, warum Würzburg als eine der schönsten barocken Städte Deutschlands gilt.

Anfahrt **Öffentlich:** Mit der Bahn nach Würzburg, weiter mit Bus oder Straßenbahn nach
Heidingsfeld, Haltestelle »Reuterstraße«. **Auto:**
Über die A 3, Ausfahrt Würzburg-Heidingsfeld,
über die B 19 nach Heidingsfeld.

Informationen Das Kasperhaus,
Julius-Echter-Straße 8, 97084 Würzburg,
Tel. 0931/ 359 34 94;
www.theater-kasperhaus.de.

Öffnungszeiten I. d. R. Fr–So, Spiel-
beginn meist um 17 Uhr; Sommersaison im
Theaterpavillon im Würzburger Biergarten
Zollhaus. Spielplan siehe Homepage.

Preise Ab 2 Jahren pro Person 6 €.

Altersbeschränkung Die Stücke sin
i. d. R. für Kinder ab 4 Jahren geeignet. Für
einige Vorstellungen gilt ein Mindestalter.

Vorhang auf für das
Würzburger Kasperhaus

19

Die Fantasie beschäftigen – Träume wahr werden lassen! Das ist die Welt der Puppenspieler. Lasst euch im Würzburger Kasperhaus vom Kasperl, der Gretel, der Großmutter, dem Räuber, der Prinzessin und ihren unzähligen Kaspereien begeistern – und dem Mann, der hinter allen/allem steht …

Seit mehr als 20 Jahren wird im Würzburger Kasperhaus mit Leidenschaft Puppentheater gespielt. Hier seid ihr mittendrin in der Zauberwelt der Märchen. Taucht darin ein, wenn der Kasperl die Gretel rettet und die Hexe vertreibt. Ihr solltet euch jedoch unbedingt die Karten im Vorfeld telefonisch reservieren, das ist ganz unkompliziert.

Ihr habt die Wahl zwischen klassischen Stücken wie »Die gestohlene Großmutter« oder »Des Kaisers neue Kleider«. Aber es gibt auch leicht abgewandelte Märchenversionen wie »Aladins Wunderlampe« oder Bekanntes wie »Räuber Hotzenplotz« zu sehen. Immer wieder stehen neue Geschichten auf dem Spielplan.

Das Ensemble besteht aus 300 verschiedenen Puppenfiguren, alles wunderbare Unikate, die von Puppenbauern eigens für das Kasperhaus geschaffen wurden. Lasst euch auch von den liebevollen Bühnenbildern verzaubern. Die tragen ihr Übriges zu dem magischen Ambiente bei.

Stellt euch vor: Alle Stücke werden von einer einzigen Person gespielt und gesprochen! Herr Gläser, der Besitzer des Kasperhauses, ist da ein echtes Genie und ein wahrer Künstler. In bis zu 14 Rollen auf einmal schlüpft er, je nach Kasperlstück. Die Figuren fallen sich dabei gegenseitig ins Wort, lachen, leben, schimpfen, tanzen, singen und erzählen. Das ist wirklich etwas ganz Besonderes und das versteht ihr umso besser, wenn ihr eine Vorstellung besucht habt.

Die Aufführungen dauern meist eine knappe Stunde, aber es gibt auch längere Stücke für die etwas Älteren unter euch. Übrigens zieht es den Kasperl in den Sommermonaten raus an die frische Luft. Ab Mai finden die Aufführungen im Würzburger Biergarten Zollhaus statt.

20 Bitte einsteigen zur fränkischen Weintour!

Der Bocksbeutel – das ist Frankenwein in der typischen Flasche. Mit der Buslinie »Bocksbeutel-Express« fährst du durch malerische Winzerorte – und steigst aus, wo immer es dir gefällt. Per Bus ist ja immer ein Gläschen drin … Übrigens: Wusstest du eigentlich, dass die Bocksbeutel-Flasche sogar von der EU geschützt ist?

Gestartet wird in Markt Bibart, bekannt für seinen Aussichtsturm mit wunderbarem Blick auf die Umgebung. Als Nächstes folgt Sugenheim mit dem hübschen Puppen- und Spielzeugmuseum. Über Ezelheim, Herbolzheim und Ulsenheim kommst du nach Markt Nordheim, einen romantischen Weinort. Eine der nächsten Haltestellen ist Nenzenheim, besonders schön zur Zeit der Obstblüte. Weiter geht's in den prämierten Weinort Hüttenheim, den du während des »Dorfspaziergangs« kennenlernst.

Im geschichtsträchtigen Winzerort Seinsheim begrüßt dich ein großer Weinrömer am Ortseingang. Es folgen Ippesheim und Uffenheim, wo sich die »Romantische Straße«, die »Burgenstraße« und die mittelfränkische »Bocksbeutelstraße« kreuzen. Die Markgrafenstadt wurde bereits 1103 urkundlich genannt und 1349 zur Stadt erhoben. In den umliegenden Weinbergen hast du gute Wandermöglichkeiten auf den Höhen des Franken-, des Schein-, des Hohenlands- und des Kapellberges. Und natürlich laden an allen Stationen des »Bocksbeutel-Express« gemütliche Gasthäuser und Heckenwirtschaften zum Verweilen ein … oder im Anschluss daran zur Weinprobe – nach vorheriger Anmeldung kein Problem!

Anfahrt **Öffentlich:** Zug nach Markt Bibart. **Auto:** A 73, über Südwesttangente auf B 8 bis Markt Bibart fahren.

Informationen Weinparadies Franken, Schlossplatz 1, 97258 Ippesheim, Tel. 09339/99 15 65; www.weinparadies-franken.de. Von Mai–1. Nov. startet an Sonn- und Feiertagen der »Bocksbeutel-Express« am Bahnhof in Markt Bibart; www.vgn.de.

Preise Je nach Fahrstrecke; Informationen unter www.vvm-info.de.

Einmalig: Floßfahrt auf dem Altmain

Den Alltag vergessen, einen kurzweiligen Ausflug und jede Menge Spaß haben – das kannst du auf dem urigen Holzfloß, das dich auf einer der ältesten Wasserstraßen Deutschlands, dem Altmain, flussabwärts bringt. Unterwegs genießt du die romantische Landschaft mit Streuobstwiesen und Weinbergen, malerischen Dörfern und Burgen.

Start der Floßfahrt ist die »Mainschleife« bei Astheim. Knappe vier Stunden dauert die Fahrt auf dem rund 75 Gäste fassenden Holzfloß, das dir unter dem Sonnendach fränkische Weine und eine »Häckebrotzeit« mit fränkischen Wurstspezialitäten bietet. Während die Gäste es sich schmecken lassen, haben die Männer an den Rudern ordentlich zu tun. Denn ein rund 30 Tonnen schweres Floß zu bewegen, ist kein Kinderspiel!

Auf der rund neun Kilometer langen Strecke kommst du als Erstes an der Vogelsburg und der Weinlage »Eschendorfer Lump« vorbei, wenig später an Eschendorf und Nordheim mit seiner Weinlage »Nordheimer Vögelein«. Weiter flussabwärts erreichst du das Winzerdorf Köhler. Jetzt beginnt der entspannteste Teil der Fahrt. Die Uferlandschaft ist weitgehend naturbelassen, Stillwasser und Flachwasserzonen wechseln sich ab – wertvolle Feuchtbiotope mit Nistplätzen für Graureiher und andere Vögel. So geht es dahin, bis der Winzerort Sommerach auftaucht. Die Floßfahrt endet in Gerlachshausen. Zurück geht es per Bus.

Anfahrt **Öffentlich:** Zug nach Würzburg, Regionalbahn nach Seligenstadt, Bus 8105 nach Volkach/Astheim. **Auto:** A 3 Ausfahrt Kitzingen/Schwarzach, zunächst Richtung Kitzingen, dann der Ausschilderung Volkach folgen, auf der St 2271 bis zur Sandgrube in Astheim.

Informationen Floßfahrten mit dem Wein-Natur-Kultur-Floß, Sauer-Barthel GmbH & Co. KG, Ritterstraße 22, 97337 Bibergau, Tel. 09324/98 03 50; www.flosserlebnis.de.

Preise Kinder (bis 12 Jahre) 17 €, Erwachsene 33 €; weitere Preise für Weinprobe, Häckerplatte etc. siehe Homepage; Bustransfer von Gerlachshausen nach Astheim 3,50 €.

Anfahrt

Öffentlich: Mit der Bahn nach Ochsenfurt, weiter mit dem Bus. **Auto:** A 7, Ausfahrt Marktbreit, weiter über Enheim zur B 13, über Ochsenfurt auf die St 2270; oder A 3, Ausfahrt Randersacker, auf die B 13, weiter über die St 2270 nach Gaukönigshofen.

Informationen

Arche Noah, 97253 Gaukönigshofen, Tel. 09337/764; www.die-arche-noah.de.

Öffnungszeiten

Das ganze Jahr über t bis Sonnenuntergang.

Preise

Kinder ab 5 Jahren 1 €, Kinder ab 10 Jahren/Erwachsene 2 €.

Arche Noah –
ein toller Streichelzoo

22

Esel, Ponys, Ziegen, Schafe und noch jede Menge weitere Tiere warten hier, im Streichelgehege von Gaukönigshofen südlich von Ochsenfurt, auf euren Besuch. Alle Tiere leben dort friedlich nebeneinander und freuen sich auf eure Streicheleinheiten und natürlich die von euch zugesteckten Leckereien.

Vor allem Familien mit kleinen Kindern lieben dieses Naturparadies am Ortsrand von Gaukönigshofen. Ganz idyllisch und einträchtig leben die vorwiegend heimischen Tiere auf dem vier Hektar großen Gelände. Es ist erstaunlich, wie zutraulich und friedlich Esel, Pony, Rinder, Schafe, Ziegen und Schweine mit Kaninchen, Hasen, Hühnern, Pfauen und Enten zusammenleben. So kommt der Name nicht von ungefähr: ganz wie auf der Arche Noah!

Jeden Tag hat das Streichelgehege geöffnet. 1995 auf Initiative des Wander- und Naturfreunde-Vereins gegründet, wird die Arche Noah bis heute durch rein ehrenamtliche Arbeit betrieben. Deswegen werft auf jeden Fall euren Eintritt in die aufgestellte Spendenbox. Und dann nichts wie hinein ins Vergnügen. Alle Vierbeiner sind ganz zahm und lassen sich von euch streicheln. Ihr dürft sie natürlich auch füttern. Das Futter bekommt ihr von den Helfern vor Ort. Die fragt ihr auch, wenn ihr Lust habt, auf den Ponys zu reiten, das ist nämlich auch möglich.

Jeden Sonntag und an Feiertagen gibt es ab 14 Uhr am kleinen Kiosk frische Waffeln, Kaffee und Kuchen, Würstel und im Sommer auch Eis. Auf Voranmeldung dürft ihr sogar eure Zelte mitbringen und auf dem Gelände mitten zwischen den Tieren am Lagerfeuer übernachten. Da lohnt es sich doch, gleich einmal ein ganzes Wochenende für den wunderbaren Streichelzoo Arche Noah einzuplanen.

ANTENNE BAYERN TIPP

Gleich im Nachbarort Acholshausen gibt es einen tollen großen Abenteuerspielplatz. Dort könnt ihr euch noch gewaltig austoben. Wer Lust hat, kann von dort auch zu einer wunderschönen Wanderung entlang des Thierbachs bis nach Tückelhausen zum ehemaligen Kartäuserkloster aufbrechen.

Anfahrt

Öffentlich: Bahnlinie München–Würzburg, ab Würzburg Bus nach Volkach.
Auto: A 9 München–Nürnberg, Ausfahrt Kreuz Nürnberg, A 3 Richtung Frankfurt a. M./Würzburg/Bamberg/A 73/Nürnberg-Nord, Ausfahrt Kitzingen/Schwarzach, Richtung Schwarzach/Volkach, auf St 2271 nach Volkach fahren.

Informationen

TouristInformation Volkacher Mainschleife, Rathaus, Marktplatz 1, 97332 Volkach, Tel. 09381/401 12; www.volkach.de.

Fränkische Personenschifffahrt, Hauptstraße 42 97332 Volkach, Tel. 09381/71 08 80; www.mainschifffahrt.info.

kanuta –Kanuverleih, Johann-Adam-Kleinschro... Straße 19, 97318 Kitzingen, Tel. 0171/ 689 31 47; www.kanuta.de.

Eine Landschaft wie aus dem Bilderbuch

23

Liebhaber kulinarischer Genüsse bitte mal herhören: Mitten im fränkischen Weinland, wo der Main seine schönste Schleife macht, liegt das malerische Städtchen Volkach. Die Region mit ihren sonnenverwöhnten Weinbergen ist wie geschaffen für Genussreisende – vor allem im Frühjahr zur Spargelzeit und im Herbst zur Weinernte.

Wie du diese wunderbare Weinlandschaft entdecken willst, hängt von deinen Vorlieben ab. Hier findest du einige Vorschläge, du brauchst nur noch auszuwählen.

Von Ende März bis Ende Oktober kannst du eine kleine Schiffsrundfahrt entlang der Mainschleife machen. Ausgangspunkt ist das Weinstädtchen Volkach. Die »Undine« schippert rund 90 Minuten mainaufwärts in Richtung Wifeld und wieder zurück nach Volkach. Unterwegs siehst du die berühmte Wallfahrtskirche »Maria im Weingarten« und hast einen herrlichen Blick auf die umliegenden Weinberge.

Ein besonderes Erlebnis ist eine Kanufahrt. Man gleitet ruhig über das Wasser, vorbei an romantischen Dörfern, und genießt die Natur und die Flusslandschaft. Ausgangspunkt der (organisierten) Kanutour ist Volkach-Köhler. Von dort kommst du mit Boot und Ausrüstung zur gewünschten Einstiegsstelle.

Oder hast du lieber festen Boden unter den Füßen und bist gut zu Fuß? Dann wandere doch zwischen Weinreben über den Bergrücken zur Vogelsburg hinauf. In diesem Kloster oberhalb von Escherndorf und Volkach wird seit dem Jahr 906 Wein angebaut. Der Wein- und Biergarten bietet eine hervorragende Einkehrmöglichkeit.

ANTENNE BAYERN TIPP

Du hast ein Faible für Nostalgiebahnen? Dann macht es dir bestimmt Spaß, mit den roten Oldtimerwagen der Mainschleifenbahn nach Volkach-Astheim zu fahren. Die Fahrt auf der landschaftlich sehr schönen Strecke dauert eine knappe halbe Stunde und bietet immer wieder reizvolle Ausblicke. Immer sonn- oder feiertags ab Seligenstadt bei Würzburg. Förderverein Mainschleifenbahn e. V., Industriestraße 3, 97332 Volkach, Tel. 0152/02 48 21 25; www.mainschleifenbahn.de.

Anfahrt

Öffentlich: Zug nach Schweinfurt, Bus 8160 nach Gerolzhofen, Bus 9306 nach Michelau im Steigerwald. **Auto:** A 3 Ausfahrt Wiesentheid, B 286 Richtung Schweinfurt, Ausfahrt Gerolzhofen-Süd Richtung Untersteinbach/Dingolshausen, auf St 2274 abbiegen und bis Michelau fahren.

Informationen

Sandra und Oliver Pfister, Neuhof 5, 97513 Michelau im Steigerwald, Tel. 09528/95 02 08; www.steigerwald-bogenparcours.de.

Preise

Parcournutzung: Kinder (bis 8 Jahre in Begleitung eines zahlenden Erwachsenen) kostenlos, Tageskarte für Jugendliche (bis 16 Jahre) 5 €, für Erwachsene 8 €; Familientageskarte (2 Erwachsene mit allen eigenen Kindern bis 18 Jahre) 20 €; weitere Preise auf Anfrage.

Robin Hood
im Steigerwald

Sich einmal wie Robin Hood fühlen. In einer der urwüchsigsten Naturlandschaften Bayerns, dem Steigerwald, mit Pfeil und Bogen unterwegs sein. Durch den Wald schleichen, sich konzentrieren, zielen und … treffen! Bogenschießen: eine Herausforderung für Jugendliche wie für Erwachsene.

Mit dem Bogen in der Hand und den Pfeilen im Korb geht's auf zum Einschießplatz. Dann wie früher als Kind den Bogen ziehen, anspannen, zielen und schießen. Dass Bogenschießen aber viel mehr ist, als nur auf eine Scheibe zu zielen, weiß jeder, der es schon einmal ausprobiert hat: Es geht vor allem darum, sich voll und ganz auf eine Sache zu konzentrieren, den Bogen richtig zu spannen, ganz ruhig zu werden … das ist fast wie Meditation. Bist du neugierig geworden? Dann probier dieses außergewöhnliche Erlebnis doch einfach mal aus. Du wirst begeistert sein nach diesem Tag in der Natur!

Der Steigerwalder Bogenparcours ist genau richtig dafür, denn er bietet Möglichkeiten für alle. Als Anfänger bekommst du zunächst eine kurze theoretische Einführung, und danach geht es auch schon an die Praxis. Lediglich mit Pfeil und Bogen, ohne sonstige Hilfsmittel, durchstreifst du die geheimnisvolle und bezaubernde Waldlandschaft des Steigerwalds und wirst bald feststellen, dass die intuitive Art des Bogenschießens Körper und Geist gleichermaßen fordert. Egal, ob du allein oder in einer Gruppe in etwa zweieinhalb Stunden den Steigerwald rund um den Zabelstein mit seinen grünen Wiesen und zahlreichen Obstbäumen durchstreifst – der Spaß ist garantiert! Und falls du keinen eigenen Bogen besitzt, kannst du selbstverständlich gerne vor Ort einen passenden Bogen ausleihen. Für Kinder bis etwa neun Jahre sind sogar spezielle Kinderbögen erhältlich.

ANTENNE BAYERN TIPP

Solltest du nach dem Bogenschießen Lust auf einen frisch gebrühten Kaffee und selbst gebackenen Kuchen verspüren – das Café am Steigerwald-Erlebnishof hat jedes erste Wochenende im Monat geöffnet.

Anfahrt **Öffentlich:** Mit der Bahn bis Schweinfurt, weiter mit dem Bus. **Auto:** Über die A 70, Ausfahrt Schweinfurt-Zentrum, der Park liegt im Ortsteil Steinberg.

Informationen Wildpark an den Eichen, Albin-Kitzinger-Straße, 97422 Schweinfurt, Tel. 09721/472 78 39; www.schweinfurt.de.

Öffnungszeiten Ganzjährig geöffnet.

Preise Kostenlos.

Der rätselhafte Wildpark an den Eichen

Was ist die Burg Schweinstein? Gibt es wirklich eine Eulen-Waschanlage? Wo genau schwingt die Fledermaus-Schaukel? Was ist ein Tor der Wünsche? Und wer, bitte schön, ist Euliver? Der Rätsel Lösungen findet ihr im Wildpark an den Eichen vor den Toren Schweinfurts. Kommt und löst sie!

Kinder, Eltern, Großeltern … ganze Generationen besuchen schon seit vielen Jahren den Wildpark an den Eichen. Er ist eine feste Schweinfurter Institution, das ganze Jahr über rund um die Uhr zugänglich, und das ohne jegliche Eintrittsgebühr. Das funktioniert nur durch gutes Sponsoring. Mithilfe von äußerst witzigen und werbewirksamen Spendenaktionen präsentiert sich der Wildpark immer wieder neu und auffallend zeitgemäß.

Ihr könnt auf dem 50 Hektar großen Gelände jede Menge Tiere besuchen: Hühner, Hasen, Meerschweinchen, Störche, Gänsegeier, Damwild, Mufflons, Frettchen, Schafe, Ziegen, Esel, Vögel, Hochlandrinder, Uhus, Eulen, Greifvögel, Kolkraben, aber auch Luchse und Elche. Und nun ratet dreimal, wer wohl in der Burg Schweinstein lebt? … Na?

Neben einem Streichelzoo gibt es viele weitere Attraktionen. Erkundet den Dreiseitbauernhof, das Baumhaus mit seinen Rutschen oder das Indianerfort. Erfrischt euch die Füße im Kneippbecken oder unter den Wassersprühdüsen am Planschbeckenbereich. Außerdem warten Liegewiesen, eine Fledermaus-Schaukel, der hölzerne Riesen-Kletter-Elch, ein Skulpturengarten oder die Aussichtsplattform am Elchgehege auf euch. Gegen Hunger und Durst gibt es die Waldschenke. Mit eurem Umsatz dort fördert ihr den Erhalt des Wildparks. Auch damit wird der kostenlose Eintritt ermöglicht.

Zum Abschluss solltet ihr das sogenannte Tor der Wünsche durchschreiten. Vielleicht wünscht ihr euch ja, wieder einmal hierher in den Wildpark zu kommen?

ANTENNE BAYERN TIPP

Östlich von Schweinfurt liegt der wunderbare Ellertshäuser See. An seinen Ufern gibt es ein großes Erholungsgelände mit Badeplätzen.

Anfahrt   **Öffentlich:** Mit der Bahn bis Schweinfurt, weiter mit dem Bus in Richtung Sennfeld, Haltestelle »Am Plan«, dann 1,3 km Fußweg. **Auto:** Über die A 70, Ausfahrt Gochsheim/Sennfeld, Anfahrt über Sennfeld.

Informationen   Umweltstation Reichelshof, Reichelshof 3, 97526 Sennfeld,

Tel. 09721/60 94 96; www.umweltstationreichelshof.de.

Öffnungszeiten   Mo–Fr, April–Sept. 8–1 Uhr, Okt.–März 8–16 Uhr, Gruppen auf Anfrage auch am Wochenende.

Preise   Je nach Veranstaltung, siehe Homepage.

Die Sinne schärfen an der Umweltstation

26

Umweltstation – das klingt erst mal nicht besonders aufregend. Aber wenn ihr euch das Programm genau ansehst, dann stellt ihr fest: Da könnt ihr eine fabelhaft spannende Zeit als Familie verbringen. Neues ausprobieren, spielerisch lernen und forschen. In der Umweltstation Reichelshof nahe Schweinfurt ist all das möglich.

Die Umweltstation Reichelshof versteht sich als Begegnungsort für naturverbundene Familien. Generationsübergreifend lernen dort Groß und Klein mit und von der Natur und Umwelt.

Das ganze Jahr über gibt es Aktionstage und Projekte, für die ihr euch jedoch vorher unbedingt anmelden müsst. Informiert euch im Internet über das Angebot. Je nach Alter und Thema ist bei Exkursionen, Workshops, Experimenten, Gestaltung und Spiel für jeden etwas dabei. Geocaching, Bauernhof-Rallye, Erforschung der Main-Wasserwelten, Kinderreitkurs – das klingt ziemlich spannend! Oder habt ihr Lust auf einen Kochkurs? Dabei lernt ihr zum Beispiel auch, wie das Korn zu Brot oder die Milch zu Käse wird.

Neben den begleiteten Freizeitaktivitäten gibt es auf dem Gelände aber auch so viel zu entdecken. Hautnah erlebt ihr Greifvögel in der Falknerei. Oder schaut einem Imker am Lehrbienenstand mal über die Schulter – ihr erkennt, wie friedlich Bienen sind. Erforscht die Streuobstwiesen oder die Gärten mit ihrer Vielzahl an Kräutern. Macht euch auf, um den Sinnesparcours zu erleben. Und natürlich gibt es noch jede Menge Tiere zu besuchen – Esel, Ponys, Hühner, Ziegen, Kamele, Schafe … und ein Dromedar.

Testet doch zum Abschluss das Dunkelcafé. Dort erfahrt ihr in Begleitung eines Blinden, wie man ohne Augenlicht seine Umgebung wahrnimmt. Ihr werdet erstaunt sein, wie sich nach sehr kurzer Zeit eure Sinne umstellen!

ANTENNE BAYERN TIPP

Direkt an der Umweltstation gibt es eine Radstation der besonderen Art: Hier kann man sich Räder ausleihen, die sich auch mit Behinderung gut fahren lassen. So steht einem barrierefreien Fahrradausflug ausnahmsweise nichts im Wege!

Anfahrt **Öffentlich:** Mit der Bahn bis Schweinfurt, weiter mit dem Bus. **Auto:** Über die A 3, Ausfahrt Wiesentheid, weiter über die B 286 nach Gerolzhofen; oder über die A 70, Ausfahrt Schweinfurt-Zentrum, und die B 286 in südlicher Richtung nach Gerolzhofen.

Informationen Takka-Tukka Abenteuerland, Dr.-Georg-Schäfer-Straße 3, 97447 Gerolzhofen, Tel. 09382/224 58 68; www.takka-tukka.com.

Öffnungszeiten Mo–Fr 14–19 Uhr, Sa/So/feiertags 10.30–19 Uhr, Ferien 11–19 Uhr.

Preise Kinder von 1–3 Jahren 4,90 €, Kinder ab 4 Jahren 6,90 €, Erwachsene 4,20 €, Ermäßigungen siehe Homepage.

Toben und spielen im Takka-Tukka Land

Ob die Sonne scheint oder es geradse Bindfäden regnet – im Takka-Tukka Abenteuerland ist das vollkommen egal, denn hier fühlt ihr euch sicherlich megawohl. Im gigantischen Indoor-Spielplatz in Gerolzhofen stehen Spiel und Spaß an erster Stelle – typisch Pippi Langstrumpf eben!

Sicher ist eins: Kaum habt ihr eure Straßenschuhe an der Garderobe ausgezogen und den Eintritt bezahlt, werdet ihr das Takka-Tukka Abenteuerland mit all seinen Attraktionen erobern.

Verirrt euch im großen Spielturm mit seinen vielen Hindernissen, Kletterseilen und der wackeligen Hängebrücke. Saust über die Wellen- oder Röhrenrutsche hinunter und erkundet die Geisterhöhle. Versucht den Wabbelberg zu ersteigen oder Purzelbäume auf dem Trampolin zu schlagen. Testet eure Kraxelkünste an der Kletterwand oder liefert euch ein Rennen mit den Go-Karts. Der große Brüller, besonders für Kids, ist die Affen-Hüpfburg.

Ungewöhnlich und besonders ist, dass es neben diesem Indoor-Spielebereich auch einen großen Außenbereich gibt. Natürlich ist dieser vor allem im Sommer begehrt. Da rutscht ihr in euren Badeklamotten die lange Wasserrutsche hinab, planscht und spritzt am Wasserspielplatz oder flitzt mit den Kettcars um die Wette – das macht auch Eltern Spaß. Denn auch sie dürfen im Takka-Tukka Abenteuerland mittoben oder sich im gemütlichen Urwald-Bistro erholen. Gleich nebenan gibt es für kleinere Kinder zudem einen ruhigeren Spielebereich. Außerdem findet jeden ersten Dienstag im Monat (außer in den Ferien) ein extra Krabbelfrühstück für die Allerkleinsten statt.

Einmal im Jahr veranstaltet das Abenteuerland die beliebte Kids-Night-Übernachtungsparty – für viele der absolute Knaller!

ANTENNE BAYERN TIPP

Habt ihr Lust, noch ein bisschen den Steigerwald zu erforschen und zu erleben? Dann besucht doch das neue Steigerwald-Zentrum im nahen Handthal. Hier könnt ihr erfahren, warum der Steigerwald etwas Magisches hat.

28 Geil: Deutschlands größter Kletterwald

Suchst du neue Herausforderungen oder den absoluten Kick? Willst du deine Grenzen ausloten oder sogar überwinden? Oder hast du schon immer vom Klettern geträumt, es aber bisher noch nicht ausprobiert? Dann nichts wie los zum Kletterwald am See in Schweinfurt, einem gigantischen Abenteuerspielplatz mit Lerneffekt!

Schon der erste Blick auf den größten Kletterwald Deutschlands ist beeindruckend: Auf einer Fläche von 30 Fußballfeldern wurden hier sage und schreibe 45 Parcours in allen Schwierigkeitsgraden aufgebaut, mal als Hängebrücke in atemberaubender Höhe, mal als Balancierstangen knapp über dem Boden. Rund 300 verschiedene Elemente sorgen dafür, dass jeder auf seine Kosten kommt. Und egal, wo du kletterst, ob auf dem einfachen Kinderparcours oder dem für Firmenteams – Sicherheit ist immer garantiert. Unter sachkundiger Anleitung der Trainer dürfen sich sogar schon Kinder ab drei Jahren als Kletterkünstler versuchen, und so manch Erwachsener hat hier seine Höhenangst überwunden.

ANTENNE BAYERN TIPP

Was könnte nach dem Klettern schöner sein, als sich auf der großen Liegewiese am nahe gelegenen Schweinfurter Badesee zu entspannen oder sich in seine Fluten zu stürzen? Und sogar Grillen ist hier erlaubt – nicht direkt am See, aber an extra ausgewiesenen Plätzen im angrenzenden Wald. Das perfekte Ausflugsvergnügen!

Anfahrt Öffentlich: Zug nach Schweinfurt, Linie 12 bis »Rossmarkt«, Linie 62 zum Kletterwald. **Auto:** B 286 Richtung Grafenrheinfeld, am See entlang zum Kletterwald.

Informationen Kletterwald am Schweinfurter Badesee, Röntgenstraße, 97424 Schweinfurt, Tel. 0151/50 62 83 02; www.kletterwald-schweinfurt.de.

Öffnungszeiten Fr 13–19 Uhr, Sa/So/feiertags 10–19 Uhr, Ferien tgl. 10–19 Uhr (März/Okt. 11–18 Uhr).

Preise Jeweils ca. 3 Stunden inkl. Einweisung: Kinder (8–11 Jahre) 13 €, Jugendliche (12–17 Jahre) 16 €, Erwachsene 19 €; Familien 2 € Rabatt/Person; weitere Preise siehe Homepage.

DAS Weinfest
in Unterfranken

Wenn du gerne Frankenwein trinkst, dann ist das Weinfest in Zeil am Main der richtige Tipp für dich – es ist nicht nur eines der größten in Unterfranken, sondern nach Meinung von Kennern auch das schönste! Jedes Jahr am ersten Wochenende im August verwandelt sich der sonst beschauliche Weinort in eine große Feiermeile.

Von Freitag- bis Montagabend wird gegessen und getrunken, was das Zeug hält. Tausende Weinliebhaber kommen in diesen Tagen nach Zeil, um ausgelassen zu feiern. Die Vereine bauen Buden auf, an denen man die Weine der Region und fränkische Spezialitäten kosten kann.

Das alljährliche Weinfest folgt einer traditionellen Chronologie: Freitagabend stimmt ein Konzert des lokalen Gesangsvereins auf das Fest ein. Am Samstag ziehen dann die Zeiler Kinder – als Weinstöcke, Weingeister, Bocksbeutel oder Weinbergschnecken verkleidet – mit den Winzern, Steinhauern und Trachtenkapellen zum Marktplatz. Dort eröffnet Festpatron »Abt Degen« offiziell das Weinfest – ein Brauch, welcher an den 1625 in Zeil geborenen späteren Abt Alberich Degen erinnert. Er führte die Silvanerrebe in Franken ein, weshalb ihn die Zeiler über 300 Jahre später zum Patron des Festes auserwählten. Den ganzen Tag über treten verschiedene Livebands auf, die Buden haben bis spätabends geöffnet.

Weiter geht's am Sonntag mit dem Frühschoppen, und am Abend begeistert ein fulminantes Feuerwerk auf dem Kapellenberg. Am Montag brauchen auch die rüstigsten Festgänger eine kleine Pause, weshalb erst am Nachmittag die letzte Runde eingeläutet wird.

Anfahrt **Öffentlich:** Zug nach Nürnberg, Regionalzug nach Haßfurt, Regionalzug nach Zeil a. M. **Auto:** A 73 Ausfahrt Eltmann, auf der B 26 Richtung Ebelsbach/Zeil a. M. bis Zeil a. M.

Informationen Tourist-Information »Grohehäuschen«, Marktplatz 5, 97475 Zeil a. M., Tel. 09524/949 77; www.zeiler-weinfest.de.

Anfahrt **Öffentlich:** Mit der Bahn bis Bad Kissingen, dann weiter mit Bussen, Haltestelle »Berliner Platz«. **Auto:** Über die A 3, Ausfahrt Hammelburg, dann weiter auf der B 287; oder über die A 71, Ausfahrt Bad Kissingen, weiter auf der B 286.

Informationen Aktivspielplatz, Geschwister-Scholl-Platz 4, 97688 Bad Kissingen, Tel. 0971/807 13 10; www.badkissingen.de.

Öffnungszeiten Nur wochentags von Mai–Okt. 15–19 Uhr, in den Sommerferien 11–18 Uhr.

Preise Kostenlos.

Alles selber machen – auf dem Aktivspielplatz

30

Die einen werkeln, bauen, hämmern oder sägen mit Leidenschaft. Die anderen basteln lieber, nähen oder malen. Die Kreativangebote des großen Aktivspielplatzes in Bad Kissingen sind nahezu unerschöpflich. Dabei spielt euer Alter keine Rolle – jedermann ist willkommen und kann mitmachen.

Das Besondere am Aktivspielplatz sind seine vielen Angebote zum Bauen und Basteln. Ihr leiht euch Hammer, Nägel, Sägen und was ihr sonst noch zum Bauen benötigt aus und los geht's. Baut weiter an den bestehenden Hütten oder konstruiert hölzerne Kunstwerke. Lebt nach Herzenslust eure kreative Ader aus!

Das Jugend- und Kulturzentrum in Bad Kissingen betreibt diesen tollen neuen Aktivspielplatz, eine 5000 Quadratmeter große Freifläche mit viel Bewegungsspielraum, auch einfach nur zum Austoben. Es gibt einen Bolzplatz für Ballspiele, ein großes Trampolin, einen Sandkastenbereich, der für kleinere Kinder geeignet ist, und eine Wasserrutsche.

Auch die Bastler unter euch sind gefordert. Bemalt Steine oder Windlichter. Schafft Sandbilder auf Holzbrettchen. Fertigt euch Schmuck oder Traumfänger. Näht und befüllt eure neuen Duftsäckchen mit Kräutern. Oder verwirklicht eure eigenen Ideen. Die Mitarbeiter vom Jugendzentrum werden euch sicher dabei helfen. So wurden auch schon ein Teich angelegt und Beete gegraben, auf denen jetzt gesundes Gemüse wächst. Und die Erwachsenen sind natürlich immer dazu eingeladen, kräftig mitzuhelfen und sich einzubringen.

Am Aktivspielplatz findet übrigens alles draußen im Freien statt. Deshalb gibt es auch die lange Winterpause. Seid einfach im nächsten Sommer wieder mit dabei und bringt neu gereifte Ideen ein!

ANTENNE BAYERN TIPP

Wenn eure Schaffenskraft eine Pause braucht, besucht doch den Wildpark Klaushof nahe Bad Kissingen. Die beeindruckende Schaufütterung bei Luchs, Wildkatze und Fischotter findet täglich gegen 15 Uhr statt. Dorthin bringt euch das kleine »Kurbähnle«, das am Kurgarten von Bad Kissingen startet.

Anfahrt Öffentlich: Mit der Bahn nach Bad Neustadt an der Saale, weiter mit dem Bus. **Auto:** A 71, Ausfahrt Bad Königshofen.

Informationen Märchenwald Sambachshof, 97631 Sambachshof, Tel. 09761/26 14; www.maerchenwald-sambachshof.de.

Öffnungszeiten Palmsonntag bis 3. So im Okt. tgl. 10–18 Uhr.

Preise Ab 3 Jahren 9 €, darunter frei.

Viel Spaß im Märchenwald Sambachshof

31

Ach, wie gut, dass niemand weiß, dass ich … wie heiße? Jetzt ratet mal, was das wohl für ein Märchen ist? Wenn ihr Märchen mögt, dann nichts wie ab in den Märchenwald Sambachshof. Aber nicht nur viele Geschichten der Brüder Grimm warten dort auf euch, sondern auch zahlreiche Fahrgeschäfte …

Der Märchenwald Sambachshof am Rande der Rhön wurde in den Siebzigerjahren gebaut. Er liegt idyllisch acht Kilometer südlich der Kurstadt Bad Königshofen mitten im Wald. Der kleine Freizeitpark hat sich vor allem auf Familien mit kleineren Kindern spezialisiert. Bei einem Rundgang besucht ihr die Märchenhäuschen, in denen die Grimm'schen Märchen mit Puppen und Tieren liebevoll dargestellt sind. Auf Knopfdruck werden euch dazu die Geschichten vom Tonband erzählt.

Schnell fühlen sich Eltern wieder in die eigene Kindheit zurückversetzt. Die Geschichten sind kurzweilig zusammengefasst. Zu Hause werdet ihr dann Märchen wie Rotkäppchen, Hänsel und Gretel, Der böse Wolf und die sieben Geißlein, Frau Holle, Froschkönig oder Dornröschen noch einmal genau lesen müssen.

Doch damit nicht genug: Der Sambachshof bietet noch viel mehr Attraktionen, die fast alle im Eintrittspreis inbegriffen sind. Nur der Sandkastenbagger und die Wasserspritzpistolen kosten 50 Cent extra. Wollt ihr eine Runde im Karussell drehen? Oder steigt ihr lieber fest in einem Schwanen-Tretboot in die Pedale, um auf dem Wasser zu schippern? Eine Bimmelbahn, das Elefanten-Karussell, die Froschkönig-Wasserbahn oder der Rote Baron stehen für euch bereit. Und zu jeder vollen Stunde werdet ihr von den Wasserspielen und dem Lied der allseits bekannten Vogelhochzeit verzaubert.

ANTENNE BAYERN TIPP

Kombiniert doch den Märchenwald mit einem Besuch der nahen Franken-Therme in Bad Königshofen. Jeden ersten Freitag im Monat ist Familientag, da ist der Eintritt besonders günstig. An der Black-Hole-Rutsche erlebt ihr richtig Action. Oder wollt ihr euch lieber bis spät in den Herbst hinein im 30 °C warmen Quellwasser der Regiusquelle im Heilwassersee mit Felsengrotte erholen?

Anfahrt **Öffentlich:** Bahnlinie München–Nürnberg, ab Nürnberg Regionalbahn nach Kitzingen, von dort Bus nach Sulzfeld am Main **Auto:** A9 München–Nürnberg, Ausfahrt Kreuz Nürnberg, A3 Richtung Frankfurt/Würzburg/Bamberg/A73 Nürnberg-Nord, Ausfahrt Kitzingen/Schwarzach, Richtung Kitzingen/Schwarzach/Volkach nach Kitzingen, auf St 2271, Südbrücke, Holländer Weg, St 2270 nach Sulzfeld am Main fahren.

Informationen Gemeinde Sulzfeld a. Bürgermeister Gerhard Schenkel, Marktplatz 3, 97320 Sulzfeld a. M., Tel. 09321/916 60; www.sulzfeld-main.de.

Weinliebhaber aufgepasst: Weinhalla in Sulzfeld

Du hast richtig gelesen, nicht »Walhalla«, sondern »Weinhalla«. Die Weinhalla ist eine überdachte Aussichtsplattform, die inmitten der Sulzfelder Weinberge hoch über dem Main liegt. Der perfekte Platz, um die einzigartige Weinlandschaft zu überblicken. Dabei darf natürlich ein Gläschen guten Sulzfelder Weins nicht fehlen.

Zu dem Aussichtspunkt führt eine schöne »Weinwanderung« durch die Weinberge rund um das hübsche Winzerörtchen Sulzfeld. Ausgangspunkt für den sogenannten Maustal-Weinwanderweg von Sulzfeld zur Weinhalla ist das Sulzfelder Haupttor. Vorbei an hübschen kleinen Häusern kommst du auf einen Hohlweg, der in die Weinlage Maustal führt. Unterwegs informieren dich Tafeln über regionale Rebsorten und die harte Arbeit der Sulzfelder Winzer. Der Weg schlängelt sich durch die Landschaft bis hinauf zur Weinhalla, wo du bei einem guten Glas Wein und einer fränkischen Brotzeit entspannen und den schönen Blick über Sulzfeld ins Maintal genießen kannst. Dann geht's wieder zurück.

Du kannst die Wanderung auf eigene Faust oder unter kundiger Führung unternehmen, um neben Informationen zum Sulzfelder Weinanbau auch allerlei Anekdoten zu erfahren.

Nach der Weinwanderung steht schließlich ein kleiner Bummel durch das reizvoll zwischen Weinbergen gelegene Sulzfeld an. Das hübsche Städtchen mit seinen engen, verwinkelten Gassen und seinem Mauerring mit Toren und Türmen hat sich sein mittelalterliches Erscheinungsbild bis heute bewahrt. Sehenswert ist auch der Michelskeller im Altort aus dem 13. Jahrhundert, in dem gepflegte Küche und verschiedene Weine von Winzern aus der Region serviert werden. Wäre das nicht ein wunderbarer Tagesabschluss?

ANTENNE BAYERN TIPP

Falls dir die Weinwanderung zu unsportlich ist, könntest du auch am Weinhallalauf teilnehmen, der alljährlich im Hochsommer stattfindet. Auf knapp sieben Kilometern läuft man durch Maustal und Cyriakusberg und überwindet dabei etwa 200 Höhenmeter. Informationen und Anmeldung unter www.weinhallalauf.de.

Anfahrt

Öffentlich: Bahnlinie München–Nürnberg, ab Nürnberg Regionalexpress nach Bamberg, ab Bamberg Bus nach Pommersfelden. **Auto:** A 9 München–Nürnberg, Ausfahrt Kreuz Nürnberg, A 3 Richtung Frankfurt a. M./Würzburg/Bamberg/A 73/Nürnberg-Nord, Ausfahrt Pommersfelden, B 505 Richtung Bamberg, Ausfahrt auf St 2285, bei St 2263 rechts nach Pommersfelden fahren.

Informationen

Schloss Weissensteir in Pommersfelden, 96178 Pommersfelden, Tel. 09548/98180; www.schoenborn.de.

Öffnungszeiten

April–Okt. Mo–Fr 9.30–17 Uhr, Sa/So/feiertags 9.30–18 Uhr (Führungen stündlich), Nov.–März 10–15 Uhr (Führungen halbstündlich).

Pommersfeldener Schloss Weissenstein

33

Möchtest du eintauchen in die prachtvolle Welt des Barock? Im imposanten Schloss Weissenstein in Pommersfelden erwartet dich eine der glanzvollsten Barockanlagen Frankens. Höhepunkte sind das älteste komplett erhaltene Spiegelkabinett Deutschlands und ein großartiges dreigeschossiges Treppenhaus.

Der dreiflügelige Barockbau zieht seine Besucher bereits bei der Anfahrt in seinen Bann. Das Pommersfeldener Schloss wurde zwischen 1711 und 1718 als Sommerresidenz für Lothar Franz Graf von Schönborn, Fürstbischof von Bamberg und Kurfürst von Mainz, erbaut. Eine großzügige Schenkung von Kaiser Karl VI. ermöglichte es ihm, mehrere namhafte Architekten mit der Planung der weitläufigen Anlage zu beauftragen.

Für die prunkvolle Innenausstattung verpflichtete der Bauherr ebenfalls die berühmtesten Künstler seiner Zeit und brachte zudem eigene Ideen ein. Er plante selbst das großartige Treppenhaus im Mittelbau, das mit wunderschönen Fresken von Johann Rudolph Byss und Giovanni Francesco Marchini ausgestattet ist. Berühmt sind außerdem der fantasievoll ausgeschmückte Grottensaal und das von Ferdinand Plitzner gestaltete Spiegelkabinett. Der prunkvoll mit Spiegeln dekorierte Raum ist der älteste in Deutschland komplett erhaltene seiner Art. Auch die Wohnräume des Schlosses zeugen mit ihren Stuckdecken, Marmorkaminen, kostbaren Tapeten und Möbeln von der ganzen Pracht des Barock.

Wenn du dich für Kunst interessierst, solltest du unbedingt die hervorragende Gemäldesammlung besuchen, die unter anderem Werke von Rubens und van Dyck zeigt. Krönender Abschluss ist ein Spaziergang durch den Schlosspark im englischen Landschaftsstil mit frei laufendem Damwild und Wildvögeln.

ANTENNE BAYERN TIPP

Alljährlich von Mitte Juli bis Anfang August ist das Schloss Treffpunkt für das »Collegium Musicum« – Musiker aus aller Welt, die sich durch das besondere Ambiente inspirieren lassen. Das Programm wird spontan gestaltet und erst wenige Tage vor dem Konzert bekannt gegeben. Man darf gespannt sein! Kartenreservierungen direkt beim Schloss.

Anfahrt **Öffentlich:** Bahnlinie München–
Bamberg. **Auto:** A 9 München–Nürnberg, Aus-
fahrt Kreuz Nürnberg, A 3 Richtung Frankfurt
a. M./Würzburg/Bamberg/A 73/Nürnberg-Nord,
Ausfahrt Kreuz Fürth/Erlangen, A 73 Richtung
Schweinfurt/A70/Bamberg/Erlangen/Coburg,
Ausfahrt Bamberg-Süd.

Informationen Bamberg Tourismus
& Kongress Service, Geyerswörthstraße 5,
96047 Bamberg, Tel. 0951/297 62 00;
www.bamberg.info.

Wie Rom auf sieben Hügeln erbaut: Bamberg

34

Die über 1000 Jahre alte Kaiser- und Bischofsstadt in Nordbayern ist eine der romantischsten Städte Deutschlands. 1993 wurde sie in das UNESCO-Weltkulturerbe aufgenommen. Doch Bamberg zehrt nicht nur von seiner Vergangenheit. Die schöne Stadt an der Regnitz ist auch eine quirlige Universitätsstadt mit ausgeprägtem kulturellem Leben.

In Bamberg gibt es viel zu entdecken: die historische Bergstadt mit ihren engen Gassen und dem berühmten Kaiserdom; die Inselstadt, einst alte »Bürgerstadt«, heute lebendiges Geschäftszentrum mit der Universität und vielen Cafés; das malerische »Klein Venedig« am Ufer der Regnitz; und über der Stadt die Burg Altenburg.

Am besten beginnt ihr eure Stadterkundung in der Bergstadt, der Bamberg seinen Ruf als »Fränkisches Rom« verdankt. Auf dem Domberg war vom 11. Jahrhundert bis 1802 das geistliche und weltliche Machtzentrum. Hier befinden sich mit dem Kaiserdom St. Peter und Georg, der barocken Neuen Residenz und der Alten Hofhaltung die bekanntesten Bauwerke. Über der Bergstadt thront die Burg Altenburg, von deren Aussichtsterrasse ihr einen fantastischen Blick auf Bamberg habt.

Anschließend empfehlen wir einen Spaziergang durch die Inselstadt, das heutige Zentrum Bambergs mit historischen Häusern, der Universität und Studentenkneipen. Hier findet täglich ein Wochenmarkt statt, auf dem regionale Produkte verkauft werden. In der Austraße blüht die Café- und Kneipenszene. Hübsche, kleine Läden laden zum Bummeln ein.

Auch kulinarisch ist in Bamberg einiges geboten. Viele der jahrhundertealten Gebäude beherbergen Gasthäuser, in denen Bier von einer der elf derzeit in Bamberg ansässigen Brauereien ausgeschenkt wird. Dazu schmeckt eine herzhafte fränkische Brotzeit. Im »Hofbräu« am Alten Rathaus treffen sich die Bamberger auf ein »Seidla«, wie hier eine Halbe Bier heißt. Das berühmte »Schlenkerla« mit seinem süffigen Rauchbier findet sich in jedem Reiseführer, wird aber auch von Einheimischen besucht. Das sind nur ein paar Tipps – ihr werdet bestimmt noch mehr entdecken!

Anfahrt Öffentlich: Zug nach Bamberg. **Auto:** A 73 Ausfahrt Bamberg-Süd, Richtung Bamberg-Zentrum auf B 22 und St 2244, dann weiter auf St 2281 bis Bamberg.

Informationen Bamberg Tourismus Kongress Service , Geyerswörthstraße 5, 96047 Bamberg , Tel. 0951/29 7 62 00; www.bamberg.info.

Preise 79 € (14.30–18 Uhr).

Mit Bierkennern in Bamberg auf Tour

35

Wusstest du, dass sich im Bamberger Land mehr Brauereien konzentrieren als irgendwo sonst auf der Welt? Allein in Bamberg selbst gibt es elf Brauereien! Sie den Gästen der Stadt zu zeigen, ist das Ziel der launigen »BierSchmecker«-Angebote, die zumeist Bierprobe, Brauereiführung und kurzes Bierseminar in einem sind.

Dass es den Bambergern ernst ist mit ihrem Bier, beweist die Tatsache, dass die Stadt jedes Jahr am 23. April den »Tag des Bieres« begeht – an diesem Tag im Jahr 1516 erließ Herzog Wilhelm IV. von Bayern das bayerische Reinheitsgebot. Doch in Bamberg galt es bereits seit 1489! Schon damals hatte Fürstbischof Heinrich III. angeordnet, dass für ein gutes Bier »nichts mehr zu nehmen sei denn Hopfen, Malz und Wasser«. Da können die Bamberger also mit Fug und Recht stolz auf ihre Tradition als Bierbrauer und Bierkenner sein!

Wenn auch du gerne gutes Bier trinkst und dich für die traditionelle Herstellung des köstlichen Gerstensafts interessierst, dann bist du in Bamberg richtig. Statt der üblichen Weinproben kannst du eine mehr oder weniger umfangreiche Bierprobe machen. Bei der Bamberger BierkennerTour beispielsweise besuchst du gemeinsam mit einem Stadtführer und einem Biersommelier während einer kleinen Führung durch die Bamberger Altstadt auch eine Brauerei. Bierexperten wie Markus Raupach (der sogar mit dem Bamberger Bierorden ausgezeichnet wurde) bzw. Bastian Böttner haben jede Menge Wissenswertes, aber auch Amüsantes über Bier im Allgemeinen und Bamberger Bier im Besonderen zu erzählen. Du steigst hinab in kühle Bier-Katakomben und schaust den Braumeistern bei ihrer Arbeit zu. Natürlich wird danach das hauseigene Bier verkostet und anschließend mit den Bieren von vier weiteren Brauereien verglichen – insgesamt können es bis zu neun verschiedene werden. Oder hast du schon mal Bierschnaps getrunken? Falls nein – auch der steht auf der Getränkekarte und sollte bei diesem Ausflug unbedingt einmal probiert werden!

36 Zu Besuch beim »Sams« in Bamberg

Das Sams ist wirklich unverwechselbar und gehört zu Bamberg wie sein Erfinder Paul Maar. Für alle Fans und jene, die es spätestens dann werden, wenn sie dem Sams begegnen, sind die Sams-Führungen ein Muss. Dabei begleitet ihr das Sams nicht nur zu allen Originalschauplätzen des gleichnamigen Kinofilms.

Der erste »Sams«-Band wurde von Paul Maar bereits 1973 geschrieben. Der Autor lebt in Bamberg, und so lag es nahe, die wunderschöne oberfränkische Stadt zur Kulisse für die »Sams«-Verfilmung 2001 zu machen. Wenn ihr das Sams mögt und euch der Film gefallen hat, dann nichts wie auf nach Bamberg! Aber auch wer das Sams ganz neu entdeckt, wird begeistert sein. Auf den Spuren des Sams erkundet ihr fast die ganze Stadt. Und natürlich seht ihr alle wichtigen Filmkulissen und Originalschauplätze. An den einzelnen Besichtigungspunkten erwarten euch Infos zu Hintergründen und Tricks rund um den ersten Teil der »Sams«-Filme. Wichtig: Unbedingt witterungsgerecht anziehen, ihr seid im Freien! Anmelden müsst ihr euch nicht. Es wird einfach vor Ort bezahlt. Termine findet ihr im Internet.

ANTENNE BAYERN TIPP

Wenn ihr vom Sams noch nicht genug habt, macht doch den Sams-Spielplatz auf dem Gelände der Landesgartenschau unsicher. Spannend ist auch ein Besuch des Bamberger Naturkundemuseums mit seinem berühmten »Vogelsaal«.

Anfahrt **Öffentlich:** Mit der Bahn nach Bamberg, weiter mit Bussen bis zum Domplatz. **Auto:** Über die A 73 oder A 70 nach Bamberg ins Zentrum, nahes Parken in der Tiefgarage Geyerswörth.

Informationen Sams-Führungen Maria Wunderlich, Treffpunkt: Eingang zur Alten Hofhaltung, 96049 Bamberg,
Tel. 0951/20 20 50; www.sams-fuehrung-bamberg.de.

Öffnungszeiten März–Nov. mehrere Termine pro Monat, Dauer ca. 2 Stunden.

Preise Erwachsene 9 €, Kinder 7 €.

Aller guten Dinge sind drei

37

»Heute back ich –morgen brau ich« … dieser alte Märchenspruch zeigt, wie eng Backen und Bierbrauen zusammengehören. Deshalb gibt es auf dem ehemaligen Gelände der Brauerei Mönchshof in Kulmbach gleich drei spannende und interessante Museen zu besichtigen: ein Brauerei-museum, ein Bäckereimuseum und ein Gewürzmuseum.

Ihr erfahrt im Brauereimuseum äußerst kurzweilig alles über das wichtige, flüssige, bayerische Grundnahrungsmittel: das Bier. Von der Geschichte, einschließlich der Braukunst im alten Ägypten und bei den Mayas, über die verschiedenen Rohstoffe und Herstellungsverfahren, bis hin zum Bier als Genussmittel und der »Kunst des Bierbrauens«, alles wird euch sehr anschaulich gezeigt und erklärt. Dabei wird kaum ein Themenbereich ausgelassen. Studiert die Marketingstrategien oder die Vielfalt an Gläsern und Bierkrügen. Da ist sicherlich viel Neues für euch dabei!

Das Gleiche gilt auch für das Bäckerei- und das Gewürzmuseum: Von »Brot und Spielen« im alten Rom über die schwierige Arbeit des Mehl-mahlens bis zur modernen Großbäckerei – tolle Exponate warten auf euch. Ihr könnt aber auch den Gewürzhändlern auf ihrer Reise folgen, schnuppert an orientalischen Gewürzen oder an denen des Mittelalters. Zusätzlich gibt es Workshops, Führungen und Exkursionen im Museums-pädagogischem Zentrum. Wie gesagt: Aller guten Dinge sind drei!

Anfahrt
Öffentlich: Mit dem Zug nach Kulmbach, weiter mit dem Bus bis Haltstelle Hoferstraße oder 15 Minuten Fußweg. **Auto:** A 9 Ausfahrt Bayreuth/Kulmbach oder auf der A 70 Ausfahrt Kulmbach, dann über die B 85 nach Kulmbach, kostenfreie Parkplätze.

Informationen
Museen im Mönchshof, Hoferstraße 20,
95326 Kulmbach, Tel. 09221/805 14, www.kulmbacher-moenchshof.de

Öffnungszeiten
Di–So 10–17 Uhr, Mo Ruhetag.

Preise
Alle drei Museen: Kinder (6–16 Jahre) 8 €, Erwachsene 12 €, es gibt auch Einzelpreise.

Anfahrt **Öffentlich:** Mit der Bahn nach Forchheim, weiter mit dem Bus, Haltestelle »Spinnerei«. **Auto:** Von der A 73, Ausfahrt Forchheim-Nord oder -Süd, weiter Richtung Bahnhof, von dort auf die B 470 Richtung Ebermannstadt.

Informationen Magnesia Kletter-Seil-Erlebnispark, Trettlachstraße 1 (im Wiesent Center), 91301 Forchheim, Tel. 09191/61 65 94; www.magnesia-klettern.de.

Öffnungszeiten Sommer: Mo–Do 14–22 Uhr, Sa/So/feiertags 10–20 Uhr; Winter: Mo/Fr 14–23 Uhr, Di–Do 10–23 Uhr, Sa/So/feiertags 10–22 Uhr.

Preise Erwachsene ab 11 €, Kinder bis 14 Jahre ab 6,50 €, DAV-Ermäßigung möglich; Hochseilgarten 60 € pro Stunde (unabhängig von Teilnehmerzahl, nur mit Trainer); Schnupperklettern Erwachsene 25 €, Kinder 18 €.

Klettererlebniswelt Magnesia: Adrenalin pur!

38

Wo sonst erlebt ihr ein solch vielseitiges Kletterabenteuer – und das noch dazu völlig unabhängig vom Wetter? Kommt einfach in die Hallen des Magnesia Kletter-Seil-Erlebnisparks in Forchheim. Dort kraxelt ihr Wände hoch, übt im Boulderraum Schwerelosigkeit oder wagt euch in den Indoor-Hochseilgarten.

Aufregende Stunden mit Nervenkitzel der Extraklasse warten auf euch. Falls ihr noch keine Erfahrung mit dem Klettern habt, bei Magnesia sind auch Neueinsteiger in besten Händen. Jeden Freitag findet von 18 bis 20 Uhr ein Schnupperklettern statt. Meldet euch kurz vorher an, dann nehmt ihr sicher teil! Fachkundige Mitarbeiter zeigen euch genau, wie es funktioniert, und geben wichtige Tipps und Tricks weiter. Danach versucht ihr euch selbst an den ersten Kletterrouten. Strecken mit wunderbaren Namen wie »Max und Moritz«, »Ein Traum in Rosa«, »Keep smiling« oder »Rapunzel« sind an der Kinderwand installiert. Hier trainieren auch viele erwachsene Anfänger und probieren das Klettern an den bunten Griffen aus.

Wer schon Übung hat, wählt eine von über 180 Routen aus. Und wer dort den »Fall out« oder die »Fränkische Bauernplatte« – eine A9-Klettertour! – schafft, zählt sicher schon zu den »Cracks« unter den Kletterern.

Falls ihr Lust habt, gibt es eine weitere Herausforderung: einen 70 Meter langen Indoor-Hochseilgarten. Auf rund sieben Meter Höhe wagt ihr euch auf ständig schwankende und wackelige Balken – natürlich mit den nötigen Sicherheitsvorkehrungen. Ihr bewegt euch auf dem Spinnennetz, klettert über Schaukeln oder Balancierbalken. Wer ist mutig und absolviert den Tarzansprung?

ANTENNE BAYERN TIPP

Eine weitere Freizeitidee gefällig? Besucht doch das Erlebnismuseum »Rote Mauer« in der Forchheimer Altstadt. In den original erhaltenen Kasematten der Forchheimer Festung erfahrt ihr nicht nur viel aus der Zeit des 16. Jahrhunderts, sondern könnt bei einer dramatischen Inszenierung miterleben, wie Soldaten und Bürger den Dreißigjährigen Krieg erlebten.

Anfahrt

Öffentlich: Mit der Bahn nach Ebing, von dort ca. 2 km zu Fuß. **Auto:** Von der A 73, Ausfahrt Breitengüßbach-Nord, weiter auf der B 4 Richtung Norden bis Rattelsdorf.

Informationen

Monsterpark, Im Stock 11, 96179 Rattelsdorf, Tel. 09547/873 55 40 (Wochenende) oder 09547/304 (werktags); www.monsterpark.de.

Öffnungszeiten

April–Sept. Sa 10–17 Uhr, So/feiertags 11–17 Uhr.

Preise

Eintritt 3 € pro Person, Tageskarte ab 20 € (Fahrgeschäfte Miniklasse), Exklusiv baggern ab 20 € (30 Minuten/bis 3,5 Tonnen); viele Kombitickets.

Altersbeschränkung

Allein Bagger fahren erst ab 6 Jahren, Mittel- und Monsterklasse ab 14 Jahren.

Wo Kinder und Väter um die Wette baggern

39

Spätestens seit Bob dem Baumeister wissen Eltern, was sich Kinder wünschen: einmal im Leben Bagger fahren. Aber erhoffen sich das wirklich nur Kids? Träumen Väter nicht auch davon? Im Monsterpark von Rattelsdorf könnt ihr ausprobieren, wer von euch die größte Be-geisterung zeigt. Jede Menge PS-Monster warten dort auf euch!

Dieser Ausflug ist einzigartig, denn der Monsterpark ist eine Welt für sich! Hier hat die ganze Familie ihren Spaß, egal ob Groß oder Klein. Selbst für Kinder, die noch zu jung sind, um einen eigenen Bagger zu fahren, ist jede Menge geboten.

Als Erstes besucht ihr am besten das Baumaschinenmuseum. Auf dem Rundgang im Freien seht ihr 130 historische Baumaschinen aus aller Welt. Dann geht's in den eigentlichen Monsterpark. Auf einer Fläche von 30 000 Quadratmetern stehen große und kleine PS-Ungeheuer. Vor allem Männeraugen beginnen jetzt durchwegs zu leuchten, denn um es mit James Brown zu sagen: »It's a man's world!« Legt los und baggert, was das Zeug hält. Gerne den ganzen Tag. Je nach gelöster Eintrittskarte könnt ihr Minibagger, Minilader, Miniraupe nutzen oder euch in der teureren Kategorie auf die Mittelklassefahrzeuge schwingen.

Die Monsterklasse ist Erwachsenen vorbehalten. Natürlich bekommt ihr eine Einweisung. Die Preise sind zwar ambitioniert, aber das erklärt sich, wenn ihr seht, um was für ein Monster es sich handelt: 1000 PS stark, 100 Tonnen schwer, allein der Reifendurchmesser beträgt drei Meter! Der Monsterlader Komatsu WA 800 geizt nicht mit Superlativen, und was der an Sprit schluckt, könnt ihr euch denken.

Neben diesen Wahnsinns-Baumaschinen gibt es einen super Kinderbereich mit Sandkasten, Kletterbaum, Elektroautos, Kinderbagger, Wasserspielplatz, Reitpferdchen, Traktoren und einer großen Kinderbaustelle.

Zu guter Letzt dürft ihr die Baggershow des Monsterpark-Besitzers Gerhard Seibold nicht versäumen. Unglaublich, wie der Baggerkönig mit seinen Maschinen tanzt.

Anfahrt **Öffentlich:** Bahnlinie München–Nürnberg, ab Nürnberg Regionalbahn nach Coburg, ab Coburg Bus nach Seßlach. **Auto:** A 9 München–Nürnberg, Ausfahrt Kreuz Nürnberg, A 3 Richtung Frankfurt a. M./Würzburg/Bamberg/A 73/Nürnberg-Nord, Ausfahrt Kreuz Fürth/Erlangen, A 73 Richtung Schweinfurt/A 70/Bamberg/Erlangen/Coburg, Ausfahrt B 4, Richtung Coburg/Rattelsdorf, bei St 2204 links, bis Seßlach.

Informationen Stadt Seßlach, Marktplatz 98, 96145 Seßlach, Tel. 09569/922 50; www.sesslach.de.

Pssst ... ein Geheimtipp – das Städtchen Seßlach

40

»Fränkisches Rothenburg« wird die kleine Stadt Seßlach im Coburger Land gerne genannt. Wenn ihr durch eines der drei Stadttore in das Bilderbuchstädtchen kommt, werdet ihr auch gleich verstehen, warum das so ist. Denn die mittelalterliche Idylle bringt selbst nüchterne Geister ins Schwärmen. Wetten wir?

Das ist selten: Die drei Seßlacher Stadttore werden jeden Samstag ab 14 Uhr bis Sonntagabend geschlossen. Beste Gelegenheit, ohne störenden Autoverkehr durch die historische Altstadt zu bummeln. Als Einlass für Fußgänger dient das sogenannte »Nadelöhr«, eine Schlupftür in den Stadttoren. Überzeugt euch am besten selbst. Zur mittelalterlichen Altstadt mit ihren malerischen Fachwerkhäusern, dem alten Kopfsteinpflaster und den winkligen Gässchen passt das autofreie Szenario ganz ausgezeichnet. Kein Neubau und keine asphaltierte Straße stören das harmonische Gesamtbild. Man fühlt sich fast wie im Mittelalter. Denn anders als in manch anderer pittoresken Kleinstadt gibt es hier (noch) keine Touristenströme.

In Seßlach fällt positiv auf, dass nicht nur Vorzeigebauten wie die gotische Johanneskirche, der dreistöckige Kornschüttboden oder das Rathaus aus dem 16. Jahrhundert saniert wurden, sondern auch »normale« Bürgerhäuser. Zusätzlich trägt zur authentischen Atmosphäre bei, dass in der Altstadt traditionelles Handwerk noch lebendig ist – angefangen von Metzger, Bäcker und Brauer, die für das leibliche Wohl sorgen, bis hin zu Schmied, Schuster, Kürschner und Holzbildhauer.

ANTENNE BAYERN TIPP

Auch das Seßlacher Bier ist etwas Besonderes. Es wird nicht irgendwo, sondern im stadteigenen »Kommunbrauhaus« gebraut. Früher wurde das Bier in Eimern, Butten und Kannen nach Hause geschafft, heutzutage wird es in Fünf-Liter-Dosen verkauft. Im Volksmund heißt das Bier »Haasenbräu« und erinnert damit an den langjährigen Braumeister Emil Haas. Übrigens: Wenn ihr beim alljährlichen Stadtfest euren »Pflasterzoll« entrichtet habt, bekommt ihr einen Gratisschluck. Kommunbrauhaus Seßlach, Pfarrgasse 1, 96145 Seßlach, Tel. 09569/452. Öffnungszeiten: Freitag 16–18 Uhr, Samstag 14-tägig 8–11 Uhr; www.sesslach.de.

Anfahrt **Öffentlich:** Bahnlinie München–Nürnberg, ab Nürnberg S-Bahnline S 1 nach Bamberg, von dort Regionalzug nach Lichtenfels, ab Lichtenfels Regionalzug nach Coburg. **Auto:** A 9 München–Nürnberg, E 45, Ausfahrt Kreuz Nürnberg, A 3 Richtung Frankfurt a. M./Würzburg/Bamberg, A 73 Nürnberg-Nord bis Ausfahrt Kreuz Fürth/Erlangen, A 73 Richtung Schweinfurt, A 70 Bamberg/Erlangen/Coburg, Ausfahrt Untersiemau, B 289, B 4, Ausschilderung nach Coburg folgen.

Informationen Kunstsammlungen de[r] Veste Coburg, 96450 Coburg, Tel. 09561/87 90 und 879 79; www.kunstsammlungen-coburg.de

Öffnungszeiten April–Okt. tgl. 9.30–17 Uhr, Nov.–März Di–So 13–16 Uhr, Faschingdienstag, 24., 25. und 31. Dez. geschlossen.

Auf den Spuren Luthers: die Veste Coburg

41

Schon von Weitem siehst du die »Fränkische Krone«, wie die Veste Coburg, eine der größten Burgenanlagen Deutschlands, genannt wird. Majestätisch thront sie auf einem nach drei Seiten abfallenden Dolomitfelsen hoch über dem Hügelland zwischen Thüringer Wald und oberem Maintal. Kleine und große Burgenfans werden begeistert sein.

Auf dem Burgberg angekommen, hast du zwei Möglichkeiten: Entweder du erkundest die Burganlage mit ihren zwei Innenhöfen von außen und genießt den grandiosen Rundblick. Oder du besichtigst sie von innen – auf eigene Faust, mit Audioguide oder im Rahmen einer Führung.

Ein Höhepunkt der Innenbesichtigung ist die Lutherstube, wo der Reformator an seiner berühmten Bibelübersetzung gearbeitet hat. In der Großen Hofstube wirst du über den imposanten, vollständig erhaltenen Eisengussofen und anschließend über das einzigartige Jagdintarsienzimmer staunen. Die umfangreichen Sammlungen zeigen unter anderem historische Rüstungen und Kriegswaffen, Jagdwaffen und Jagdgerät, kostbares Kunsthandwerk und die ältesten Kutschen der Welt. Beeindruckend sind die Gemälde von Lucas Cranach und den altdeutschen Malern Dürer, Grünewald, Holbein sowie die Plastiken von Tilman Riemenschneider.

Kurz zur Geschichte der Veste: Erstmals erwähnt wurde sie 1056. Die Anfänge der heutigen Burg fallen in die Stauferzeit Anfang des 13. Jahrhunderts. Wegen ihrer strategischen Bedeutung wurde die begehrte Veste in den folgenden 150 Jahren weiter ausgebaut. Eine kulturelle Blüte erlebte sie Anfang des 16. Jahrhunderts unter den sächsischen Landesfürsten. Ab 1838 wurde die Burg unter Herzog Ernst I. in ein Museum umgestaltet. Heute zählen ihre Kunstsammlungen zu den bedeutendsten kunst- und kulturgeschichtlichen Sammlungen Deutschlands.

ANTENNE BAYERN TIPP

Für Kids gibt es eine Entdeckungstour zur Rüstung von Hofzwerg Ruppert, zu den Waffen in der Rüstkammer, dem Hundepanzer und zahlreichen weiteren spannenden Ausstellungsstücken. Anmeldung über die Kunstsammlungen oder Tel. 09561/879 48.

Anfahrt **Öffentlich:** Zug nach Coburg. **Auto:** A 73 Ausfahrt Untersiemau, zunächst auf B 289 Richtung Coburg-Süd/Bad Colberg-Heldburg/ Seßlach, dann auf B 4 bis Coburg.

Informationen Termine siehe Homepage; www.samba-festival.de.

Preise Tages-Ticket (an der Tageskasse): Fr 21 €, Sa 24 €, So 14 €; Wochenend-Ticket (online, Vorverkauf) 24 €; Kinder bis 12 Jahre fre

Coburg, eine Stadt im Samba-Fieber

Die ganze Innenstadt von Coburg eine einzige Samba-Partymeile – und das drei Tage lang im Juli! 100 Samba-Gruppen und 3000 Sambistas aus zehn Ländern, temperamentvolle Trommler, schöne Tänzerinnen in farbenprächtigen Kostümen, fantasievolle Shows, Straßen-Samba aus Brasilien – das »fränkische Rio« pulsiert!

Samba-Feeling mitten in Bayern, das ist ein echtes Erlebnis! Was 1992 noch klein begonnen hatte, zieht jetzt 200 000 Besucher an – lass dich mitreißen von pulsierenden Rhythmen, unglaublichen Tänzerinnen und durchtrainierten Capoeiristas mit ihrer Mischung aus Kampfsport, Musik und Tanz. Vom 13. bis 15. Juli geht es auch im Sommer 2018 wieder hoch her beim Samba-Festival in Coburg.

Partystimmung ist garantiert, wenn die lebenslustige Brasilianerin Bê Ignacio mit ihrem persönlichen Mix aus Bossa Nova, Samba, Musica Popular do Brasil und Pop und Funk die Menge anfeuert. Für Summer-Feeling sorgt die brasilianische Band »Banda 5%«, die auf unvergleichliche Weise Musik aus Salvador da Bahia mit Samba-Reggae verbindet. Spektakulär ist auch die Samba-Show von Nice Ferreira mit Livemusik und tollen Tänzerinnen und Capoeiristas. Und auch weitere Top-Promis wie Fernanda Brandao, attraktives Jurymitglied der bekannten Casting-Show »Deutschland sucht den Superstar«, oder Motsi Mabuse, temperamentvolle Tanzpartnerin von Guildo Horn und Rolf Scheider bei der RTL-Show »Let's Dance«, haben ihre Teilnahme im Juli angekündigt.

Nicht weniger lebhaft geht es beim Tanzwettbewerb zu. Alle sind schon gespannt, welche der Schönheiten dieses Jahr den Schönheitswettbewerb gewinnen wird. Oder wie wäre es mit einem der Workshops, die beim Samba-Festival angeboten werden? Zur Auswahl stehen Capoeira, Tanz, Percussion und Zumba-Masterclass.

ANTENNE BAYERN TIPP

Das Festival unterstützt nach dem Motto »Hilfe zur Selbsthilfe« auch verschiedene Projekte für Straßenkinder in Brasilien. Mit dem Kauf des Programmheftes geht pro Heft ein Euro an die Kinderprojekte.

43 Neugierige Ziegen und Falken im Wildpark

Schauen – beobachten – lernen – spielen! All das und noch vieles mehr bietet euch der Besuch des herrlichen Wildparks Tambach. Er liegt direkt am majestätischen Schloss Tambach in der Nähe von Coburg. Dort seht ihr auch die atemberaubenden Vogelvorführungen eines Falkners.

Auf euch wartet ein spannender Familientag in einem der schönsten Wildparks Bayerns. Denn im einzigartigen Wildpark Schloss Tambach leben die Tiere in dem 50 Hektar großen Schlosspark vor einer beeindruckenden Kulisse – zwischen dem alten Baumbestand habt ihr immer wieder freien Blick auf das schöne Schloss. Es stammt aus dem 17. Jahrhundert.

Die Hauptrolle spielen natürlich die heimischen Wild- und Haustiere und jede Menge Vögel. Von A wie Adler bis Z wie Ziege leben hier fast 300 Tiere. Beobachtet sie ganz genau und erkundet den Wildpark mit dem Wildpark-Rallye-Quizbogen, den ihr an der Kasse bekommt.

Direkt vor dem prächtigen Schloss gibt es zweimal täglich eine Vogelflugschau. Dann dürfen Falken, Geier und Eulen frei fliegen. Natürlich gibt es auch einen Streichelzoo mit frechen Ziegen und einen großen Spielplatz für Kinder. Daneben liegt der Biergarten unter schattigen Platanen, wo ihr euch mit heimischen Wildspezialitäten stärken könnt.

Anfahrt **Öffentlich:** Mit der Bahn nach Coburg, weiter mit dem Bus, Haltestelle »Tambach«. **Auto:** Von der A 73, Ausfahrt Ebersdorf oder Ausfahrt Coburg, weiter zur B 4, bei Creidlitz auf die B 303 wechseln.

Informationen Wildpark Schloss Tambach, Schlossallee, 96479 Weitramsdorf bei Coburg, Tel. 09567/92 29 15; www.wildpark-tambach.de.

Öffnungszeiten Hauptsaison tgl. 8–18 Uhr, Nebensaison 10–17 Uhr.

Preise Erwachsene ab 10 €, Kinder von 3–14 Jahren 7 €.

Wo Puppen und Teddy-bären zu Hause sind

Teddybären und Puppen sind sehr beliebt in den bayerischen Kinder-zimmern. So ein Bär begleitet große und kleine Kinder durchs ganze Leben! In Neustadt könnt ihr selbst einen Teddybären zum Leben erwe-cken – und ihr erfahrt im Museum der Deutschen Spielzeugindustrie, wie Spielzeug früher war und wie es genau hergestellt wird.

Die inneren Werte zählen, auch bei Teddybären und Puppen. Aber wie schaut eigentlich so ein Spielzeug unter dem kuscheligen Fell oder dem hübschen Kleid aus? Auf diese und andere Fragen rund ums Thema Spielzeug bekommt ihr im Museum der Deutschen Spielzeugindustrie Antworten. Dort wird euch viel über die Spielzeugherstellung mit ihren Verarbeitungstechniken und den verschiedenen Materialien, von Holz bis zum modernen Kunststoff, gezeigt.

Wusstet ihr, dass es früher 16 Berufsgruppen gab, die nur für die Pup-penproduktion arbeiteten? Auf drei Stockwerken lernt ihr die Geschichte der Neustadter Spielzeugindustrie kennen. Neustadt trägt übrigens den schönen Beinamen »Bayerische Puppenstadt«. Interessant ist die riesen-große Trachtenpuppen-Sammlung. Ihr ist eine eigene Abteilung gewid-met, denn die rund 800 Figuren in Trachten aus 100 Ländern sind etwas ganz Besonderes. In der Kinder-Kreativ-Werkstatt, die fast jeden dritten Samstag im Monat stattfindet, nutzt ihr eines der vielen Angebote. Ihr bastelt Kerzen, näht Teddys oder macht beim Filzkurs mit.

Anfahrt   **Öffentlich:** Mit der Bahn nach Neustadt, weiter mit dem Bus bis zum Museum.   **Auto:** Über die A 73, Ausfahrt Neustadt bei Coburg, nach Neustadt.

Informationen   Museum der Deutschen Spielzeugindustrie, Hindenburg-platz 1, 96465 Neustadt bei Coburg, Tel. 09568/56 00; www.spielzeugmuseum-neustadt.de.

Öffnungszeiten   Di–So 10–17 Uhr.

Preise   Erwachsene 4 €, Kinder 2 €.

Anfahrt **Öffentlich:** Zug nach Bad Rodach.
Auto: A 73 Ausfahrt Coburg, zunächst auf B 4,
dann auf St 2205 und CO 4 bis Bad Rodach.

Informationen Jeden Do gibt es um
19.30 Uhr die Möglichkeit, den Nachtwächter-
turm an der alten Stadtmauer zu besichtigen.
Ab 20 Uhr beginnt der Rundgang des Nachtwächters (Mai–Sept).

Mit dem Nachtwächter durch dunkle Gassen

Du kennst ihn vielleicht aus alten Filmen: den Nachtwächter, der nachts durch die dunklen Gassen einer Stadt patrouillierte und für Ruhe und Ordnung sorgte. Im beschaulichen Bad Rodach kannst du einen »echten« Nachtwächter auf seinem Rundgang begleiten – oder einen Kurs besuchen und selbst zum Nachtwächter werden!

Wie eine Reise in die Vergangenheit fühlt sich der Ausflug mit ihm an: Seit dem Mittelalter sorgte der Nachtwächter innerhalb der Stadtmauer zwischen 22 und 4 Uhr für Ruhe und Ordnung, musste Diebe stellen und Feuer melden. Sobald die Turmuhr zur vollen Stunde schlug, gab er mit seinem Horn Signal und ließ seinen Nachtwächter-Ruf ertönen. Auch das Anzünden der Petroleumlampen und später der Straßenlaternen gehörte zu seinen Pflichten.

Obwohl der Nachtwächter so wichtige Aufgaben erfüllte, zählte seine Arbeit zu den unehrenhaften Berufen wie auch Müller, Schäfer, Schauspieler und natürlich Henker. Dabei war der Dienst beileibe nicht ungefährlich, denn auf seinen nächtlichen Rundgängen hatte es ein Nachtwächter immer wieder mit Dieben, Betrunkenen und anderem Gesindel zu tun. Zu seinem Schutz war er daher mit einer stattlichen Hellebarde ausgerüstet, im Volksmund »Nachtwächterspieß« genannt. Zu besonderen Anlässen verfasste der Nachtwächter auch Verse, um der Obrigkeit ungestraft die Meinung des Volkes mitzuteilen. Daran knüpft bis heute der Brauch der Bad Rodacher Nachtwächter an, jeden Auftritt mit neuen Versen zu gestalten. Seit 1982 gibt es die Nachtwächter in Bad Rodach übrigens wieder, deshalb gilt Bad Rodach als Wiege der Europäischen Nachtwächter- und Türmerzunft, die 1987 im dänischen Ebeltoft gegründet wurde.

ANTENNE BAYERN TIPP

Du bist fasziniert vom Beruf des Nachtwächters? Dann merke dir jeden 1. Donnerstag im Monat vor! Dann hat nämlich der Nachtwächter von Bad Rodach seinen Auftritt am Pulverturm an der alten Schule. Ab 20 Uhr wirst du hier musikalisch unterhalten. Anschließend folgt ein kleiner Rundgang durch die Altstadt mit kulinarischer Einkehr.

46 Niemals besiegt: die Festung Rosenberg

Wild in der Umgebung wachsende Rosenbüsche gaben der Festung Rosenberg ihren Namen. Doch romantisch war es hier nie. Denn die Festung diente seit ihren Anfängen als nördliche Bastion des Hochstifts Bamberg. Heute ist die mächtige und überaus sehenswerte Befestigungsanlage ein lebendiger Ort mit vielen Veranstaltungen.

Ihr werdet nicht nur von der Größe des Bauwerks beeindruckt sein. Auch die Architektur ist außergewöhnlich. Sie vereint Baustile vom 13. bis ins 18. Jahrhundert. Dieses spannende Miteinander unterschiedlichster Bauepochen zeigt bis heute die einst strategische Bedeutung der Festung Rosenberg.

Ihr erreicht sie von der Kronacher Innenstadt in nur wenigen Minuten zu Fuß. Verbindet doch die Besichtigung der Festung mit einem Spaziergang durch den Festungswald. Von dort eröffnen sich immer wieder neue Perspektiven auf die Anlage. Eine fränkische Brotzeit in der Festungsgaststätte oder im Biergarten rundet den Tag kulinarisch ab.

Aus der einstigen Verteidigungsbastion ist heute ein Veranstaltungsort mit einem vielfältigen Angebot geworden. Im Sommer finden beispielsweise die beliebten Faust-Festspiele statt. Außerdem können sich Hobbykünstler bei einer Sandsteinakademie am Kronacher Sandstein versuchen. Eine kinderpädagogische Führung versetzt unsere lieben Kleinen in die faszinierende Zeit des Mittelalters und der Bamberger Fürstbischöfe.

Anfahrt Öffentlich: Bahnlinie München–Lichtenfels, ab Lichtenfels Regionalbahn nach Kronach. **Auto:** A 9 München–Nürnberg, Ausfahrt Kronach.

Information Tourismus- und Veranstaltungsbetrieb der Stadt Kronach, Marktplatz 5, 96317 Kronach, Tel. 09261/972 36; www.kronach.de.

Öffnungszeiten April–Okt. Di–So 9–18 Uhr, Nov.–März Di–So 10–16 Uhr.

Für Groß und Klein: Lokland in Selbitz

Die ganze Familie und ein paar Freunde haben mitgeholfen, damit sich Berthold Rakowitz aus dem beschaulichen Selbitz seinen größten Kindheitstraum erfüllen konnte: eine naturgetreue Modellbahnausstellung mit allem, was dazugehört. Ein Ausflug ins »Lokland« ist ein unvergessliches Erlebnis für die ganze Familie.

Auf insgesamt 500 Quadratmeter Hallenfläche und 150 Quadratmeter Anlagenfläche hat das Team um Rakowitz eine eigene Welt im Maßstab 1:87 aufgebaut. Bis zur Eröffnung im Jahr 1996 wurden rund 500 Meter Glattkantbretter zu 36 Gestellen zusammengefügt und auf 144 Füße gestellt. Über 400 Meter Schienen mussten die Hobbybastler verlegen und mit 100 Weichen zu einem Streckennetz zusammenfügen. Und damit nicht genug: Die Ausstellung wird ständig erweitert und überarbeitet.

Ihr werdet sehen: Das Ergebnis dieser jahrelangen Arbeit sind faszinierend naturgetreue Modelllandschaften, ausgestattet mit unglaublich viel Liebe zum Detail. Im Mittelpunkt stehen rund 60 Zuggarnituren aus allen Epochen der Eisenbahngeschichte mit über 600 Wagen. Der Intercity-Express fährt im Lokland ebenso über die Schienen wie Regionalexpress und Güterzug. Doch es gibt nicht nur Züge und Loks zu bewundern. Zur Anlage gehört unter anderem auch ein Bauernhof mit Wohnhaus, Scheune und Stallungen. Der Besucher soll sich auf dem 85 Meter langen Rundgang so fühlen, als schaue er auf eine echte Bahnstrecke. Es macht richtig Spaß, sich diese Szenerien anzusehen!

Anfahrt Öffentlich: Bahnlinie München–Hof, ab Hof Regionalbahn nach Selbitz. **Auto:** A 9 München–Nürnberg, Ausfahrt Naila/Selbitz, B 173 Richtung Naila/Selbitz/Bad Steben, auf HO 33 bis Selbitz fahren.

Informationen Lokland, Waltraud Rakowitz, Hofer Straße 14, 95152 Selbitz, Ausstellung Tel. 0171/533 98 70, Büro Tel. 09252/922 94; www.lokland.de.

Öffnungszeiten 12–17 Uhr, Termine siehe Homepage.

48 Idyllischer Tierpark im Stadtpark Theresienstein

Ihr liebt Tiere, spielt gern und freut euch über Pflanzen? Dann kommt in den Zoo in Hof. Dem als »klein, aber fein« bekannten Tierpark im Stadtpark Theresienstein ist auch noch ein botanischer und geologischer Garten angeschlossen. Und dazu gibt es ganz viele tolle Spielmöglichkeiten für Kinder.

Der große Stadtpark Theresienstein bietet viel: zum einen den frei zugänglichen botanischen und geologischen Garten. Dort wachsen zahlreiche Kräuter und es gibt einen Seerosenteich und Prachtstaudenbeete. In den Sommerferien locken viele Veranstaltungen, beispielsweise »Riechen, schmecken, fühlen«, dorthin.

Das große Highlight im Park ist jedoch der kleine Hofer Zoo. Hier trefft ihr auf eine breite Palette unterschiedlichster Tiere, darunter Ponys, Wildkatzen, Kängurus, Lamas, Nasen- und Waschbären. Ihr könnt aber auch kleinere Tiere wie Meerschweinchen, Sumpfbiber oder Zwergmangusten beobachten. Auch viele Raubvögel, Enten, Störche und Sittiche leben hier. Und es gibt ein Tropenhaus mit Schlangen, Echsen, Fischen und Giftfröschen. Besonders nett ist die neugierige und verspielte Horde Kapuzineraffen, die sich in ihrem Gehege sichtlich wohl fühlt.

Zum Glück ist der Abstand zu den Tieren gering. So ist es leicht, die Tiere intensiv zu beobachten.

Anfahrt **Öffentlich:** Mit der Bahn nach Hof, weiter mit dem Bus, Haltestelle »Zoo Hof«. **Auto:** Von der A 93, Ausfahrt Hof-Ost, weiter auf der B 173 zum Tierpark nördlich von Hof; oder von der A 9, Ausfahrt Hof-West, durch Hof auf die B 173 Richtung Plauen.

Informationen Zoo Hof, Alte Plauener Straße 40, 95028 Hof, Tel. 09281/854 29; www.zoo-hof.de.

Öffnungszeiten Sommer: tgl. 9–18 Uhr, Winter: tgl. 9–16 Uhr.

Preise Erwachsene 5 €, Kinder ab 3 Jahren 3 €.

Einzigartiges Theater – mitten im Wald

Ganz verzaubernd – mitten im Wald, da gibt's jeden Sommer Theateraufführungen, die einzigartig in Bayern sind. Die Naturbühne Trebgast ist so ganz anders als andere Theater. Die Blätter der Bäume sind das Dach, die Akustik ist ungewöhnlich, die Kulisse großartig. Kinder und Erwachsene lieben diese Bühne.

Kultur und Natur vereinen sich beim Theater in Trebgast durch die einzigartige Lage seiner Kulisse: mitten im Wald! Die Bühne liegt im Freien, umgeben von Felsen, Bäumen und Sträuchern. Sie ist aus Sandstein und eine Steinwand bildet den Hintergrund. Als Überdachung dient das grüne Blätterdach der Bäume. Die Akustik der Naturbühne ist einmalig. Spitzt die Ohren, ob ihr mehr als nur die Schauspieler hört!

Alle Schauspieler arbeiten hier sozusagen nebenbei, denn sie haben eigentlich einen anderen Beruf. Aber das merkt man überhaupt nicht. Nach der Vorführung macht ihr am besten gleich noch Fotos mit ihnen und schüttelt ihre Hände. Wer weiß, vielleicht besitzt ihr dann das Foto eines angehenden Stars!

Die Stücke selbst sind unheimlich witzig und voller Aktionen. Es werden jährlich vier verschiedene Stücke gespielt. Am besten beeilt ihr euch, denn die Karten sind schnell ausverkauft.

Anfahrt
Öffentlich: Mit der Bahn bis Trebgast, dann 20 Minuten Fußweg. **Auto:** Von der A 70, Ausfahrt Kulmbach, weiter über die B 85, rechts nach Trebgast; oder über die B 289 von Kulmbach in Richtung Münchberg, bei Kauerndorf rechts auf die St 2182 nach Trebgast.

Informationen
Naturbühne Trebgast e. V., Am Wehelitzer Berg, 95367 Trebgast, Tel. 09227/62 20; www.naturbuehne-trebgast.de.

Öffnungszeiten
Spielsaison von Ende Mai–Mitte Aug., Termine siehe Spielplan. Der Zuschauerraum ist überdacht, die Vorstellungen sind wetterunabhängig.

Preise
Erwachsene ab 10 €, Kinder von 3–15 Jahre ab 7 €.

Anfahrt **Öffentlich:** Mit der Bahn nach Hof, weiter mit dem Bus, Haltestelle »Untreusee/Lindenbühl«. **Auto:** Von der A 9, Ausfahrt Hof-West, weiter auf der B 15 Richtung Hof, dann in südlicher Richtung der Ausschilderung zum Untreusee folgen.

Informationen Labyrinth am Untreusee, 95032 Hof, Tel. 09281/160 61 01; www.labyrinth-untreusee.de.

Öffnungszeiten Mitte April–Anfang Nov. Mo–Fr, saisonabhängig (siehe Homepage) Sa/So/feiertags/Ferien 10–19 Uhr, letzter Einl. 17 Uhr.

Preise Erwachsene 8 €, Kinder von ,5–13 Jahren 6 €.

Der total verrückte
Irrgarten am Untreusee

50

*Rechts, links, geradeaus – doch plötzlich: eine Sackgasse! Wisst ihr
jetzt noch, wo ihr gerade seid? Das ist gar nicht so leicht hier, denn ihr
befindet euch im total verrückten Irrgarten am Untreusee bei Hof. Ein
Riesenspaß für die ganze Familie, vor allem, wenn ihr euren Besuch
mittels Zeitmessung zu einem Duell »Jung gegen Alt« ausbaut.*

Im Gegensatz zu einem Labyrinth im Maisfeld dürft ihr euch am Untreusee fast das ganze Jahr über verirren. Der Irrgarten besteht aus vielen
hölzernen Trennwänden. Die sind so hoch, dass es nicht möglich ist, auch
nur einen Blick darüber zu werfen.

Abzweigungen, Sackgassen und Wegschleifen leiten euch ständig
fehl. Bewahrt Geduld, denn ein richtiges Ziel gibt es nicht. Dafür eine Aufgabe: Wie beim Memory-Spiel sucht ihr nach Bildern, die ihr euch dann
merkt. Außerdem sucht ihr vier Motive: die Sonne, den Mond, einen Stern
und die Erde. Wo ihr sie findet, liegen Stempel für euch bereit. Nur wer
bei der Jagd nach den Stempeln erfolgreich ist, bezwingt den Irrgarten.
In der Mitte befindet sich eine Plattform, auf die ihr steigen könnt, um das
Geschehen von oben zu überblicken.

In den Irrgarten integriert ist ein kleines Labyrinth. Worin besteht eigentlich der Unterschied? In einem Irrgarten werdet ihr absichtlich in die
Irre geleitet, um euch so richtig durcheinanderzubringen. In einem Labyrinth hingegen führt euch der Weg ohne Sackgassen vom Eingang bis zur
Mitte, dem Ziel. Das aber mit unendlich vielen
Zickzackkursen. Der Rückweg aus einem Labyrinth gleicht dem Hinweg, wogegen ihr euch
im Irrgarten auf dem Weg zurück genauso ver-
laufen könnt wie auf dem Weg hinein. Doch
mit etwas Geduld schafft ihr das locker. Denn
eines ist sicher: Im Irrgarten am Untreusee ist
noch niemand verloren gegangen und Spaß
macht es auch immer!

ANTENNE BAYERN TIPP

Am Untreusee gibt es außerdem
einen großen Klettergarten und
einen Abenteuerspielplatz. Im
Sommer könnt ihr am See herrlich
baden, ein Tretboot leihen oder
Minigolf spielen.

Anfahrt **Öffentlich:** Zug nach Kulmbach, 5 Minuten Fußweg zum Festzelt. **Auto:** A 9 Ausfahrt Bayreuth/Kulmbach, auf A 70 Richtung Kronach/Bamberg/Kulmbach, bei Ausfahrt Kulmbach/Neudrossenfeld auf B 85 bis Kulmbach.

Informationen Alles Wissenswerte rund ums Kulmbacher Bierfest sowie Tischreservierungen unter www.kulmbacher-bierwoche.de.

Das Oktoberfest der Oberfranken

51

Ein großes Festzelt in der malerischen Altstadt von Kulmbach, darüber die stolze Plassenburg, von vormittags bis spätabends gute Stimmung und fetzige Musik, süffiges fränkisches Bier und frische Rostbratwürstel – und das alles zu reellen Preisen! Was es hier nicht braucht, sind teure Fahrgeschäfte.

Im Sommer 1939 wurde in Kulmbach die erste Kulmbacher Bierwoche gefeiert, das – wie die Franken sagen – »reinrassigste« Bierfest überhaupt. Wegen des Zweiten Weltkriegs hielt man die zweite Kulmbacher Bierwoche erst wieder 1950 ab, doch seitdem herrscht alljährlich für neun Tage ausgelassener Ausnahmezustand in der ansonsten eher beschaulichen Stadt. Jahr für Jahr lockt die Bierwoche rund 120 000 Besucher an, natürlich die Kulmbacher selbst, aber ebenso viele Gäste aus dem Umland oder von weiter her.

Im Sommer 2018 geht es am 28. Juli pünktlich um 9 Uhr los mit dem festlichen Umzug der Fanclubs der vier Brauereien und den traditionellen Kärwagruppen. Festlich geschmückte Wagen in fränkischer Tradition, aber auch witzige Fantasie-Vehikel ziehen mit Marschmusik durch die Altstadt zum Festplatz.

Dort ist bis zum 5. August ordentlich was geboten: Rund um das »Bierstadl« sind zahlreiche Stände aufgebaut, an denen die berühmten Kulmbacher Rostbratwürste, aber auch Hendl, Laugenbrezen, Fischsemmeln, saures Lüngerl und »Ausgstraafta« (rohe Bratwurst, auf Brot gestrichen) und vieles mehr angeboten werden. Wem es im Zelt zu trubelig ist, der kann sein Bier auch an den Bänken und Tischen davor an der frischen Luft genießen – die Livemusik und die fröhliche Stimmung aus dem Bierzelt bekommt man trotzdem mit! Im Zelt stehen Bierbank an Bierbank, Tisch an Tisch und mittendrin das Podium für die Musik. Traditionell werden vier Biere ausgeschenkt: das hopfenkräftige Kulmbacher, das weichere Mönchshof, das angenehm bittere EKU und das süffige Kapuziner Weißbier. Welches ist dein Favorit?

Anfahrt **Öffentlich:** Bahnlinie München–
Regensburg, ab Regensburg Regionalzug bis
Hof, ab Hof Bus Richtung Schleiz bis Töpfen.
Auto: A 9 München–Nürnberg, Ausfahrt
Bayerisches Vogtland, A 72 Plauen–Dresden,
Ausfahrt Hof-Töpen.

Informationen Deutsch-Deutsches
Museum Mödlareuth, Mödlareuth 13, 95183
Töpen, Tel. 09295/13 34; www.moedlareuth.de

Öffnungszeiten März–Okt. Di–So
9–18 Uhr, Nov.–Feb. Di–So 9–17 Uhr.

Mödlareuth – genannt »Little Berlin«

52

Mödlareuth steht für eine hochspannende und lebendige deutsch-deutsche Geschichte. George Bush nannte das Dorf an der bayerisch-thüringischen Grenze »Little Berlin«. Denn ebenso wie sein »großer Bruder« Berlin wurde Mödlareuth nach dem Zweiten Weltkrieg zum Symbol der deutschen Teilung.

Doch tatsächlich erfolgte die Teilung im 50-Seelen-Dorf schon früher, nämlich Anfang des 19. Jahrhunderts. Mödlareuth gehörte damals zwei verschiedenen Landesherren: dem Königreich Bayern und dem Fürstentum Reuß. Entlang des Tannbaches findet man noch heute die Grenzsteine von 1810 mit den Initialen »KB« (Königreich Bayern) auf der westlichen und »FR« (Fürstentum Reuß) auf der östlichen Seite. Nach dem Ersten Weltkrieg ging der Westteil in den neuen Freistaat Bayern, der Ostteil in das Land Thüringen über. Den Alltag der hier lebenden Menschen störte das wenig. Wirtshaus und Schule lagen im Osten, zum Gottesdienst ging man in den Westen.

Das sollte in den Jahren nach Ende des Zweiten Weltkriegs anders werden. Mit der Gründung der beiden deutschen Staaten 1949 gehörte der Ostteil zur DDR, der Westteil zur BRD. 1952 wurde ein zehn Meter breiter Kontrollstreifen angelegt, wenig später ein Bretterzaun. 1961 kam ein Stacheldrahtzaun dazu, 1966 eine 700 Meter lange Betonmauer. Knapp 40 Jahre sollte dieses Schreckensszenario andauern.

Doch dann fiel die Berliner Mauer und einen Monat später, am 9. Dezember 1989, durchschritten auch die Mödlareuther Bürgermeister »ihre« Mauer. Ihnen folgten über 1000 Menschen aus Bayern, Sachsen und Thüringen, die ihre neue Freiheit ausgelassen feierten. Am 17. Juni 1990 trug ein Bagger die Mauer ab. Die Idee für ein Museum zur Geschichte der Deutschen Teilung entstand. Das Museum »Mödlareuth« dokumentiert die Geschichte der deutschen Teilung von 1944/45 bis 1990. Teile der Mauer, des Gitterzaunes und der Beobachtungsturm sind Mahnmale dieses unschönen Kapitels unserer Geschichte.

53 Fernweh? Ab nach Hof in den Fernwehpark

Die »Welt« ist in Oberkotzau zu Hause – genauer gesagt im Fernweh-Park »Signs of Fame«. Dieser in Europa einmalige Park bietet Besuchern aus aller Welt die Möglichkeit, sich mit dem Ortsschild ihrer Heimatstadt, ihrem Straßenschild, Autokennzeichen oder einem anderen, möglichst originellen Logo zu verewigen. Einfach, aber genial!

Initiator des Parks war der Hofer Filmemacher und Buchautor Klaus Beer. Bei Dreharbeiten in Watson Lake in Kanada entdeckte er den »Sign Post Forest«, die amerikanische Version des Fernwehparks. Er war von dieser Idee so begeistert, dass er im Jahr 1999, genau zehn Jahre nach dem Fall der Berliner Mauer, in seiner Heimatstadt Hof eine ähnliche Attraktion geschaffen hat.

Doch der Fernweh-Park soll nicht einfach nur ein bunter Schilderwald sein. Es steckt mehr dahinter: Menschen aus aller Welt setzen mit ihren Schildern ein Zeichen für Frieden und Zusammengehörigkeit aller Völker und Nationen, egal welcher Hautfarbe, Religion oder politischen Gesinnung sie sind.

Nach 17 Jahren ist der Fernweh-Park im Frühjahr 2017 umgezogen – von Hof in das nahe gelegene Oberkotzau. Dort wurde sogar ein Amphitheater gebaut, das eine fantastische Kulisse für den neuen exotischen Schilderpark bietet. Die große Eröffnung des neuen alten Parks fand am 18. Mai 2018 statt; mit dabei war unter anderem der Comedian Michl Müller, einer der Stars aus dem »Signs of Fame«.

Anfahrt **Öffentlich:** Bahnlinie München–Nürnberg, ab Nürnberg Regionalbahn nach Oberkotzau. **Auto:** A 9 München–Nürnberg, weiter auf A 9 Richtung Berlin/Dresden/Bayreuth/Regen; A 3 Ausfahrt Hof-West, B 15 Richtung Hof an der Saale, dort Richtung Oberkotzau.

Informationen Fernweh-Park »Signs of Fame«, Am Rathaus 2, 95145 Oberkotzau, Tel. 09286/941 19; www.fernwehpark.de.

Cool: Fossilienklopfen in Hohenmirsberg

Alle, die schon immer Forscher werden wollten oder diese Karriere noch vor sich haben, sind beim Fossilienklopfen auf der Hohenmirsberger Platte richtig: Hier kann man unter fachkundiger Anleitung mit Hammer und Meißel Steinbrocken aus der Jurazeit bearbeiten und tolle Fossilien entdecken – mit 100-prozentiger Erfolgsgarantie.

Vor über 150 Millionen Jahren befand sich in der Gegend um Pottenstein das Jurameer, in dessen Tiefen unglaubliche Wassertiere, laufende Muscheln und andere Ungeheuer lebten. Heute ragen hier gewaltige Felsen in die Höhe, darunter die Hohenmirsberger Platte. Mit 614 Metern über dem Meeresspiegel ist sie einer der höchsten Punkte der Fränkischen Schweiz. In diesen Felsen sind Millionen von Fossilien eingeschlossen – eine wahre Fundgrube für Hobbyforscher! Familien mit Kindern kommen besonders gerne hierher. Unter fachkundiger Anleitung kannst du hier dein ganz persönliches Souvenir aus der Fränkischen Schweiz bergen und vor Ort präparieren.

Wenn du genug gehämmert und gemeißelt hast, besteigst du die 110 Stufen des gut 20 Meter hohen Aussichtsturms. Im Info-Pavillon nebenan erfährst du Wissenswertes über Gesteinsschichten und Versteinerungen. Hier startet auch ein geologischer Rundweg, der sogar kinderwagentauglich ist, zu markanten Punkten rund um den Hohenmirsberg.

Anfahrt **Öffentlich:** Bahnlinie München–Nürnberg, ab Nürnberg Regionalbahn nach Bayreuth, ab Bayreuth Bus nach Hohenmirsberg, Pottenstein. **Auto:** A 9 München–Nürnberg, Ausfahrt Trockau, Richtung Waischenfeld/Creußen/Lindenhardt, bei St 2184 rechts, bei St 2163 links bis Hohenmirsberg.

Informationen Geozentrum, Hohenmirsberger Platte, 91278 Hohenmirsberg, Tel. 0170/886 14 00; www.franken-tour.de.

Öffnungszeiten April–Mai Sa/So 10–17 Uhr, in den bayerischen Oster- und Pfingstferien tgl. 10–17 Uhr, Juni–10. Sept. tgl. 10–17 Uhr, 11. Sept.–Okt. Sa/So 10–17 Uhr, Mo, Di Ruhetag.

55 Unter Tag: Silbereisen-bergwerk Gleißinger Fels

Helm auf den Kopf und Grubenlampe in die Hand – und schon bist du ein echter Bergmann. Seit rund 500 Jahren ist das Silbereisenbergwerk Gleißinger Fels in Betrieb und damit das älteste in Nordbayern. Seinen Namen verdankt es dem Glitzern des Eisenglimmers. Echtes Silber hat man hier dagegen nie gefunden.

Am Eingang des Bergwerks wirst du erst einmal neu eingekleidet – mit »echter« Grubenkleidung, Helm und Grubenlampe. Bei einer fachkundigen Führung erhältst du einen authentischen Einblick in die schwere Arbeit der Bergmänner. Der historische Abbau des Eisenglimmers wird dabei ebenso erklärt wie der Transport des Erzes. Eindrucksvoll ist der Blick in einen bis unten beleuchteten Kurbelschacht. Ein besonderer Höhepunkt der Führung durch die engen Gänge sind Gesteinszeichnungen, die in Tausenden von Jahren auf natürliche Weise entstanden sind.

Spannend wird es bei der Grubenfahrt. Auf dem früheren Förderstollen geht es hinunter in die Tiefen des Ochsenkopfs. Entdeckst du an den Felsen die winzigen goldfarbenen Pünktchen im Erz, das »Silber« des Bergwerks? Nach der Führung bekommst du nach alter Bergmannsart ein Schlückchen Kraft spendendes Grubenwasser als Dank für eine glückliche Grubenfahrt angeboten.

Anfahrt Öffentlich: Bahnlinie München–Nürnberg, ab Nürnberg Regionalbahn nach Bayreuth, ab Bayreuth Bus zum Gleißinger Fels. **Auto:** A 9 München–Nürnberg, Ausfahrt Dreieck Holledau, A 93 Richtung Hof/Regensburg/Wolnzach, Ausfahrt Marktredwitz-Nord, B 303 Richtung Marktredwitz/Eger/Cheb/Arzberg/Bad Alexandersbad, weiter Richtung Bayreuth/Wunsiedel/Marktredwitz fahren, auf St 2981 nach Warmensteinach/Oberwarmensteinach/Mehlmeisel/Fichtelberg bis Fichtelberg.

Informationen Besucherbergwerk Gleißinger Fels, Panoramastraße, 95686 Fichtelberg, Tel. 09272/848; www.bergwerk-fichtelberg.de.

Öffnungszeiten 19. März–Nov. tgl. 11–16 Uhr.

Für Eisenbahn-Freaks: Neuenmarkt-Wirsberg

56

Im Jahr 1848 staunte (fast) ganz Europa: In Oberfranken, auf der »Schiefen Ebene«, überwanden zum ersten Mal schnaufende Dampfloks die 158 Höhenmeter zwischen Neuenmarkt-Wirsberg und Marktschorgast – das hatte man bisher noch nicht gesehen. Heute ist die berühmte Steilrampe die älteste Eisenbahnstrecke Europas.

Um den Anschluss nach Sachsen herzustellen, plante die Ludwigs-Eisenbahn, ihre Linie über Fürth bis nach Bamberg und Hof zu verlängern. Doch dafür musste der beträchtliche Höhenunterschied von 158 Metern zwischen dem Maintal und der Hochebene zwischen Fichtelgebirge und Frankenwald bewältigt werden.

Man beschloss deshalb, den Höhenunterschied durch eine kurze, aber steile Trasse unter Anwendung technischer Hilfsmittel zu überwinden. Über drei geradlinige, konstant geneigte Rampen wurden nacheinander Züge und Lokomotiven hochgezogen. Und tatsächlich, es funktionierte. Auf über sieben Kilometer Länge überwand die Lok samt Zug den Höhenunterschied!

Heute kannst du, wie in früheren Zeiten üblich, mit einer Original-Schmalspurbahn durch das Gelände fahren. Die Fahrt führt vorbei am Dampfkran, der zeigt, wie einst vom Gleis aus gebaggert wurde. Und eine gewaltige Modelleisenbahn verführt Eisenbahnfans zum Nachbauen.

ANTENNE BAYERN TIPP

Du wolltest als Kind Lokführer werden? Am verrücktesten Bahnhof Deutschlands in Neuenmarkt-Wirsberg kann dieser Traum für kurze Zeit in Erfüllung gehen – beim mehrtägigen Kurs »Dampflokführer«. Informationen beim Markt Wirsberg.

Anfahrt **Öffentlich:** Bahnlinie München–Lichtenfels, ab Lichtenfels Regionalbahn nach Neuenmarkt-Wirsberg. **Auto:** A 9 München–Nürnberg, weiter auf A 9 Berlin/Dresden/Bayreuth/Regensburg/A 3, Ausfahrt Bad Berneck/Himmelkron, B 303 Richtung Himmelkron/Stadtsteinach, bei B 303 links, bei St 2183 bis Neuenmarkt fahren.

Informationen Markt Wirsberg, Sessenreuther Straße 2, 95339 Wirsberg, Tel. 09227/932 20; www.wirsberg.de.

Anfahrt **Öffentlich:** Bahnlinie München–Nürnberg, ab Nürnberg Regionalzug bis Bayreuth. **Auto:** A 9 München–Nürnberg, E 45, A 9 Richtung Berlin/Dresden/Bayreuth, A 3, E 51, Ausfahrt 42-Bayreuth-Süd auf B 2/B 85, Ausschilderung Bayreuth folgen.

Informationen Bayreuther Bierbrau-rei AG, Hindenburgstraße 9, 95445 Bayreuth, Tel. 0921/40 11 11; www.bayreuther-bier.de.

Öffnungszeiten Führungen tgl. um 16 Uhr.

Gänsehaut in den Kata-
komben von Bayreuth

57

Grusel ist garantiert, wenn ihr in die unterirdischen Katakomben von Bayreuth hinabsteigt. Doch ihr könnt euch beruhigen – auch wenn sie Katakomben heißen, dienten sie nicht der Bestattung von Toten. Wann und warum die Gänge und Keller angelegt worden sind, ist allerdings bis heute ein Rätsel.

Man geht davon aus, dass die ersten Keller bereits im 17. Jahrhundert unter Häuser der mittelalterlichen Altstadt gegraben worden sind. Die meisten, oft zwei- bis mehrstöckigen Kellergänge hat man aber wohl erst im 18. und 19. Jahrhundert in den Sandstein getrieben. Noch heute fragen sich Historiker: Warum wurden in mühseliger Arbeit kilometerlange, labyrinthisch verschlungene Gänge und Keller in den Stein geschlagen? Dienten die Katakomben als Fluchtanlagen in Kriegszeiten? Vielleicht schon im Dreißigjährigen Krieg? Oder ging es um Sandstein als Baumaterial?

Seid ihr neugierig geworden? Dann steigt hinab und erkundet die geheimnisvolle Atmosphäre der unterirdischen Felsenkeller. Die Bayreuther Bürger haben sich hier im April 1945 vor den Bombenangriffen in Sicherheit gebracht. Man mag sich kaum vorstellen, wie eng es da gewesen sein muss.

Sicher ist, dass viele Keller über Generationen als kühle Lagerräume genutzt wurden, vor allem von den zahlreichen Privatbrauern, die das Privileg zur Herstellung von Bier hatten. Noch heute werden die Katakomben von der Bayreuther Aktienbrauerei verwendet. Deshalb sind sie auch nur im Rahmen einer Führung zugänglich – die bei einem frischen Glas »Zwick'l Kellerbier« im Bräustüberl endet.

ANTENNE BAYERN TIPP

Beim Besuch in Bayreuth darf ein Abstecher ins Festspielhaus, einem der bedeutendsten Opernhäuser der Welt, nicht fehlen. 1872 ließ Richard Wagner das Gebäude erbauen, um sich ungestört den Darbietungen seiner Werke widmen zu können. 1876 fanden hier die ersten Festspiele mit der erstmals vollständigen Aufführung vom »Ring des Nibelungen« statt. Bayreuther Festspiele, Festspielhügel 1–2, 95445 Bayreuth, Tel. 0921/787 80; www.bayreuther-festspiele.de.

Anfahrt **Öffentlich:** Mit der Bahn nach Bayreuth, weiter mit dem Bus, Haltestelle »Rögtenstraße/Studiobühne«. **Auto:** Über die A 9, Ausfahrt Bayreuth-Süd, von dort an der Uni vorbei Richtung Innenstadt, das Theater liegt südlich des Altstadtkerns.

Informationen Studiobühne Bayreuth, Röngtenstraße 2, 95477 Bayreuth, Tel. 0921/690 01; www.studiobuehne-bayreuth.de.

Öffnungszeiten Aufführungen mehrmals pro Woche, Spielplan siehe Internet

Preise Erwachsene 16 €, Kinder 11 €, Kartenverkauf über die Theaterkasse Bayreuth

Altersbeschränkung Die einzelne Theaterstücke haben Altersempfehlungen.

Theaterluft schnuppern: Studiobühne Bayreuth

58

Wer kennt sie nicht, die berühmten Bayreuther Wagner-Festspiele. Was aber nicht jeder weiß: In Bayreuth gibt es noch eine andere erstklassige Bühne – ein Theater für alle! In der Studiobühne Bayreuth schauen sich Groß und Klein völlig neue, modern interpretierte, aber auch klassische Theaterstücke an.

Bayreuth ist überall auf der Welt bekannt für seine Richard-Wagner-Festspiele, die jeden Sommer stattfinden. Absolut exklusiv – auch im Preis – ziehen diese weltberühmten Opernaufführungen jedes Jahr viel Prominenz und Wagner-Liebhaber in die Stadt. Doch daneben hat sich in Bayreuth eine zweite Bühne deutschlandweit einen Namen gemacht.

Die Studiobühne Bayreuth existiert seit mehr als 30 Jahren. Es ist ein wunderbares Theater für Groß und Klein. Fast 100 aktive Mitglieder umfasst das Ensemble. Bis zu 14 Stücke stehen jedes Jahr auf dem Programm, davon sogar immer ein bis zwei Uraufführungen. Die bunte Mischung der Inszenierungen umfasst modern und neu interpretierte Klassiker, aktuelle Dramen, experimentelles Theater, Musicals, Märchen sowie Kinder- und Jugendstücke, die sich für die ganze Familie eignen. Und es gibt einige Wagner-Parodien, die stets während der Wagner-Festspielzeit gezeigt werden.

Faszinierend sind die unterschiedlichen Aufführungsorte der Studiobühne Bayreuth. Denn jedes Jahr verlässt das Theater während der Sommermonate seinen Stammsitz, der in einem ehemaligen, aber frisch renovierten Offizierskasino aus dem Jahre 1907 untergebracht ist. Dann spielt das Ensemble auf den herrlichen, historischen Open-Air-Bühnen in und um Bayreuth in einer wirklich sehr festlichen und gleichzeitig ungewöhnlichen Umgebung.

Freut euch auf Inszenierungen im römischen Ruinentheater der Markgräfin Wilhelmine im Schlosspark der Bayreuther Eremitage. Oder besucht Aufführungen im Felsentheater von Sanspareil, das gut 25 Kilometer außerhalb der Stadt Bayreuth liegt.

Die Teufelshöhle – das »Tor zur Unterwelt«

Früher glaubten die Menschen, der Höhleneingang führe direkt in die Hölle – so kam die Teufelshöhle, eine der größten Höhlen in der Fränkischen Schweiz, zu ihrem Namen. Heute startet hier die spektakuläre Führung, bei der rund 10 000 LED-Leuchten die faszinierende Innenwelt der Höhle ins rechte Licht rücken.

Was ist das? Ein gigantischer Baum unter der Erde? Bei genauerem Hinsehen erkennt man ein riesiges Tropfsteingebilde, dessen Form einem Baum verblüffend ähnelt. Auch andere Tropfsteine in der Teufelshöhle haben besondere Formen: Wie stellt ihr euch den »Riesen Goliath« oder die »Papstkrone« vor? Beeindruckend sind nicht nur ihre Formen, sondern auch ihr Alter. Rechnet einmal hoch: In 13 Jahren (!) wächst solch ein Tropfstein gerade mal einen Millimeter!

Einer der Scheinwerfer beleuchtet das mächtige Skelett eines Höhlenbären, der vor über 30 000 Jahren hier gelebt hat. In dieser Bärenhöhle fand man außerdem Fossilien von Wisenten, Elchen, Höhlenhyänen, Pfeifhasen, Schneehasen, Eisfüchsen und vielen weiteren Tieren – offenbar war hier in frühgeschichtlicher Zeit jede Menge los!

Um die Teufelshöhle zu erkunden, solltet ihr auf alle Fälle festes Schuhwerk anziehen und die zahlreichen Stufen in die Tiefe nicht scheuen. Und packt eine warme Jacke ein, denn die Temperatur in der Höhle beträgt ganzjährig lediglich an die neun Grad Celsius. Dann kann die spannende Reise in die frühe Erdgeschichte losgehen. Die Teufelshöhle besteht aus drei Stockwerken. Unzählig viele Stollen und Schächte verbinden die einzelnen Säle, Grotten und Schluchten. Lasst euch schließlich überraschen, was sich hinter so klangvollen Namen wie »Barbarossadom«, »Nibelungengrotte«, »Zankenhöhle« oder »Hexenschlucht« verbirgt!

ANTENNE BAYERN TIPP

Wenn ihr noch mehr von der Fränkischen Schweiz entdecken möchtet, findet ihr in unmittelbarer Nähe, auf der »Pottensteiner Erlebnismeile«, eine Sommerrodelbahn, einen Felsengarten und andere Attraktionen.

60 Von Baum zu Baum im Kletterwald Pottenstein

So gekonnt und behände wie ein Affe von Baum zu Baum klettern und dazwischen den Boden kaum berühren … Wer von euch würde das nicht gerne einmal ausprobieren? Hier, im Kletterwald Pottenstein, ist das möglich; hier kann jeder zum Klettermaxe werden und sich von Ast zu Ast hangeln.

Insgesamt gibt es zwölf Parcours, gespickt mit witzigen und spannenden Hindernissen, die ihr überwinden müsst. Das macht unglaublich Spaß, denn einige davon sind ganz schön raffiniert.

Um eure Ausrüstung und Sicherheit kümmert sich das geschulte Personal des Klettergartens. Gesichert wird über ein Klettersteigset. Damit ihr keine Blasen an den Händen bekommt, gibt es Handschuhe. Nach einem Probelauf unter den Augen der Mitarbeiter dürft ihr ins Gelände.

Die Parcours tragen alle Namen von Klettertieren. Logischerweise: je kleiner das Tier, umso leichter die Tour. So können sich bereits Vierjährige in Begleitung eines Erwachsenen auf den Eichhörnchen- oder Koala-Pfad wagen. Toll ist die 230 Meter lange Seilbahn, zu der ihr erst einmal aufsteigen müsst, um mit ihr über das Gelände zu fliegen. Nur Mut!

Anfahrt **Öffentlich:** Mit der Bahn bis Pegnitz, weiter mit dem Bus bis Haltestelle »Schöngrundsee«. **Auto:** Von der A 9 über die B 470 nach Pottenstein, von dort auf der St 2163 Richtung Süden nach Weidenloh.

Informationen Kletterwald Pottenstein, Weidenloh 100, 91278 Pottenstein, Tel. 0174/243 41 67; www.kletterwald-pottenstein.de.

Öffnungszeiten In den Oster-/ Herbstferien und Anfang Juni–Mitte Sept. tgl. 10–18 Uhr, dazwischen nur Fr–So, letzter Einlass 2 Stunden vor Ende. Bei Sturm und Gewitter geschlossen.

Preise Erwachsene 18,50 €, Kinder 4–8 Jahre 12 €, 9–11 Jahre 14 €, Jugendliche 12–17 Jahre 16,50 €. Tickets gelten für 2,5 Std.

Altersbeschränkung Ab 4 Jahren.

Himmelsleiter und ein Felsenbad

61

Pottenstein gilt als Freizeit-Eldorado in der Fränkischen Schweiz. Hier gibt es gleich eine ganze Erlebnismeile mit jeder Menge Attraktionen. Etwas ganz Besonderes sind dabei der Aussichtsturm Himmelsleiter und das einzigartige Felsenbad, ein Freibad, wie es in Bayern schöner kaum gelegen sein kann.

Zum Badengehen habt ihr doch sicherlich immer Lust? Bevor wir uns aber im Sommer ins kühle Nass stürzen, wollen wir uns noch etwas bewegen. Als Motivationsschub zum Wandern dient dabei der tolle Aussichtsturm »Himmelsleiter«, der über Pottenstein auf einem Höhenrücken steht. Die Wanderung ist nicht allzu schwer, das schafft ihr locker! Von der Hauptstraße in Pottenstein geht es über den alten Burgweg hinauf zur Burg Pottenstein. Die könnt ihr natürlich auch besichtigen. Direkt dahinter (und noch etwas höher) gibt es zwei tolle erste Aussichtskanzeln. Jetzt habt ihr das anstrengende Wegstück schon geschafft und fast eben führt der Weg in nicht einmal 20 Minuten zum kostenfreien Aussichtsturm »Himmelsleiter«. Oben wartet eine tolle Aussicht auf euch. Danach geht ihr auf gleichem Weg ein Stück zurück und steigt dann über das Schullandheim zum Felsenbad ab. Jetzt nichts wie rein in die Fluten – genießt das tolle Ambiente des direkt in die Felsen geschlagenen Freibades. Zurück nach Pottenstein geht es dann mit dem Bus.

Anfahrt **Öffentlich:** Zug nach Pegnitz, weiter mit dem Bus nach Pottenstein. **Auto:** A 9 Ausfahrt Pegnitz, B 470 Richtung Pegnitz, weiter nach Pottenstein, Parkplatz am Ortseingang.

Information Tourismusbüro Pottenstein, Forchheimstraße 1, 91278 Pottenstein, Tel. 09243/708 41; www.pottenstein.de.

Öffnungszeiten Felsenbad: meist ab Pfingsten bis September, 11–18 Uhr, je nach Witterung Änderungen vorbehalten.

Preise Himmelsleiter kostenfrei, Felsenbad: Kinder (6–17 Jahre) 2,80 €, Erwachsene 4 €.

Anfahrt **Öffentlich:** Zug nach Weidenberg, Bus 369 zur Ochsenkopf Talstation Süd. **Auto:** A 9 Ausfahrt Bad Berneck/Himmelkron, B 303 Richtung Bad Berneck, weiter auf BT 4 bis Warmensteinach/Ochsenkopfhaus.

Informationen Ziplinepark Ochsenkopf, Ochsenkopf Talstation Süd/Bullhead-house, Fleckl 13, 95485 Warmensteinach,

Tel. 09244/98 24 99 bzw. 0151/12 13 39 91; www.ziplinepark.info.

Preise Jugendliche (ab 12 Jahren) und Studenten (Ausweis!) 33 €, Erwachsene 35 € (jeweils inkl. Bergfahrt Sessellift).

Actionreiches Freizeit- paradies am Ochsenkopf

62

Sommerrodeln, Wandern, Mountainbiken … oder vielleicht Deutschlands erster Ziplinepark. Interessiert euch das? Das geniale Freizeitparadies, das euch all das bieten kann, ist die Erlebnisregion Ochsenkopf. Und das Beste: Auf Letzteren, übrigens der zweithöchste Berg des Fichtelgebirges, führen sogar zwei Lifte hinauf.

Den Ochsenkopf erkennt ihr von Weitem, denn er ist gekrönt von einem Sendemast. Von zwei Seiten führen Lifte auf den Gipfel – kein Wunder also, dass er zu den beliebten Wanderregionen zählt. Doch ihr könnt dort sehr viel mehr unternehmen! Auf euch warten eine rasante Sommerrodelbahn, ein Downhill-Bikepark oder Deutschlands erster Ziplinepark.

Die Sommerrodelbahn liegt an der Nordseite des Ochsenkopfes. Den Startplatz erreicht ihr mit der Seilbahn. Natürlich könnt ihr auch zu Fuß in 20 Minuten bis zur Mittelstation wandern. Dann beginnt der rasante Fahrspaß durch zehn Steilkurven über zwei Jumps auf der insgesamt gut 1000 Meter langen Strecke. Die Geschwindigkeit regelt ihr mit dem Bremshebel – sicherlich habt ihr bald den Bogen raus. Immer schneller saust ihr hinab, es ist kinderleicht!

Oder seid ihr gute Mountainbiker und wollt den ultimativen Kick? Dann fahrt doch auf die Südseite des Berges. Dort gibt es den »Fichtlride«, einen Bikepark mit einer ziemlich wilden Singletrail-Abfahrt. Der obere Teil ist ganz schön schwer, unten wird es dann leichter. Einige Hindernisse lassen sich umfahren, aber wenn es doch zu anspruchsvoll ist, fahrt ihr einfach über die Skipiste oder über Forstwege ab. Euer Mountainbike wird übrigens bequem mit dem Lift hinaufbefördert. So konzentriert ihr euch ganz auf die Abfahrt!

Für den Ziplinepark, der ebenfalls auf der Südseite liegt, bekommt ihr nach vorheriger Anmeldung eine Einweisung. Das Prinzip kennt ihr aus Kletterparks. Gesichert durch eine Ausrüstung, schwingt ihr euch über 16 gespannte Drahtseile durch den Wald. Und das fast ab der Bergstation bis hinunter ins Tal. Ein Flugerlebnis mit Suchtpotenzial!

Anfahrt **Öffentlich:** Regionalbahn von Weiden nach Wunsiedel. **Auto:** A 93 Ausfahrt Marktredwitz-Nord, auf B 303 Richtung Marktredwitz, auf St 2177 Richtung Wunsiedel, auf St 2665 bis Wunsiedel.

Informationen Tourist-Information Wunsiedel, Jean-Paul-Straße 5, 95632 Wunsiedel Tel. 09232/60 21 62; www.luisenburg-aktuell.de

Preise Je nach Tageszeit und Veranstaltung 8 bis 49 €.

Deutschlands älteste Freilichtspiele

63

Das spektakulärste Bühnenschauspiel Bayerns, die ältesten Freilicht-spiele Deutschlands mit über 150 000 Zuschauern pro Saison: Das sind die Luisenburg-Festspiele in Wunsiedel mit einer Fels- und Berglandschaft als natürlichem Bühnenbild. Außergewöhnlich und brillant – so macht Theater einfach Spaß!

Da ist es (beinahe) egal, welches Stück ihr euch in Wunsiedel anschaut – allein schon das Ambiente bleibt unvergesslich. Ob ihr einen neu aufgelegten Klassiker wie das Musical »My Fair Lady« bevorzugt oder lieber Spannung mit »Sherlock Holmes – Der Tod des Bayernkönigs« – die Kulisse der Luisenburg-Naturbühne ist einzigartig, vor allem am Abend, wenn die Lichteffekte noch zum Tragen kommen. Besonders beliebt sind natürlich auch die Vorstellungen für Kinder und Familien, wie in diesem Jahr das »Dschungelbuch«! Hier wird aber nicht nur Theater gespielt, es finden auch regelmäßig Konzerte statt. Hinzu kommen Gastspiele populärer Operetten und Opern, etwa »Der Freischütz« von Carl Maria von Weber.

    Beeindruckend ist die lange Historie dieser Freilichtbühne: Bereits im Jahr 1692 wurden erste »Schauspiele« auf der Luisenburg erwähnt, und von 1730 bis 1766 fanden auf dem Margarethenstein in der Nähe des heutigen Apfelbrunnens erste Schulaufführungen statt. Ab dem Jahr 1790 wurde das Felsenlabyrinth erschlossen, und 1794/95 kamen die ersten Singspiele auf die Bühne. Seit 1914 werden die Luisenburg-Festspiele ausschließlich von professionellen, renommierten, teilweise prominenten Schauspielern bespielt. Eine Tradition und Qualität, auf die man auf alle Fälle stolz sein kann!

ANTENNE BAYERN TIPP

Wie wäre es, wenn ihr den Besuch der Luisenburg mit einem Abstecher zum Greifvogelpark auf dem Katharinenberg in Wunsiedel verbinden würdet? Dort erlebt ihr täglich um 15 Uhr eine großartige Flugvorführung mit verschiedenen Greifvögeln. Mehr als 20 verschiedene Vogelarten – darunter Steppenadler, Weiße Kanada-Uhus und Truthahngeier – haben hier eine neue Heimat gefunden.

Anfahrt

Öffentlich: Bahnlinie München–Nürnberg, ab Nürnberg Regionalbahn nach Forchheim, ab Forchheim Regionalbahn nach Ebermannstadt. **Auto:** A 9 München–Nürnberg, Ausfahrt Kreuz Nürnberg, A 3 Richtung Frankfurt a. M./Würzburg/Bamberg/A 73/Nürnberg-Nord, Ausfahrt Kreuz Fürth/Erlangen, A 73 Richtung Schweinfurt/A 70/Bamberg/Erlangen/Coburg, Ausfahrt Forchheim-Süd Richtung Forchheim/ Ebermannstadt, B 470, auf St 2260 rechts Richtung Egloffstein/Pretzfeld/Innenstadt, bis Ebermannstadt fahren.

Informationen

Tourismuszentrale Fränkische Schweiz, Oberes Tor 1, 91320 Ebermannstadt, Tel. 09191/79 77 79; www.fraenkische-schweiz.com.

Kajakfahren auf der Wiesent

64

Ein Naturerlebnis, das seinesgleichen sucht: im Kajak durch das idyllische Tal der Wiesent, vorbei an grünen Auen, schroffen Felswänden und markanten Steilhängen. Wusstest du, dass das »Fränkische Wildwasser« mit rund 28 Kilometer Flussstrecke die einzige erlaubte Flusswanderfahrt durch die Fränkische Schweiz ist?

Das Abenteuer Wasserwandern auf der Wiesent ist besonders reizvoll zwischen Waischenfeld und Ebermannstadt. Hier erlebst du die Fränkische Schweiz von ihrer schönsten Seite. Und keine Sorge: Du musst kein Profi sein, um beschaulich übers Wasser zu gleiten oder um die eine oder andere Stromschnelle zu durchpaddeln. Die Wiesent ist als leichtes Wildwasser (WW I–II) anfängertauglich. Alles, was du brauchst, sind Wechselkleidung, Regen- und Sonnenschutz. Kajak und sonstige Ausrüstung erhältst du bei einem der zahlreichen Bootsverleiher.

Im Wiesenttal gibt es eine vielfältige Tier- und Pflanzenwelt zu entdecken. Mit etwas Glück machst du sogar seltene Tiere wie die Wasseramsel oder den dekorativen Eisvogel aus. Auch im Wasser ist einiges los. Bachforelle, Äsche und Mühlkoppe fühlen sich in dem sauerstoffreichen, schnell fließenden Wasser wohl. Aber bitte denke daran: Die Wiesent ist ein ökologisch empfindlicher Lebensraum. Vögel und Fische brauchen Ruhe-, Schutz- und Rückzugszonen, insbesondere während der Brutzeit. Je ruhiger du dich im Kajak bewegst, desto weniger störst du die Tiere in ihrem natürlichen Lebensraum. Es versteht sich von selbst, dass man nur an den vorgesehenen Stellen ein- und aussteigen darf und die Nutzungszeiten beachtet (9–17 Uhr bis Sachsenmühle bzw. 9–18 Uhr ab Sachsenmühle). Vermeide außerdem Flachwasserzonen, bewachsene Ufer sowie Kies- und Sandbänke, das sind wichtige Laichgebiete. Und rücke Wasservögeln nicht zu nahe, sonst ergreifen sie die Flucht und lassen schlimmstenfalls ihr Gelege zurück.

Wenn du diese und ein paar andere Regeln beachtest, steht dem Vergnügen auf dem Wasser nichts mehr im Wege!

Anfahrt **Öffentlich:** Mit der Bahn nach Ebermannstadt. **Auto:** Von der A 73, Ausfahrt Forchheim-Süd, weiter auf der B 470 durch Forchheim nach Ebermannstadt zum Bahnhof. Parkplätze vorhanden.

Informationen Dampfbahn Fränkische Schweiz e. V., 91316 Ebermannstadt, Tel. 09194/72 51 75; www.dfs.ebermannstadt.de.

Öffnungszeiten Mai–Okt. jeden So drei Abfahrtszeiten, an Feiertagen zusätzlicher Fahrbetrieb.

Preise Hin- und Rückfahrt: Erwachsene 1 Kinder von 6–14 Jahren 7 €, Kinder bis 14 Jahre kostenlos in Begleitung der Eltern; Sonderveranstaltungen kosten extra.

Dampflok-Fahrt durch die Fränkische Schweiz

Kennt ihr Emma? Das ist die kleine Dampflok von Jim Knopf und Lukas, dem Lokomotivführer. Mit so einer Lok wolltet ihr doch sicherlich immer schon einmal mitfahren. Dazu habt ihr im Sommer jeden Sonntag Gelegenheit – in Ebermannstadt in der wunderschönen Fränkischen Schweiz.

Seit nunmehr 35 Jahren schnaubt, dampft und zischt es wieder in Ebermannstadt. Dort hat der Verein »Dampfbahn Fränkische Schweiz« 1974 seine Arbeit aufgenommen, nachdem die Eisenbahnstrecke stillgelegt werden sollte. Das Ziel, die alte Strecke zu erhalten und wiederzubeleben, hat der Verein in die Tat umgesetzt. Heute rattern wieder mehrere Dampfloks und Dieselzüge aus dem vereinsinternen Fuhrpark über die Gleise. Die älteste Lokomotive Typ »Ploxemam« ist Baujahr 1923, und trotz ihres betagten Alters dampft sie fröhlich vor sich hin. Wie viel Dampf so eine Lok produziert, merkt ihr deutlich, wenn ihr euch für die Fahrt in den ersten Waggon setzt oder direkt auf die Plattform hinter der Lok stellt. Da qualmen die Dampfwolken in euer Gesicht und sogar ein Rußstreifen ist da schon mal drin. Aber um das zu erleben, müsst ihr aufpassen, dass ihr auch wirklich an einem »Dampftag« eine Fahrkarte kauft.

Die 16 Kilometer lange Strecke führt von Ebermannstadt nach Behringersmühle durch die wunderbare Landschaft der Fränkischen Schweiz. Das malerische Flüsschen Wiesent windet sich neben den Gleisen und durch die Fenster seht ihr die große und berühmte Basilika Gößweinstein oder die Burgruine Neideck auf einem Felssporn. 45 Minuten dauert die Fahrt, unterbrechen könnt ihr sie in Streitberg, Muggendorf oder Gößweinstein.

Sehr beliebt sind auch die Sonderfahrten, die im Laufe eines Jahres stattfinden. So gibt es unter anderem den »kleinKunstzug« mit kulturellen Veranstaltungen fränkischer Künstler oder Nikolausfahrten.

ANTENNE BAYERN TIPP

Unterbrecht doch eure Fahrt in Streitberg und besichtigt die Binghöhle mit ihren beeindruckenden Tropfsteininformationen.

66 Schatzsuche im früheren Oberfränkischen Meer

Sucht und findet einen ganz speziellen und vor allem uralten Schatz! Wovon ist hier die Rede? An der Schlehenmühle bei Egloffstein schürft ihr nach Fossilien und stoßt dabei auf wundersame Versteinerungen, die bereits viele Millionen Jahre alt sind – und das sozusagen mit Fundgarantie!

Stellt euch vor: Vor über 220 Millionen Jahren befand sich an der Stelle, wo heute Oberfranken liegt, ein großes Meer! Zugegeben, das ist schon ziemlich lange her. Übrig geblieben aus dieser Zeit sind viele wunderschöne Versteinerungen, die in der Erde versteckt liegen.

Viele dieser Versteinerungen findet ihr am Gasthof Schlehenmühle. Hier gibt es aber keinen Steinbruch. Die Wirtsleute haben sich etwas ganz Besonderes ausgedacht: Sie haben einen Klopfplatz eingerichtet. Dafür holen sie aus der nahen Gräfenberger Grube eine Unmenge von Steinen – natürlich nur solche aus der fossilreichen Schicht. Die Steine werden neben dem Minigolfplatz abgeladen. Hammer und Augenschutz leiht ihr euch einfach im Wirtshaus kostenlos aus … und schon kann's losgehen.

Das Klopfen macht sicherlich hungrig. Stärken könnt ihr euch im Gasthof – die Schlehenmühle ist bekannt für leckere fränkische Spezialitäten.

Anfahrt **Öffentlich:** Mit der Bahn nach Gräfenberg oder Pretzfeld, von dort weiter mit dem Bus bis Äpfelbach, dann kurzer Fußmarsch. **Auto:** Von der A 3, Ausfahrt Erlangen-West, Richtung Forchheim über Pretzfeld nach Schweintal/Egloffstein. Kurz nach Schweintal links zur Schlehenmühle.

Informationen Gasthof Schlehenmühle, Schlehenmühle 1, 91349 Egloffstein, Tel. 09197/291; www.gasthof-schlehen-muehle.de. Touristinfo Trubachtal, www.trubachtal.com.

Öffnungszeiten Außer Do tgl. 9.30–21 Uhr, von Nov. bis März auch Mi Ruhetag.

Preise Tageskarte Fossilienklopfplatz: Erwachsene 5 €, Kinder bis 12 Jahre 3 €; Minigolfplatz: ab 12 Jahre 2,50 €, Kinder 5–12 Jahre 2 €.

Gigantische Wasserwelt Atlantis

Splish-Splash! Liebt ihr warmes Wasser und geht gern baden? Dann ist das Freizeitbad Atlantis in Herzogenaurach genau das Richtige. Hier tauchen, planschen, schwimmen, spritzen und rutschen alle Wassernixen, Piraten und Seebären um die Wette, aber auch Erholung und Ruhe sind möglich.

Das Freizeitbad Atlantis ist so riesig – da findet wirklich jeder etwas, was ihm super gefällt. Stürzt euch doch erst mal ins Wellenbad. Alle 30 Minuten wird der Pool zum großen Meer. Danach geht ihr vielleicht in den großen Wasserspielpark mit seinem Strömungskanal? Auf mehreren Ebenen bewegt ihr euch auf Laufstegen, Kletternetzen oder durch Kriechröhren. Ihr rutscht durch Tunnel, steigt über Dschungelbrücken zu Wasserfällen, erklimmt die Aussichtsplattform und verteilt ordentlich Wasser durch die Kippeimer und Wasserspritzdüsen. Noch wilder ist es dann im Rutschenparadies. Traut ihr euch durch die dunklen Röhren des Black Hole? Oder flitzt ihr lieber zu zweit in einem Reifen den Crazy River hinab?

Übrigens ist auch für kleine Kinder bestens gesorgt. Im Kinder-Abenteuerland haben sie in einem wohlig warmen 35-Grad-Becken zwischen Krokodil und Schildkröte viel Spaß.

ANTENNE BAYERN TIPP

Gut 40 Kilometer trennen den Wildpark Hundshaupten in Egloffstein vom Erlebnisbad. Trotzdem lässt sich beides super kombinieren. Zuerst Tiere und Natur erleben und anschließend baden bis zum Umfallen!

Anfahrt **Öffentlich:** Mit der Bahn bis Erlangen, weiter mit dem Bahnbus Richtung Herzogenaurach, Haltestelle »Atlantis«. **Auto:** Über die A 3, Ausfahrt Frauenaurach, weiter Richtung Herzogenaurach.

Informationen Freizeitbad Atlantis, Würzburger Straße 35, 91074 Herzogenaurach, Tel. 09132/738 50; www.atlantis-bad.de.

Öffnungszeiten Tgl. 10–22 Uhr.

Preise Tageskarte: Erwachsene 14,50 €, Kinder 11 €.

Anfahrt   **Öffentlich:** Zug nach Rothenburg.
Auto: A 7 Ausfahrt Rothenburg o. d. T.

Informationen   Tourismusverband
Romantisches Franken, Am Kirchberg 4, Tel.
09803/941 41; www.romantisches-franken.de.

Mit dem Rad durch das »liebliche Taubertal« 68

Was für eine wunderbare Kombination: erst ein Bummel durch die berühmte Altstadt von Rothenburg, dann mit dem Rad durch die leicht hügelige Frankenhöhe mit schönen Aussichten – und wenig später durch das romantische Tal der Tauber. Kurz vor dem Ziel: eine sehenswerte Kirche und ein kleines Sommerschloss. Perfekt!

Ausgangspunkt der 34 Kilometer langen Radtour ist der Marktplatz von Rothenburg – doch bevor du dich aufs Rad schwingst, spaziere unbedingt durch die mittelalterliche Altstadt mit ihren Stadttoren und Fachwerkhäusern (und wenn du eine Stadtführung für chinesische Touristen siehst: Mach dir doch den Spaß und lauf mal ein paar Meter mit … ein ganz besonderes Erlebnis!).

Danach fährst du stadtauswärts über Georgengasse, Galgengasse und Schweinsdorfer Straße nach Schweinsdorf. Dort hältst du dich in Richtung Hartershofen, wo du der Straße nach Steinsfeld und nach Gattenhofen folgst. Du durchquerst jetzt die Frankenhöhe mit ihren sanften Hügeln und hast immer wieder schöne Ausblicke. Am Ortsende von Gattenhofen biegst du rechts nach Adelshofen ab. Dort fährst du leicht bergauf nach Gickelhausen und weiter links nach Neustett, wo es – endlich – auch einmal bergab geht, ins Taubertal nach Tauberzell. Durch das romantische Flusstal radelst du nun in sanftem Auf und Ab nach Norden, kommst an ehemaligen Mühlen und verträumten Dörfern vorbei. Genau richtig für eine kleine Pause.

In Tauberzell biegst du an der Durchgangsstraße zunächst links, dann gleich wieder rechts ab, fährst über Tauberscheckenbach nach Bettwar und weiter nach Detwang. Hier erwartet dich ein Kleinod: die über 1000 Jahre alte Kirche St. Peter und Paul mit ihrem Passionsaltar von Tilmann Riemenschneider. Nach der Besichtigung bleibst du auf der Straße und erreichst wenig später das Topplerschlösschen aus dem 14. Jahrhundert. Von hier ist es nicht mehr weit nach Rothenburg zurück, das du schon auf den Hügeln vor dir siehst.

Anfahrt **Öffentlich:** Zug nach Rothenburg.
Auto: A 7 Ausfahrt Rothenburg o. d. T.

Preise Kinder und Schüler 3,50 € (Kinder
unter 6 Jahren frei), Studenten 4 €, Erwachsen
7 €, Familienkarte 17 €.

Informationen Kriminalmuseum,
Burggasse 3–5, 91541 Rothenburg o. d. T.,
Tel. 09861/53 59; www.kriminalmuseum.eu.

Schaudern im Kriminalmuseum

Eintauchen ins finstere Mittelalter mit seinen grausigen Foltergeräten wie der gefürchteten »Doppelhalsgeige«, der »Kette für Falschspieler« oder dem »Eisernen Käfig«. Und dabei erfahren, wovor sogar ein Scharfrichter Angst hatte … Das und noch viel mehr erwartet dich im Kriminalmuseum in Rothenburg ob der Tauber.

Wie seit dem Mittelalter große und kleine Verbrechen bestraft wurden, wie sich Gesetze entwickelt und geändert haben, wie früher Recht gesprochen wurde – darüber wirst du beim Rundgang durch die vier Etagen dieses ungewöhnlichen Museums aufgeklärt. Über eine schmale Treppe kommst du zu den ersten Foltergeräten, einer Streckbank und einer Daumenschraube … man mag sich gar nicht vorstellen, wie die Menschen damit gequält wurden. Weniger gruselig sind die Originaldokumente auf der darauffolgenden Etage: alte Reisepässe, Gerichtsurteile und Gesetzestexte, oft in Originalhandschriften. In der nächsten Etage erwarten dich weitere Folterinstrumente, etwa ein Galgen oder Geräte, um Finger oder Zunge abzuschneiden. Falls du zwischendurch einmal eine Pause brauchst – in allen Ausstellungsräumen gibt es Holzbänke für die Besucher.

Im nächsten Stock siehst du den berühmten Keuschheitsgürtel, den früher untreue Ehefrauen tragen mussten. Auch die »Eiserne Jungfrau« war recht beliebt – ein hohler Kasten, der innen mit langen Nägeln bestückt war, die sich beim Verschließen in den Leib des darin Befindlichen bohrten … Wer üble Nachrede sprach, bekam die Schandmaske um und musste sich damit auf den Marktplatz stellen. Einem Dieb wurde mit einem Beil die Hand abgehackt. Gut, dass diese Zeiten vorbei sind – zumindest bei uns.

ANTENNE BAYERN TIPP

Wenn du es nach den ganzen Folterinstrumenten wieder kuschelig magst – in Rothenburg gibt es ein ganzjährig geöffnetes Weihnachtsmuseum mit wunderschönem Christbaumschmuck und allerlei Wissenswertem zu Geschichte und Brauchtum dieses Festes. Deutsches Weihnachtsmuseum, Herrngasse 1, 91541 Rothenburg o. d. T., Tel. 09861/40 93 65; www.weihnachtsmuseum.de.

Anfahrt   **Öffentlich:** Bahnlinie München–
Nürnberg, ab Nürnberg Regionalzug nach
Pegnitz beziehungsweise Neuhaus.   **Auto:** A 9
München–Nürnberg–Berlin, Ausfahrt Plech, nach
Neuhaus a. d. Pegnitz, links Richtung Auerbach,
rechts nach Krottensee, links zum Grottenhof/
Maximiliansgrotte.

Informationen   Familie Lohner, Grot
hof, 91284 Neuhaus/Krottensee, Tel. 09156/4:
www.maximiliansgrotte.de.

Öffnungszeiten   April–Okt. Mi–So/
feiertags 10–17 Uhr; Führungen stündlich.

Ein Elefant, ein Adler oder gar ein Taufbecken? Mit etwas Fantasie entdeckst du in der Maximiliansgrotte, einer der schönsten Tropfsteinhöhlen Deutschlands, diese und andere bizarre Formen. In Abertausenden von Jahren hat die Natur hier eine faszinierende Höhlenwelt mit Deutschlands größtem Tropfstein geschaffen.

Erkunde auf der etwa halbstündigen Führung den begehbaren Teil der beeindruckenden Maximiliansgrotte, die insgesamt über 1200 Meter lang und bis zu 70 Meter tief ist.

Über Stufen geht es steil bergab ins Innere des Berges. Hier kommst du aus dem Staunen über bizarr geformte und scheinbar starre Gesteinsformationen gar nicht mehr raus. Plötzlich durchströmt ein wenig Sonnenlicht die Dunkelheit: Du hast den gewaltigen Leißnerdom erreicht, über dem sich in 26 Meter Höhe das Windloch befindet. Weiter geht es durch teilweise sehr enge und niedrige Durchgänge zunächst zur Adlergrotte. Im Anschluss durchquerst du weitere eindrucksvolle Höhlen, bis du den Höhepunkt der Maximiliansgrotte erreichst: den Eisberg. Mit sechs Meter Höhe und einem Durchmesser von drei Metern ist er Deutschlands größter Tropfstein.

Unterwegs erzählt der Führer manch gruselige Geschichte. Im Jahr 1703, während des Spanischen Erbfolgekrieges, wurden 28 gefallene Soldaten in der Höhle »entsorgt«. Beim Erreichen des Ausgangs stehst du mit leichter Gänsehaut vor den sterblichen Überresten der Soldaten. Doch schon hat dich das Tageslicht wieder und die geheimnisvolle Welt der Maximiliansgrotte scheint weit entfernt.

ANTENNE BAYERN TIPP

Möchtest du den Besuch der Maximiliansgrotte mit einer schönen Wanderung verbinden? Der etwa 14 Kilometer lange, gut ausgeschilderte Karstwanderweg führt dich zu kleineren Höhlen und anderen typischen Karstformen, mit der Maximiliansgrotte als Höhepunkt. Ausgangs- und Endpunkt des mit grünem Punkt in weißem Feld markierten Weges ist der Bahnhof Neuhaus. Die Gehzeit beträgt vier bis fünf Stunden (ohne Höhlenbesuche). Einkehren kannst du zum Beispiel im »Grottenhof« an der Maximiliansgrotte.

Anfahrt **Öffentlich:** Zug nach Erlangen, Bus 203 nach Höchstadt a. d. Aisch. **Auto:** A 3 Ausfahrt Höchstadt-Ost, auf B 470 und St 2263 nach Höchstadt a. d. Aisch fahren.

Informationen Stadt Höchstadt a. d. Aisch, Marktplatz 5, 91315 Höchstadt a. d. Aisch, Tel. 09193/62 60; www.karpfenland-travel.com; www.karpfenland-aischgrund.eu

Seit 500 Jahren lecker: Aischgründer Karpfen

Schon die Mönche im Mittelalter züchteten im Aischgrund in Mittelfranken Karpfen, um besser über die damals monatelange Fastenzeit zu kommen. Heute befindet sich rund um Höchstadt an der Aisch das größte zusammenhängende Teichgebiet Deutschlands, und dort dreht sich alles um den berühmten Aischgründer Karpfen.

Möchtest du gerne einmal zusehen, wie nach dreijähriger Aufzucht die bis zu 1,3 Kilogramm schweren Karpfen aus dem Wasser geholt werden? Dann komm nach Höchstadt, dem Tor zum Steigerwald in Mittelfranken. Die über 1000 Jahre alte Stadt mit ihren alten Fachwerkhäusern und dem weithin sichtbaren, mächtigen Schloss ist eines der Zentren der fränkischen Karpfenzucht. Das merkst du schon bei der Anfahrt: Am Kreisverkehr steht das Wahrzeichen von Höchstadt, der riesige steinerne Karpfen »Fridolin«. Und rund um die Stadt, die sich rechts und links der Aisch erstreckt, gibt es über 2000 (!) Karpfenweiher. Das lokale Tourismusbüro vermittelt dir gerne den Kontakt zu einem der vielen Karpfenzuchtbetriebe. Voraussetzung ist allerdings, dass du in den Monaten mit »r« nach Höchstadt kommst, denn die Karpfensaison geht von September bis April. In dieser Zeit kommt der Aischgründer Spiegelkarpfen, wie die besondere Art heißt, die hier seit über 500 Jahren gezüchtet wird, fangfrisch auf den Teller.

Zahlreiche Gaststätten bieten den begehrten Fisch in vielfältigen Zubereitungsarten an. Die Klassiker sind knusprig gebacken oder »blau«, doch auch neue Kreationen stehen auf so mancher Speisekarte: Fischsuppe, pikante Karpfenpastete, Karpfenroulade, Karpfengeschnetzeltes oder sogar – ganz modern – Karpfen-Sushi. Die Franken selbst verzehren die regionale Köstlichkeit mit Leidenschaft – und die müssen es ja wissen, sind sie doch Profis, was die Karpfen betrifft. Jahr für Jahr werden hier an die 750 Tonnen Karpfen verspeist, das entspricht etwa 1,2 Millionen Portionen. Übrigens: Seit November 2012 ist der »Aischgründer« eine nach EU-Recht geschützte geografische Angabe.

72 Ein Must: Erlangens Bierkeller

Bereits im 19. Jahrhundert war Erlangen für die aromatischen Biere, die hier gebraut wurden, weit über die Stadtgrenzen hinaus bekannt. Lange Zeit besaßen sogar alle Erlanger Bürger der Altstadt das Recht, ihr eigenes Bier im »Gemeinbräuhaus« zu brauen. Kein Wunder also, dass im Burgberg von Erlangen so viele Bierkeller angelegt sind.

Weil das Brauereihandwerk in Erlangen eine sehr lange Tradition hat, kam hier früh die Frage auf, wie man das köstliche Getränk am besten kühlen könnte. Ein findiger Brauer hatte die Idee, Stollen in den Sandstein des Erlanger Burgbergs zu treiben. Dort blieb das Bier auch im Sommer schön kühl. Die ersten Felsenkeller entstanden um 1675. Die clevere Idee fand rasch Nachahmer.

Im Laufe der Zeit wurden diese Bierkeller nicht nur zur Kühlung des »kostbaren Gerstensaftes« genutzt. Manche Keller erlebten feuchtfröhliche Feste, in anderen wurden Pilze gezüchtet oder Fische gewässert. Im Zweiten Weltkrieg boten sie Schutz bei Luftangriffen.

Doch zurück zur ursprünglichen Nutzung als »Bierkeller«: Noch heute gibt es traditionsreiche Erlanger Bierkeller, die besonders gut erhalten und beliebter Treffpunkt vieler Erlanger und auswärtiger Besucher sind.

ANTENNE BAYERN TIPP

Seit 1755 beginnt jedes Jahr am Donnerstag vor Pfingsten die traditionelle Bergkirchweih. Zwölf Tage lang wird am Hang des Burgbergs gefeiert, getrunken, gegessen und gesungen. Das wohlschmeckende Erlanger Bier kommt direkt aus den alten Felsenkellern der Brauereien, dem Herzstück der Erlanger Bergkirchweih (www.der-berg-ruft.de).

Anfahrt Öffentlich: Bahnlinie München–Erlangen. **Auto:** A 9 München–Nürnberg, E 45 bis Ausfahrt Kreuz Nürnberg, A 3 Richtung Frankfurt a. M./Würzburg/Bamberg, A 73 Nürnberg-Nord, Ausfahrt Kreuz Fürth/Erlangen, A 73 Richtung Schweinfurt/A 70/Bamberg/Erlangen.

Informationen Tourist-Information des Erlanger Tourismus und Marketing Vereins e. V., Goethestraße 21 a, 91054 Erlangen, Tel. 09131/895 10; www.erlangen-marketing.de.

Auf ins Walderlebnis-zentrum Tennenlohe

»In den Wäldern sind Dinge, über die nachzudenken man jahrelang im Moos liegen könnte.« (Franz Kafka) Nicht nur große Dichter waren vom Wald begeistert. Auch ihr könnt die Faszination dieses Naturraums nachempfinden. Das Walderlebniszentrum Tennenlohe wurde sogar mit dem Qualitätssiegel »Umweltbildung.Bayern« ausgezeichnet.

Kinder finden vor allem das »Haus der Tiere« spannend. Dort können sie unsere heimischen Wildtiere ganz nah erleben. Wenn ihr euch mehr für den Erfindergeist vergangener Generationen sowie original erhaltene Werkzeuge und Geräte interessiert, ist der »forsthistorische Lehrpfad« das Richtige für euch.

Auf dem gut einen Kilometer langen »Naturerlebnispfad« könnt ihr euch dem Wald in ganz spezieller Form nähern. Zu ihm gehören unter anderem ein Waldlabyrinth und ein Barfußpfad. Auch der Tierweitsprung ist nicht ohne: Welches Tier springt so weit wie ihr? Anschließend könnt ihr auf der Sandsteinschlange balancieren oder von der Kanzel aus den Wald von oben betrachten. Seid ihr schwindelfrei? Dann nichts wie los auf die Kletterbäume. Und im Waldtheater ist eure Fantasie gefragt: Könnt ihr ein Tier durch Pantomime so darstellen, dass man es erkennt?

Anfahrt **Öffentlich:** Bahnlinie München–Erlangen, ab Erlangen Bus nach Tennenlohe. **Auto:** A 9 München–Nürnberg, Ausfahrt Kreuz Nürnberg, A 3 Richtung Frankfurt a. M./Würzburg/Bamberg/A 73/Nürnberg-Nord, Ausfahrt Erlangen-Tennenlohe, B 4 Richtung Erlangen-Ost/Erlangen-Süd, Ausfahrt Tennenlohe, bis Walderlebniszentrum fahren.

Informationen Walderlebniszentrum Tennenlohe, Weinstraße 100, 91058 Erlangen, Tel. 09131/60 46 40; www.aelf-fu.bayern.de.

Öffnungszeiten Nov.–Feb. Mo–Do 7.30–16 Uhr, Fr 7.30–14 Uhr, Sa geschlossen, So/feiertags 11–17 Uhr; März–Okt. Mo–Do 7.30–16 Uhr, Fr 7.30–18 Uhr, Sa 13–18 Uhr, So/feiertags 11–18 Uhr; an den Osterfeiertagen und in den Weihnachtsferien geschlossen.

Anfahrt

Öffentlich: Zug nach Neunkirchen am Sand; Anruf-Linien-Taxi ALT 342 Richtung Hormersdorfer Hauptstraße/Schnaittach (mind. 60 Minuten vor Abfahrt unter Tel. 0171/177 64 55 bestellen! Info unter Tel. 0911/989 78 10). **Auto:** A 9 Ausfahrt Schnaittach Richtung Gräfenberg, auf St 2236 über Frohnleitener Straße nach Schnaittach.

Informationen

Bikepark Osternohe, Igelweg 2 A, 91220 Schnaittach, Tel. 09153/80, www.bikepark-osternohe.de.

Preise

Tageskarte: Kinder 18 €, Erwachsene 21 €.

Spaß pur im Bikepark Osternohe

74

Mit Vollvisierhelm, Ellenbogen-, Knie- und Hüftschützern – so ausgestattet gehen die Mountainbiker im Bikepark Osternohe in unwegsames Gelände, überwinden allerlei Hindernisse und haben großen Spaß dabei! Auch an Anfänger ist gedacht mit einem speziellen Parcours. Und das alles ganz bequem: mit dem Lift bergauf.

Der Bikepark ist DIE Adresse für alle Montainbiker/-innen im Großraum Nürnberg, egal ob sie Anfänger oder Könner sind. Wenn ihr eure ersten Sprünge auf dem Bike machen wollt, ist der neue Anfängerparcours mit einfachen Erd- und niedrigen Holzhindernissen genau das Richtige. Hier dürfen sich auch Kinder unter zwölf Jahren versuchen.

Wenn du noch ein wenig unsicher auf deinem Bike bist, dann halte dich am besten an die »Blue Line«, die einfachere Streckenteile enthält. Anspruchsvolle Biker, die sportliche Manöver, steile Bergab-Passagen oder auch Sprünge bis zu zehn Metern über natürliche Hindernisse problemlos meistern und deren Körper- und Bikebeherrschung ganz einfach perfekt ist, werden hingegen auf der Freeride-Piste garantiert riesigen Spaß haben.

Besonders spannend sind außerdem die sogenannten North-Shore-Trails. Darunter versteht man spezielle Hindernisparcours für Mountainbikes. Du fährst hier über umgestürzte Bäume, Felsen und Löcher oder über waagerecht gelegte »Hühnerleitern«, die bis zu 50 Zentimeter breit und bis über vier Meter hoch sein können. Häufig sind auch zusätzliche Sprünge und enge Kurven eingebaut, sodass diese Trails recht schwierig zu befahren sind – aber umso cooler, sofern man die richtige Technik dafür beherrscht!

Du kannst im Bikepark auf eigene Faust die diversen Pisten befahren oder einen der zahlreichen Kurse belegen und unter Anleitung deine Kunstfertigkeit verbessern. Und alle, die über zwölf Jahre alt sind, dürfen mit dem Lift nach oben fahren, wodurch sich der Fahrspaß automatisch verlängert.

75 Fürther Ronhof: Fußball hautnah

Bis 1963 gehörte die Spielvereinigung Fürth zu den besten Fußball-mannschaften in Deutschland. Danach war die Vereinsgeschichte recht bewegt, mit diversen Auf- und Abstiegen. Aber in der neuen Saison geht es wieder aufwärts, ganz bestimmt, denn seit 2017 hat das Stadion eine moderne neue Haupttribüne!

Doch zunächst ein Blick zurück in die Geschichte dieses Traditionsvereins und seines legendären Stadions. Zur Einweihung 1910 (!) spielte Fürth gegen den damaligen Meister Karlsruhe. Nach dem Ersten Weltkrieg wurde der Ronhof ausgebaut, um 1920 war er das größte deutsche Fußballstadion. 1926 gewann man gegen Barcelona, und wieder wurde ausgebaut. Im Zweiten Weltkrieg zerstörte eine Bombe die Tribüne, 1951 wurde die neue eingeweiht. Doch mit dem sportlichen Abstieg kamen finanzielle Probleme … das Stadion verfiel. Das änderte sich 1996: Aus dem Ronhof wurde das »Playmobil-Stadion«, die Südkurve wurde errichtet, Flutlicht und weitere Ausbauten kamen dazu. Von 2010/11 bis 2014 hieß das Stadion dann Trolli ARENA.

Ein neues Kapitel in der Vereinsgeschichte begann 2016: Die Haupttribüne, charmant, aber in die Jahre gekommen, wurde durch eine komplett neue ersetzt. Im Juli 2017 wurde das Schmuckstück feierlich eröffnet und sorgte für große Begeisterung. Der zweite Abschnitt ist noch in Arbeit und soll zu Beginn der Saison 2018/19 fertig sein. Doch schon jetzt ist die neue Tribüne nicht nur für eingefleischte Fürth-Fans die vielleicht schönste in Deutschland. Überzeugt euch doch selbst!

Anfahrt **Öffentlich:** Zug nach Fürth. **Auto:** A73 Ausfahrt Fürth-Stadtmitte/Fürth-Südstadt, der Ausschilderung Stadtmitte/Grüne Halle folgen.

Informationen SpVgg Greuther Fürth, Laubenweg 60, 90765 Fürth, Tel. 0911/976 76 80; www.greuther-fuerth.de.

Preise Kinder (bis 13 Jahre) 5–16 €, Erwachsene 10–24 €.

»This is Radio Munich, a station of the Military Government.« Seit Mai 1945 gibt es wieder ein freies bayerisches Radio – aus einem Notstudio in Ismaning. Heute sendet aus Ismaning Deutschlands meistgehörter privater Radiosender: ANTENNE BAYERN. In spannenden Ausstellungen könnt ihr auf Radio-Zeitreise gehen.

Radio war nicht immer so mobil wie heute. Fasziniert waren die Menschen aber von Anfang an von diesem Medium – und bis heute hören zahlreiche Fußball-Begeisterte lieber die Sportreportagen im Radio, weil sie viel direkter sind als TV-Bilder. Der erste deutsche Sender strahlte sein Programm im Oktober 1923 in Berlin aus; in den 30er-Jahren stand dann in fast jedem Haushalt ein sogenannter »Volksempfänger«. Nach dem Krieg hatte Radiohändler Max Grundig eine hervorragende Idee: Er entwickelte den »Heinzelmann«, einen Radio-Baukasten, und wurde schnell einer der ganz Großen der Branche. Das Rundfunkmuseum ist wie eine Zeitreise. Geschichte und Technik verbinden sich auf spannende Weise mit einem Medium, das uns bis heute informiert und unterhält.

ANTENNE BAYERN TIPP

In Niederbayern gibt es ein zweites, kleines Radiomuseum. In Rottenburg an der Laaber haben die »Radiofreunde Rottenburg« viele historische Ausstellungsstücke zusammengetragen, zum Beispiel auch frühere Plattenspieler und einen Phonografen von Thomas Edison. Besichtigung am ersten und dritten Sonntag im Monat und auf Anfrage (Tel. 0871/143 28 71).

Anfahrt **Öffentlich:** Zug nach Fürth, U 1 Richtung Hardthöhe. **Auto:** A 73 Ausfahrt Kreuz Nürnberg-Hafen, Richtung Nürnberg-Centrum/Würzburg/Bamberg, auf N 4 Ausfahrt Fürther Straße, rechts in Kurgartenstraße.

Informationen Rundfunkmuseum der Stadt Fürth, Kurgartenstraße 37a, 90762 Fürth, Tel. 0911/756 81 10; www.rundfunkmuseum.fuerth.de.

Preise Kinder und Jugendliche (6–17 Jahre) 3 €, Erwachsene 4 €; Familienkarten: 1 Erwachsener und bis 2 Kinder 7 €; 2 Erwachsene und bis 4 Kinder 9 €.

Anfahrt Öffentlich: Mit der Bahn nach Nürnberg, weiter mit der S-Bahn, Haltestelle »Lauf-West«, dann weiter mit dem Bus. **Auto:** Von der A 9, Ausfahrt Lauf, weiter nach Haimendorf.

Informationen Nürnberger Land Tourismus, Waldluststraße 1, 91207 Lauf an der Pegnitz, Tel. 09123/95060 62; www.nuernberger-land.de.

Faszinierend: ein klingender Wasserfall

Ein winterlicher Familienausflug am Fuße des Moritzbergs führt euch zu einem staunens- und hörenswerten Naturschauspiel im Nürnberger Land. Denn wenn der Wasserfall des Hüttenbaches zu langen Eiszapfen gefriert, erlebt ihr im wahrsten Sinne des Wortes ein »klingendes« Wunder.

Für diesen Familienausflug wartet ihr, bis der Winter in Mittelfranken Einzug gehalten hat. Dann ist die beste Jahreszeit für die kurze Wanderung zum »Klingenden Wasserfall«. Eure Tour startet ihr im kleinen Ort Haimendorf, südlich von Lauf. Dort liegt in der Ortsmitte der Spielplatz »Klingender Wasserfall«, zu dem ihr später zurückkommen könnt. In nördlicher Richtung wandert ihr am Campingplatz vorbei, hinaus über die Felder in den Wald. Der »Klingenden Wasserfall« ist gut ausgeschildert. Nach kurzer Zeit erreicht ihr schon den Hüttenbach. Aber Achtung: Der Abstieg kann eisig und rutschig sein, also nehmt am besten Stöcke mit!

Dann ist es nicht mehr weit und schon steht ihr vor dem musizierenden Eiskunstwerk. Der Hüttenbach fällt hier über eine Sandsteinstufe fünf Meter tief. Im Winter bildet sich aus dem Wasserfall ein dicker Vorhang aus Eiszapfen. Solange das Wasser dahinter noch fließt, erzeugt es mithilfe des Windes wundersame, zart klingende Töne. Ihr werdet ein wahres Eisorchester erleben!

Habt ihr Lust auf mehr bekommen? Dann wandert noch ein Stück weiter und besucht den Sprosselbrunnen. Dort entspringt eine Quelle aus mehreren Stellen im Sandgestein. Oder steigt hinauf auf den Moritzberg mit seinem historischen Aussichtsturm, der kleinen Kirche und dem urigen Berggasthof Moritzberg, einer guten Einkehrmöglichkeit, wo ihr euren Hunger und Durst stillen könnt.

ANTENNE BAYERN TIPP

Verbindet die Wanderung mit dem Besuch des Industriemuseums in Lauf an der Pegnitz. Hier dreht sich alles um Industriehandwerk und das Alltagsleben der Arbeiter. Ventile für Rennwagen und Schiffsmotoren sind hier hergestellt worden – eine beeindruckende Fabrik aus früheren Zeiten.
www.industriemuseum-lauf.de.

Anfahrt **Öffentlich:** S-Bahn S 4 ab Nürnberg bis Haltestelle »Anwanden«, weiter mit Bussen zum Playmobilpark. **Auto:** Von der A 9 oder der A 3 auf die A 73, Ausfahrt Zirndorf, weiter der Beschilderung zum Park folgen.

Informationen Playmobil FunPark, Brandstätterstraße 2–10, 90513 Zirndorf, Tel. 0911/96 66 14 55; www.playmobil-funpark.de.

Öffnungszeiten Mai–10. Sept. tgl. 9–19 Uhr, 11. Sept.–4. Nov. 9–18 Uhr, 5.–30. N 10–18 Uhr; im Winter nur Innenspielbereich und Klettergarten 10–18 Uhr.

Preise 11,90 € Tagesticket ab 3 Jahren in Hochsaison, vergünstigte Tickets am Nachmi und in der Nebensaison.

Altersbeschränkung Kinder unt 12 Jahren nur in Begleitung eines Erwachsen

Ganz leibhaftig taucht ihr hier ein in die vielfältige und ideenreiche Playmobil-Welt. Ihr seid Ritter, Burgfräulein, Piraten, trefft Dinos und kämpft gegen Drachen, helft mit auf dem Bauernhof und vieles mehr. Und das Schönste: Alles ist hier nicht mini, sondern lebensgroß – im Playmobil FunPark in Zirndorf bei Nürnberg erfüllen sich Träume.

Der Playmobil-Park ist ein einziger riesengroßer Spielplatz. Um alles zu sehen, braucht ihr mindestens einen Tag. Unter dem Motto »Spielen, bewegen, erleben« könnt ihr ein Piratenschiff kapern, die große Ritterburg erobern, die Dinosaurierwelt erforschen, im Wilden Westen Gold schürfen, auf dem Bauernhof Kühe melken, Pferde striegeln, durchs Baumhaus klettern, die Baustelle umbaggern und vieles mehr.

Im ganzen Gelände findet ihr riesengroße Playmobilfiguren aus den bekannten Playmobil-Welten. Dazwischen liegen Spiel- und Kletterangebote, wobei vor allem die Wasserspielplätze und die Sand- und Matschzonen heiß begehrt sind. Nehmt deshalb genügend Wechselkleidung mit, denn bei so fabelhaften Angeboten bleibt niemand lange trocken.

Sollte das Wetter einmal nicht mitspielen, schafft das 5000 Quadratmeter große, überdachte HOB-Center Abhilfe. Hier könnt ihr euch im Indoor-Klettergarten mit Lichterlabyrinth austoben oder das Märchenschloss und das Wikingerdrachenschiff besuchen. Natürlich ist ein Spielebereich mit kleinen Playmobil-Figuren vorhanden. Und gegen Hunger und Durst gibt's einen gemütlichen Biergarten und mehrere Imbissstände.

Schaut doch zum Abschluss in den FunPark-Shop. Der verlockt zwar ungemein, sein Taschengeld auszugeben, aber wirklich praktisch ist das Ersatzteillager, das sich woanders nicht so leicht finden lässt und wo sich verloren gegangene Teile wieder erstehen lassen.

ANTENNE BAYERN TIPP

Ihr kriegt nicht genug von den Playmobil-Spielewelten? Dann nistet euch nebenan im Playmobil-Aparthotel ein. Die Familienzimmer sind ganz im Playmobil-Look eingerichtet. Es gibt spezielle Kombiangebote, die Übernachtung und Parkeintritt beinhalten.

79 Tolle Stunden auf dem Auhof

Freut euch auf den Erlebnisbauernhof Auhof in Hilpoltstein. Bei den vielen Tieren, im Bauerngarten, Biergarten oder am kurzweiligen Spielplatz könnt ihr unvergessliche Stunden verbringen. Der Erlebnisbauernhof gehört zu den Rummelsberger Werkstätten und wird von Menschen mit Behinderung betrieben.

Eingebettet in Wiesen liegt der Erlebnisbauernhof Auhof am Rande von Hilpoltstein. Hier leben und arbeiten vorwiegend Menschen mit Behinderung. Beim Besuch dieses außergewöhnlichen Bauernhofs lernt ihr natürlich viele Tiere kennen: Esel, Ponys, Haflinger, Kamerun- und Merinoschafe, Ziegen, Hasen, Katzen und Hunde neben vielem Federvieh wie Hühner, Puten, Gänse, Enten und Tauben. Ihr dürft in alle Ställe schauen, mithelfen beim Füttern und die Tiere natürlich streicheln. Danach erkundet ihr den wunderschönen Bauerngarten, das Tipi und die Streuobstwiesen. Wer will, kann auf Voranmeldung auch Ponyreiten. Habt ihr Hunger auf echte fränkischen Bratwürste mit Kraut und selbst gebackenem Holzofenbrot? Dann schnell zum herrlichen Biergarten mit dem tollen Kinderspielplatz. Zum Glück liegt der Abenteuerplatz in Sichtweite der Eltern – so kann jeder das Seine genießen.

ANTENNE BAYERN TIPP

Ebenfalls einen Besuch wert und ein Ort, wo Integration wirklich gelebt wird, ist der Waldseilpark Rummelsberg in Schwarzenbruck. In diesem Hochseilgarten können auch Rollstuhlfahrer auf einem speziellen Parcours »klettern«. Klingt unglaublich, doch es funktioniert (www.waldseilpark-rummelsberg.de)!

Anfahrt **Öffentlich:** Mit der Bahn bis Hilpoltstein, dann weiter mit dem Bus. **Auto:** Von der A 9, Ausfahrt Hilpoltstein, weiter nach Hilpoltstein auf der St 2238, am Ortseingang rechts halten.

Informationen Erlebnisbauernhof Auhof, Zum Bauernhof 3, 91161 Hilpoltstein, Tel. 09174/99263; www.erlebnisbauernhof-auhof.de.

Öffnungszeiten Ostern–Anfang Okt. 10–19 Uhr, Mo Ruhetag.

Einmal Rennfahrer sein mit den Buggy Racern

Gas geben – beschleunigen – bremsen: Hier fühlt ihr euch wie ein echter Rallye-Fahrer! Dreht selbstständig und ganz allein eure Runden in einem Rennauto. Mit den Buggy Racern der Pflugsmühle habt ihr Fahrspaß und Geschwindigkeitserlebnis auf einer richtigen Rennpiste. Steigt ein und fahrt los!

Auf dem Pflugsmühler Ring schlagen Rennfahrerherzen höher. Ihr seid ausgestattet mit Schutzhelm, Sicherheitsgurt und Überrollbügel und bekommt eine exakte Einweisung. Dann erst dürft ihr euch auf die Rennstrecke wagen. Die Buggy Racer schaffen locker um die 25 km/h.

Vor euch liegt ein fast 350 Meter langer Rundkurs mit Schikanen. Die Fahrt dauert zehn Minuten. Wie viele Runden schafft ihr? An der Pflugsmühle gibt es aber noch mehr. Ihr könnt zwischen zwei Golfplätzen wählen. Außerdem gibt es einen Hoverboard-Parcours und Pferdenarren können am Ponyreiten teilnehmen. Auf Nils, dem Mini-Shetty, dürfen sogar schon Dreijährige sitzen. Das bringt Spaß!

ANTENNE BAYERN TIPP

Ihr verbringt gern noch mehr Zeit in der Brombachsee-Region? Übernachtungsmöglichkeit in einer Burg bietet die nahe Jugendherberge Burg Wernfels.

Anfahrt   **Öffentlich:** Mit der Bahn bis Georgensgmünd, weiter mit dem Taxi. **Auto:** Von der A 6, Ausfahrt Lichtenau, auf die St 2223; oder Ausfahrt Schwabach-West, weiter auf der B 466 nach Wassermungenau, von dort zur Pflugsmühle; oder über die B 13 oder B 466 nach Wassermungenau.

Informationen   Pflugsmühle Country Life, Pflugsmühle 1 A, 91183 Abenberg, Tel. 09873/229; www.pflugsmuehle.com.

Öffnungszeiten   Nur bei trockener Witterung! Buggy Racer ab Pfingstferien bis Ende Sommerferien tgl. 14–19 Uhr, sonst nur Sa/So; Okt.–März geschlossen.

Preise   Erwachsene 8 €, Kinder 7 €.

Altersbeschränkung   Buggy Racer ab 6 Jahren.

Anfahrt   **Öffentlich:** Bahnlinie München–Nürnberg. **Auto:** A 9 München–Nürnberg, Ausfahrt Nürnberg-Fischbach, B 4 Richtung Nürnberg-Zentrum.

Informationen   Tourist-Information Hauptmarkt, Hauptmarkt 18, 90403 Nürnberg Tel. 0911/23360; www.tourismus.nuernberg.d

Von Rittern und Brand-stiftern in Nürnberg

Bei Nürnberg denken die meisten sofort an den Christkindlesmarkt, Bratwürste oder den 1. FC Nürnberg. Aber wusstest du, dass Bayerns zweitgrößte Stadt eine der wichtigsten Reichsstädte des Heiligen Römischen Reiches war? In der Nürnberger Burg residierten alle zwischen 1050 und 1571 amtierenden Kaiser.

Starte deinen Besuch in Nürnberg mit der Burg, dem Wahrzeichen der Stadt. Den Sinwellturm solltest du bei gutem Wetter unbedingt besteigen. Der Blick ist einfach großartig. Im Burgmuseum erfährst du, wie die Ritter im Mittelalter in den Krieg zogen. Die dort ausgestellten Waffen, Sättel, Steigbügel und Schilde sind auch für Kinder spannend. Ab 1150 bauten verschiedene Kaiser und Könige an der Nürnberger Burg. Im Jahr 1356 schrieb Karl IV. in die Goldene Bulle, das Grundgesetz des Mittelalters, dass alle Kaiser ihren ersten Reichstag in Nürnberg abhalten müssen. Im 16. Jahrhundert verlor die Burg an Bedeutung. 1806 fiel sie an Bayern. Im Zweiten Weltkrieg wurde sie zerbombt und danach erneuert.

Nach der Burg geht es bei deinem Spaziergang weiter zum Nürnberger Rathaus. Dort befinden sich die Lochgefängnisse, eine Art Untersuchungsgefängnis aus dem 14. Jahrhundert. Wenn du gute Nerven hast, empfehlen wir dir die etwa 20-minütige Führung. In zwölf kleinen Zellen und einer »Kapelle«, wie die Folterkammer genannt wurde, warteten zwischen dem 14. und 18. Jahrhundert zum Tode verurteilte Häftlinge auf ihre Hinrichtung. Unheimlich ist das, wenn man heute da so durchspaziert … Für besondere Missetäter gab es spezielle Zellen. Nummer elf zeigt einen roten Hahn als Symbol für Brandstiftung. Gut, dass das Mittelalter weit zurückliegt!

ANTENNE BAYERN TIPP

Sollte dir nach so viel mittelalterlichem Grauen der Sinn nach Schöner Kunst stehen, empfehlen wir dir das Albrecht-Dürer-Haus in der gleichnamigen Straße. Hier erfährst du Wissenswertes über Leben und Werk dieses Ausnahmekünstlers und kannst seine rekonstruierte Werkstatt besichtigen. Albrecht-Dürer-Haus, Albrecht-Dürer-Straße 39, 90403 Nürnberg; www.museen.nuernberg.de.

Anfahrt   **Öffentlich:** Bahnlinie München–
Nürnberg. **Auto:** A 9 München–Nürnberg,
Ausfahrt Nürnberg-Fischbach, B 4 Richtung
Nürnberg-Zentrum.

Informationen   Tourist-Information am
Hauptmarkt, Hauptmarkt 18, 90403 Nürnberg,
Tel. 0911/233 60; www.handwerkerhof.de.

Öffnungszeiten   Handwerkerhof:
tgl. geöffnet (außer Karfreitag, Ostersonntag/
-montag); Ladengeschäfte: Mo–Sa 10–18 Uhr,
Gastronomie: Mo–Sa 11–22 Uhr;
an Weihnachten und Neujahr geänderte
Öffnungszeiten beachten.

Alles made in Germany: im Handwerkerhof

Du suchst ein originelles Geschenk? Oder hast selbst eine Vorliebe für Kunsthandwerk, handgefertigte Ledertaschen und getöpfertes Geschirr? Deine Kinder mögen Blechspielzeug? Im Nürnberger Handwerkerhof am Königstor wirst du bestimmt fündig. Und das Besondere: Du kannst den Handwerkern bei ihrer Arbeit zusehen.

Umrahmt von Türmen und Mauern der mittelalterlichen Stadtbefestigung wirkt der Nürnberger Handwerkerhof mit dem historischen Kopfsteinpflaster und den im Fachwerkstil erbauten Werkstätten noch heute wie ein kleiner, mittelalterlicher Stadtteil. Dabei gibt es ihn noch nicht einmal seit 50 Jahren. Verschiedene Handwerker haben sich hier mit ihren Werkstätten niedergelassen und lassen sich bei ihrer Arbeit auf die Finger schauen. Das Angebot ist mannigfaltig. Hier arbeiten ein Zinngießer, ein Täschner, ein Glasschleifer, ein Töpfer, ein Wachskünstler, ein Gold- und Silberschmied, ein Glasmaler sowie ein Lebkuchenbäcker und ein Puppenmacher. Auch die hergestellten Produkte sind überaus vielfältig und bewegen sich zwischen altehrwürdigem Handwerk und modernen Arbeiten. Wenn du jetzt denkst, der Markt sei vor allem für Touristen gedacht, dann wirst du beim Besuch eines Besseren belehrt. Viele Stammkunden aus Nürnberg und Umgebung kaufen die auf höchstem Niveau hergestellten Produkte.

Solltest du vom erlebnisreichen Bummeln und Schauen hungrig und durstig geworden sein, hast du auch hier die Qual der Wahl. Denn der Handwerkerhof versteht sich zudem als ein Hort fränkischer Gastlichkeit. Natürlich gibt es hier die klassischen Nürnberger Bratwürste, aber auch andere fränkische Spezialitäten, dazu ein frisches Nürnberger Bier oder ein Gläschen Frankenwein. Wohl bekomm's!

ANTENNE BAYERN TIPP

Wolltest du schon immer wissen, wie die berühmten Nürnberger Lebkuchen hergestellt werden? Dann schaue bei deinem Rundgang durch den Handwerkerhof in die Küche des Lebküchners. Natürlich werden die leckeren Lebkuchen auch zum Verkauf angeboten – und schmecken nicht nur zur Weihnachtszeit!

83 Kultkneipe für Kunst- und Gulaschliebhaber

Heutzutage ist ja vieles schnell mal »Kult«. Diese Kneipe in Nürnberg verdient dieses Prädikat aber tatsächlich. Womit anfangen? Mit den x Sorten Gulasch? Der Kunst an den Wänden, den frechen, skurrilen, oft erotischen Bildern? Oder mit den netten Leuten? Mach dir am besten selbst ein Bild – allerdings ist der Eingang ganz schön versteckt.

Auch wenn der Hintereingang wie der eines Privathauses aussieht – hier geht es in den gemütlichen, rustikalen Innenraum des »Gregor Samsa«, der Kneipe mit dem gewissen Etwas. Denn das Innere ist bis unter die Decke mit unzähligen Kunstwerken bedeckt, dicht an dicht aufgehängt. Eine Kneipe als Galerie? So in etwa funktioniert es bis heute im »Gregor Samsa«, das seinen Namen übrigens der Erzählung »Die Verwandlung« von Franz Kafka entnommen hat. Alle Werke stammen von bekannten und weniger bekannten Künstlern aus Nürnberg und Umgebung. Wirt Peter Hoyer hält seit über 40 Jahren die von seinem Vater übernommene Tradition der »Bierrente« aufrecht: Bis heute bezahlen seine Stammgäste, darunter viele Künstler, nicht mit harten Euros, sondern mit ihrer Kunst! So ist nach und nach dieses wunderbare Sammelsurium entstanden. Auch Sohn Marcel wird in diese Fußstapfen treten.

Fast genauso erstaunlich wie die Fülle an Kunstwerken ist die Auswahl an Gulaschgerichten – 18 (!) verschiedene Sorten! Darunter befinden sich Klassiker wie das Szegediner Gulasch mit Sauerkraut, aber auch Eigenkreationen der Marke »Hongkong« oder »Azteken«. Dazu wird selbst importiertes böhmisches Bier ausgeschenkt.

Anfahrt Öffentlich: Zug nach Nürnberg, U 3 Richtung Friedrich-Ebert-Platz, Haltestelle »Maxfeld«. Auto: A 9 Ausfahrt Nürnberg-Fischbach, Richtung Nürnberg-Zentrum/ Nürnberg-Messe, weiter auf B 2/B 4 R, dann Richtung Stadtpark bis Maxfeldstraße.

Informationen Gregor Samsa, Mörlgasse, 90409 Nürnberg, Tel. 0911/ 35 76 18; www.gregor-samsa.de.

Der verblüffende Turm der Sinne in Nürnberg

Staunen, sehen, wahrnehmen, begreifen – all das und noch mehr bietet die packende und einladende Welt des Turms der Sinne. In diesem außergewöhnlichen Nürnberger Museum werden eure Sinne ganz schön durcheinandergewirbelt. Lasst euch überraschen, wie leicht man sich täuschen kann …

Über sechs Stockwerke erstreckt sich das interaktive Museum im Mohrenturm an der Nürnberger Stadtmauer. Hier dreht sich alles um die menschlichen Sinne und naturwissenschaftliche Phänomene.

Probiert einfach alle Experimente in dem 120 Quadratmeter großen Museum aus. Die Effekte sind faszinierend! Lasst euch von den verblüffenden optischen Illusionen durcheinanderbringen. Im sogenannten Ames-Raum seht ihr euch gleichzeitig als Riesen sowie als kleinen Menschen. Oder ihr unterscheidet verschiedene Gerüche und versucht, sie zu benennen. Das ist schon ziemlich schwierig. Selbst eure Zungen kommen bei einer Geschmacksprobe ganz schön ins Zweifeln. Prüft euer Sehvermögen in puncto räumliche Wahrnehmung. Und versucht dabei, mit nur einem Auge einen Faden durch das Nadelöhr zu ziehen. Na?

Auch die Gleichgewichtswand fordert euch heraus. Schafft ihr es, auf einem Bein stehen zu bleiben? Genauso schwierig ist es, einen Ball in einen Korb zu werfen – vor allem, wenn durch eine Brille die Treffsicherheit zwischendurch verlernt wird.

Anfahrt **Öffentlich:** Straßenbahnlinie 4 oder 6 bzw. Bus bis Haltestelle »Obere Turmstraße«; oder mit der U 1/U 11 bis Haltestelle »Weißer Turm«. **Auto:** Von der A 9 oder A 3 auf die A 73, auf Südwesttangente wechseln, dann auf dem Frankenschnellweg in die Stadtmitte. Parken im Parkhaus Erlerklinik oder Parkhaus Adlerstraße.

Informationen Museum turmdersinne, Kappengasse/Ecke Westtor, 90429 Nürnberg, Tel. 0911/99 28 87 15; www.turmdersinne.de.

Öffnungszeiten Di–Fr 13–17 Uhr, Sa/So/feiertags/Ferien 10–18 Uhr.

Anfahrt
Öffentlich: Mit der Bahn bis Nürnberg, dann U-Bahn-Station »Am Plärrer« oder Tram 4 oder 6. **Auto:** Nach Nürnberg ins Stadtzentrum, »Am Plärrer« liegt südwestlich der Altstadt. Parken z. B. im Parkhaus »PS«, Zirkelschmiedsgasse.

Informationen
Nicolaus-Copernicus-Planetarium, Am Plärrer 41, 90429 Nürnberg,

Tel. 0911/929 65 53; www.planetarium-nuernberg.de.

Öffnungszeiten
Meist Do–So 15 Uhr und 16.30 Uhr, unter der Woche auch vormitta (Veranstaltungen siehe Homepage).

Preise
Erwachsene ab 7,50 €, Kinder ab 5 je nach Veranstaltung.

Reise zum Weltall im Copernicus-Planetarium

Das Planetarium in Nürnberg öffnet euch das Fenster zum Nachthimmel. Begebt euch auf eine Reise durch das Weltall! Fliegt an unserem und anderen Planeten vorbei über die Milchstraße bis in die dunklen Tiefen ferner Galaxien. Unser Universum birgt so unendlich viele Geheimnisse. Es ist an der Zeit, sie zu lüften …

Bestimmt kennt ihr die Sterne von einem klaren Nachthimmel her, aber kennt ihr auch die Sternbilder? Oder die Namen der Planeten? Und wo genau liegt die Milchstraße? Die Antworten auf all diese Fragen bekommt ihr im Nürnberger Copernicus-Planetarium. Dort erfahrt ihr mehr über die weit entfernte Welt der Himmelskörper. Ihr müsst aber nicht mitten in der Nacht aufstehen, um die Sterne zu sehen. Denn im Gegensatz zu einer Sternwarte wird in einem Planetarium das Universum künstlich unter einer großen Kuppel über euren Köpfen projiziert. Und das geht natürlich auch am Nachmittag. Hier ist das Nürnberger Planetarium wirklich sehr besonders: Die Projektionsfläche, eine Halbkugel, ist riesengroß. Der künstliche Nachthimmel hat einen Durchmesser von 18 Metern. Welch gewaltige Kulisse für eure Reise ins Weltall.

Fast täglich gibt es Vorführungen, an den Nachmittagen meistens für Familien mit Kindern. Wie wäre es mit »Abenteuer Planeten«, »Unsere erste Sternennacht« oder »Mit Professor Photon durchs Weltall«? Für jede Altersgruppe ist etwas Passendes dabei. Neben diesen unterhaltsamen und lehrreichen Astronomie-Veranstaltungen gibt es gerade für kleinere Kinder viele märchenhafte Programmpunkte: »Peterchens Mondfahrt«, »Der kleine Mondbär« oder »Plani und Wuschel retten die Sterne« sind bereits für Kinder ab vier Jahren geeignet. Für die meisten der Vorführungen müsst ihr eine knappe Stunde einplanen.

Das Planetarium wird gerne für Kinder-Events genutzt. So finden Filmvorführungen, Bastelnachmittage oder mehrteilige Kinder-Astronomiekurse statt. Reserviert die Tickets rechtzeitig, sie sind sehr begehrt! Wer weiß, vielleicht ist dies der Anfang einer Laufbahn als Astronaut?

Anfahrt **Öffentlich:** S 1 bzw. U 2 und U 3, jeweils Haltestelle »Rothenburger Straße«. Die Eintrittstickets gelten als Fahrschein im ganzen VGN-Großraum von Nürnberg. **Auto:** Von der A 9 oder A 3 auf die A 73, auf Südwesttangente wechseln, Ausfahrt Großreuth, auf der Rothenburger Straße stadteinwärts; am Theater sind nur wenige Parkplätze vorhanden.

Informationen Theater Mummpitz im Kachelbau, Michael-Ende-Straße 17, 90439 Nürnberg, Tel. 0911/60 00 50; www.theater-mummpitz.de.

Öffnungszeiten Aktueller Spielplan siehe Homepage des Theaters. Mo–Do meist Vormittagsvorstellungen, an den Wochenende auch am Nachmittag.

Preise Verschiedene Preiskategorien – je nach Stück; Kinder ab ca. 6,60 €, Ermäßigunge für Jugendliche ab 14 Jahren und Studenten.

Altersbeschränkung Kein Einlass unter dem angegebenen Mindestalter (siehe Spielplan)!

Der bekannte Kinderbuchautor Otfried Preußler sagte einmal: »Der Mensch braucht Geschichten wie das tägliche Brot.« Deshalb macht euch auf, um mit der ganzen Familie neue Geschichten zu entdecken und zu erleben. Lasst euch entführen in die zauberhafte und fantasievolle Welt des Theaters Mummpitz im Kachelbau in Nürnberg.

Schon die Titel der Stücke wie »Gloria von Jaxtberg«, »Die Prinzessin vom Pfandlhof«, »Lazarillo«, »Die Duftsammlerin«, »Der Golem«, »Ausgebüxt« oder »Die Sache mit dem Glück« erzählen von neuen, ungeahnten Welten und machen neugierig auf mehr.

Jedes Jahr verlassen an die 25 000 Kinder, Jugendliche und Erwachsene glücklich die Vorstellungen des Mummpitz-Theaters. Sie nehmen viele wunderbare, kleine und große Geschichten mit nach Hause. Ein Dutzend verschiedene Stücke stehen in einer Saison auf dem Spielplan und jedes Jahr kommen ein paar neue hinzu.

Oftmals geht es um Freundschaft, Liebe, Familie oder Abenteuer. Manchmal werden Themen wie Konflikt, Streit oder Tod aufgegriffen. Aber auch bekannte Märchenklassiker wie z. B. »Schneewittchen« werden neu und zeitgemäß, vielleicht sogar auch mal ein bisschen gruselig interpretiert.

Das Theater Mummpitz wurde 1980 von Studentinnen/Studenten und Schülerinnen/Schülern gegründet. Alle Organisatoren und Schauspieler des Mummpitz sind immer noch mit voller Leidenschaft dabei. Zahlreiche Auszeichnungen würdigen dieses Engagement.

Ein Renner ist zu Weihnachten immer die Geschichte vom »Ox und Esel«, die sich für Kinder im Grundschulalter eignet. Beeilt euch und reserviert frühzeitig Tickets, denn die Vorstellungen sind schnell ausverkauft.

ANTENNE BAYERN TIPP

Kombiniert den Besuch des Mummpitz-Theaters mit dem Kindermuseum in Nürnberg. Beide sind im Kachelbau untergebracht. Im Kindermuseum locken die Dauerausstellungen »Alltag der Urgroßeltern« sowie »Schatzkammer Erde« mit ihren vielen Mitmach-Stationen. Es gibt vergünstigte Kombitickets.

87 Megaspaß im Megaplay: Indoorspiel total

Megaspaß, megawild, megatoll! All das ist der große Indoor-Spielplatz Megaplay in Schwanstetten. Kinder lieben es immer, in Bewegung zu sein. Gerade wenn das Wetter einmal nicht so mitspielt, toben die Kids sich dort aus, während sich die Erwachsenen im Bistro erholen oder sogar mitmachen. Ihr werdet sehen, wie viel Spaß das bringt!

Nach einem Besuch im Megaplay erzählen Kinder begeistert: »Der Spielplatz ist megacool!« »Das Riesentrampolin ist megaspitze!« Und: »Die Kletterburg ist megatoll!« Kein Wunder – der überdachte Indoor-Spielplatz ist optimal zum Auspowern, Bewegen und Spaß-Haben.

Das Erfolgsrezept? Die Halle ist groß genug, um Kinder stundenlang zu beschäftigen, aber dennoch so überschaubar, dass die Eltern, gemütlich im Bistro sitzend, die Kinder nicht aus den Augen verlieren. Das Tüpfelchen auf dem i: Eltern können überall aktiv mitmachen – wenn sie wollen. Probiert doch einmal eine gemeinsame Fahrt in dem großen Dreirad oder liefert euch gleich ein flottes Rennen. Steigt durch das Mega-Klettergerüst mit seinem Spinnenturm oder versucht euch am bodennahen Bambus-Klettergarten. Es gibt die unheimliche Dunkelkammer und eine riesige Trampolin-Anlage. Dort geht euch hoffentlich nicht die Puste aus!

Anfahrt **Öffentlich:** Mit der Bahn nach Nürnberg, weiter mit der U-Bahn, Haltestelle »Frankenstraße«, weiter mit dem Bus. **Auto:** Von der A 9, Ausfahrt Allersberg, Richtung Roth, weiter über Schnellstraße Nürnberg, Ausfahrt Schwanstetten; oder Anfahrt über die A 6, weiter auf der B 2 Richtung Roth, Ausfahrt Schwanstetten.

Informationen Megaplay Kinderspielparadies, In der Alting 1, 90596 Schwanstetten, Tel. 09170/94 62 93; www.megaplay.info.

Öffnungszeiten Mo–Do 14–18.30, Fr 14–20 Uhr, Sa/So/feiertags/Ferien 11–18.30 Uhr.

Preise Erwachsene 4 €, Kinder ab 2 Jahren 8 €.

Bärbels Garten
in Dixenhausen

Da hat sich jemand einen Traum erfüllt – den Traum von einem wirklich außergewöhnlichen Garten. Und wir können uns Anregungen für unsere Gärten holen und auch mal neue Pflanzen kennenlernen. Das gibt es in Dixenhausen im Altmühltal. Macht doch einfach eine Führung durch Bärbels Garten mit, wenn euch das interessiert.

Mit einem Hexenhäuschen und 8500 Quadratmeter Wiese fing im August 1985 alles an. Barbara Krasemann wollte sich hier, im idyllischen Altmühltal, einen lang gehegten Wunsch erfüllen: einen riesigen, naturbelassenen Garten, den man riechen, schmecken und spüren kann. Und sie wollte gern andere Menschen an ihrem Traum teilhaben lassen. Deshalb öffnet sie ihr wunderbares Naturparadies regelmäßig für Besucher.

Im großen Gemüsegarten pflanzt sie alte, nahezu ausgestorbene Gemüsesorten wie Platterbsen oder Helgoländer Wildkohl an. Auch verschiedene Obstsorten, Nüsse und wunderbar aromatische Esskastanien gedeihen unter Barbaras Obhut. Und natürlich gibt es fantastische Blumen, darunter allein 50 Asternsorten. An heißen Sommertagen ist der Schattengarten mit großen Farnen, Clematis und anderen Schatten liebenden Pflanzen ein idealer Rückzugsort. Für das Alpinum, einen Steingarten, wurden 36 Tonnen gelber Treuchtlinger Marmor hierher gebracht. Auch hier blüht so allerlei, etwa Habichtskraut und Sandkirschen.

So wirklich beschreiben kann man diesen fantastischen Garten nicht – doch wenn ihr ihn erlebt, werdet ihr von seinen Farben, Düften und Aromen, dem Wechselspiel von Licht und Schatten begeistert sein …

Anfahrt Öffentlich: Zug nach Hilpoltstein, Anruf-Linien-Taxi ALT 611 Richtung Thalmässing, Anmeldung bis 60 Minuten vor Fahrtbeginn, Tel. 09174/194 48. **Auto:** A 8 Ausfahrt Greding, Richtung Thalmässing auf St 2336, dann auf St 2227 nach Thalmässing.

Informationen Barbara Krasemann, Dixenhausen 23, 91177 Thalmässing, Tel. 09173/788 86; www.baerbels-garten.de.

Preise Führung pro Person 4 €.

89 Anspruchsvoll: Hirsch-bacher Höhlenrundweg

Für konditionsstarke Wanderer ist der Hirschbacher Höhlenrundweg in der Frankenalb ein unvergessliches Erlebnis. Denn der 20 Kilometer lange, streckenweise anspruchsvolle Rundweg führt an 30 Höhlen vorbei. Ein äußerst abenteuerliches Unterfangen, denn die meisten Höhlen sind nur kriechend und mit Taschenlampe zu erreichen.

Der Hirschbacher Höhlenrundweg möchte euch einen Einblick in die faszinierende Gesteinswelt des gleichnamigen Tales geben. Die Felsen sind Kalkablagerungen eines alten Jurameeres, ähnlich wie Korallenriffe in der Südsee. Zu den Gesteinsfelsen gehören unzählige kleine und große Höhlen, die früher teilweise bewohnt waren, teilweise bis heute unerforscht blieben. Der 20 Kilometer lange Rundweg ist als markierter Wanderweg (Nr. 3) angelegt und wird regelmäßig überprüft. Das ist auch gut so, denn die in Abschnitten recht anspruchsvolle Route führt an insgesamt 30 (!) Höhlen vorbei, von denen ihr manche nur kriechend und mit Taschenlampe erforschen könnt. Besonders beeindruckend sind die 40 Meter lange »Cäciliengrotte« und die »Dürrnberghöhlen«, in denen Skelette und Scherben aus der Hallsteinzeit gefunden wurden. Bitte denkt an eure Sicherheit und kriecht nie alleine in die Höhlen. Ältere Kleidung und festes Schuhwerk sind empfehlenswert.

Beim Verkehrsverein in Hirschbach erhaltet ihr ein kostenloses Faltblatt mit einer ausführlichen Wanderbeschreibung des Höhlenrundwegs.

Anfahrt   Öffentlich: Bahnlinie München–Nürnberg, ab Nürnberg Regionalbahn nach Hersbruck, von dort mit Bus nach Hirschbach. **Auto:** A 9 München–Nürnberg, Ausfahrt Lauf Nord, B 14 Richtung Hersbruck-Sulzbach Rosenberg, Ausfahrt Hohenstadt/ Neuhaus, rechts Richtung Neuhaus, rechts ins Hirschbachtal.

Informationen   Gemeinde Hirschbach, Rathausstraße 3, 92275 Hirschbach, Tel. 09665/913 10; www.gemeinde-hirschbach.de; www.hirschbachtal.de.

Sagenhaft: die Teufels-kirche bei Altdorf

90

Anders, als der Name vermuten lässt, ist die Teufelskirche keine Kirche, sondern eine wildromantische Sandsteinschlucht südlich von Altdorf. Kein Wunder, dass sich um die dämonische Schlucht auch eine Sage rankt. Auf alle Fälle steht fest: Mit ihrem Wasserfall und dem alten Bergwerkstollen ist die Teufelskirche ein lohnendes Ausflugsziel!

Über die Teufelskirche erzählt man sich seit alters her folgende Sage: Ein gottloser Ritter von der nahen Burg Thann soll hier auf der Jagd vom Teufel geholt worden sein. Er hatte nämlich – trotz der Mahnung des Pfarrers – verbotenerweise am Karfreitag einem Hirsch nachgestellt. Aber keine Angst, eine Begegnung mit dem Teufel bleibt euch auf der leichten, etwa eineinhalbstündigen Wanderung durch die Teufelskirche erspart.

Vom Bahnhof aus geht ihr in Richtung Zentrum und orientiert euch an der Tafel, wo alle Wanderwege eingezeichnet sind. Ihr wandert in die imposante Schlucht hinein, im Sommer mit tropfendem Wasser, im Winter mit wunderbaren Eisgebilden. Ausgekohlte Felswände deuten darauf hin, dass hier früher nach Kohle und Silber gegraben wurde. Auf einem Fußpfad überwindet ihr das steile Endstück der Schlucht. Ein kleiner Wasserfall gibt dem Schauspiel eine zusätzliche Note.

Nachdem ihr wieder aus der Schlucht herausgegangen seid, verlasst ihr den Wald in Richtung Teufelshöhle. Der Name ist allerdings beeindruckender als die Höhle selbst: Der Teufel, der in dieser Höhle unterschlüpfte, kann nicht allzu groß gewesen sein …

Anfahrt **Öffentlich:** Bahnlinie München–Nürnberg, ab Nürnberg S-Bahnlinie S 2. **Auto:** A 9 München–Nürnberg, Ausfahrt Kreuz Nürnberg-Ost, A 6 Richtung Prag/Amberg/Regensburg, Ausfahrt Kreuz Altdorf, A 3 Richtung Passau/Regensburg, Ausfahrt Altdorf/Burgthann, bis Altdorf fahren.

Informationen Stadt Altdorf b. Nürnberg, Röderstraße 10, 90518 Altdorf b. Nürnberg, Tel. 09187/80 70; www.altdorf.de.

91 Imposant: Durchquerung der Schwarzachklamm

Mit steilen Felshängen und reißenden Flüssen ist eine Klamm immer ein aufregendes Naturerlebnis für Jung und Alt. So auch die Schwarzachklamm bei Schwarzenbruck. Die Schwarzach hat sich hier tief in den Burgsandstein eingeschnitten. Das Ergebnis ist eine zwei Kilometer lange Schlucht, durchsät von Höhlen, Fugen und Nischen.

Ausgangspunkt der reizvollen, etwa sieben Kilometer und zweieinhalb bis drei Stunden langen Wanderung ist der Parkplatz in Schwarzenbruck. Die Schwarzach hat sich tief in die Sandsteinfelsen gegraben und diese abgerundet und geschliffen, sodass sie fast wie gegossen wirken. Im Laufe der Jahrtausende hat die Natur kleine Löcher, zahlreiche Fugen, Nischen und Höhlen geschaffen. Ein besonderes Highlight unterwegs ist die Gustav-Adolf-Höhle, wo der Schwedenkönig 1632 nach einem siegreichen Gefecht einen Feldgottesdienst gefeiert haben soll. Eine weitere Sehenswürdigkeit ist die große Mühle, ein altes Fachwerkhaus. Wenig später folgt mit der Karlshöhle der nächste markante Höhleneinschnitt im Gestein. Danach wird das Ufer breiter und flacher. Über eine Treppe, neben der eine Quelle aus dem Felsen fließt, erreicht ihr einen großen Ausflugsgasthof, der den nächsten Höhepunkt der Wanderung ankündigt: den Ludwig-Donau-Main-Kanal, auch Ludwigskanal genannt. König Ludwig I. ließ ihn in den Jahren 1836 bis 1846 als technische Meisterleistung der damaligen Zeit erbauen.

Anfahrt **Öffentlich:** Bahnlinie München–Nürnberg, ab Nürnberg S-Bahnlinien S 1, S 2, S 3 nach Schwarzenbruck. **Auto:** A 9 München–Nürnberg, Ausfahrt Dreieck Nürnberg/Feucht, A 73 Richtung Fürth/Nürnberg/Heilbronn/Feucht/N., Ausfahrt Feucht, B 8 Richtung Neumarkt/Schwarzenbruck, dann der Ausschilderung nach Schwarzenbruck folgen.

Informationen Gemeinde Schwarzenbruck, Regensburger Straße16, 90592 Schwarzenbruck, Tel. 09128/991 10; www.franken-tour.de.

Auf den Spuren der Römer den Limes entlang

Durch Asterix und Obelix sind die Römer und ihr »Limes« in unsere Wohnzimmer gekommen. Diesen Grenzwall zogen die machthungrigen Römer zwischen den von ihnen eroberten Gebieten und dem finstern Barbarenland – auf einer Länge von 550 Kilometern. »Die spinnen, die Römer«, kann man da nur Obelix' Lieblingsspruch zitieren!

Um 15 v. Chr. hatten die Römer die Alpen überquert, die mächtigsten Kelten- und Germanenstämme besiegt und bauten einen gigantischen Grenzwall, den »Limes«. Heute bieten sich entlang des fränkischen Limes unzählige Möglichkeiten, die Zeit der Römer wieder aufleben zu lassen. Vom sehenswerten Archäologischen Museum in Kelheim führt dich ein archäologischer Wanderpfad zu einem römischen Kleinkastell. Auf dem Marktbreiter Römerrundweg erkundest du das Gelände des ehemaligen Legionslagers und die dort gemachten Ausgrabungen. Rund um das Pfahldorf bei Kippenberg bringt dich ein schöner Wanderweg zu den am besten erhaltenen Mauerstücken des Limes. Vom Limesturm bei Mönchsroth verläuft die »Limesroute« auf 28 Kilometern zum Kastell Ruffenhofen und zur Limesmauer am Dennenloher See. Und im Römerpark Ruffenhofen erwarten dich virtuelle Rekonstruktionen des Kastells.

Für Kinder und Jugendliche spannend ist der römische Tierpark an der »Villa Rustica« in Möckenlohe bei Eichstätt. Hier leben seit der Römerzeit Schwarznasenschafe, Wollschweine und Langhornrinder. Kleine Abenteurer besteigen gerne den Limesturm in Erkertshofen bei Titting. In Pfünz bei Eichstätt können die Kids römische Wachsoldaten beobachten und danach selbst von der Wehrmauer des Kastells »Vetoniana« über das Land schauen, um nach wilden Alemannen Ausschau zu halten.

Informationen Tourismusverband Franken, Wilhelminenstraße 6, 90461 Nürnberg, Tel. 0911/94 15 10;

www.frankentourismus.de;
www.limesinfozentrum.de;
www.bayerischer-limes.de.

Anfahrt

Auto: A 8 München–Stuttgart, Ausfahrt Augsburg-West, B 2 Richtung Gersthofen, B 25 Richtung Würzburg/Rothenburg o. d. T./ Nördlingen/Aalen, Ausfahrt Richtung Oettingen/Heroldingen/Großsorheim/Schaffhausen, auf St 2221 Richtung Wassertrüdingen/ Auhausen/Ansbach, bis Hesselberg-Ehingen fahren.

Informationen

Touristikverband Hesselberg e.V., Aufkirchen 50, 91726 Gerolfin Tel. 09854/97 97 78; www.hesselberg.de; www.kappelbuck.de.

Nur 200 Höhenmeter: auf den Hesselberg

Ein Geheimtipp für Wanderer, Radfahrer und Erholungssuchende ist die beschauliche Landschaft rund um den Hesselberg im Fränkischen Seenland. Der Hesselberg ist mit 689 Metern die höchste Erhebung Mittelfrankens. Von seinem Gipfel aus hast du einen herrlichen Rundblick – bei gutem Wetter siehst du sogar die Zugspitze.

Also nichts wie rauf auf den Gipfel! Gut ausgebaute Wanderwege führen ab Ehingen, Gerolfingen, Wittelshofen oder Röckingen auf den Hesselberg. Wie so oft gilt: Der Weg ist das Ziel. Denn je lichter der Wald wird und je mehr du dich dem Gipfel näherst, desto intensiver duftet es nach Blumen und Kräutern. Im Frühjahr findest du hier saftigen Bärlauch, der wunderbar aromatisch schmeckt. Vielleicht lassen deshalb die Schäfer der Umgebung ihre Schafe hier weiden? Auf dem Gipfel angekommen, genießt du den wunderschönen Ausblick und stärkst dich mit einer mitgebrachten Brotzeit, die hier oben gleich doppelt gut schmeckt!

Ein weiteres Erlebnis für alle Sinne ist der Kappelbuck, ein weitläufiges Naturgelände mit alten Obstbäumen, Streuobstwiesen und Magerrasen in Ehingen, Ortsteil Beyerberg. Vor allem Kindern macht es Spaß, auf 27 Stationen zu erfahren, wo hier im Sommer Fledermäuse leben, wie eine Schmetterlingsraupe in einen Ameisenhaufen kommt oder warum manche Obstbäume so krumm wachsen. Unterhaltsam und lehrreich werden Fragen rund um Obst-anbau, Imkerei, Schafzucht und andere Themen beantwortet.

ANTENNE BAYERN TIPP

Nicht nur Gartenliebhaber, sondern alle, die ein Faible für schöne Dinge haben, werden vom Schlosspark Dennenlohe in der Nähe des Hesselbergs begeistert sein. Im Frühling und Frühsommer tauchst du hier ein in ein Meer von über 500 Rhododendron- und Azaleensorten, dazwischen malerische Holzstege, verschlungene Pfade und fernöstlich wirkende Tempeltore – ideal für einen erholsamen Spaziergang. Das Schloss selbst kann nicht besichtigt werden. Freiherrlich von Süsskind'sche Schloss - und Gartenverwaltung, Dennenlohe 1, 91743 Unterschwaningen, Tel. 09836/968 88; www.dennenlohe.de. Öffnungszeiten: April–1. Nov. Mo–Fr 9–17 Uhr, Sa./So/feiertags 10–17 Uhr.

Anfahrt   **Öffentlich:** Bahnlinie München–
Treuchtlingen, ab Treuchtlingen Regionalbahn
nach Ansbach, ab Ansbach Bus nach Herrieden.
Auto: A 9 München–Nürnberg, Ausfahrt Dreieck
Nürnberg/Feucht , A 73 Richtung Fürth/Nürn-
berg/Heilbronn/Feucht/N., Ausfahrt A 6, Rich-
tung Heilbronn/Ansbach, Ausfahrt Herrieden,
Richtung Ansbach–West, Ausschilderung nac
Herrieden folgen.

Informationen   Tourist-Information
in der Buchhandlung Decima, Deocarplatz 10
91567 Herrieden, Tel. 09825/247 98 46;
www.herrieden.de.

Von Hasen und Störchen in Herrieden

Die Zeit scheint hier langsamer zu verstreichen. Das Leben in Herrieden ist gemächlich, geradeso wie die Altmühl, die sich durch Stadt und Landschaft schlängelt. Und genau das zieht die Besucher in die gemütliche, kleine Stadt mit mittelalterlichem Flair und historischem Stadtkern, der fast vollständig von der Stadtmauer umschlossen ist.

Es waren Benediktinermönche, die vor über 1200 Jahren in Herrieden an der Altmühl ein Kloster und damit die Keimzelle der späteren Stadt gründeten. Nach und nach machten sie die Gegend um die heutige Stadt urbar, was offenbar viel Arbeit bedeutete, denn »hasareod«, der Ursprung des Ortsnamens, bedeutete damals so viel wie »Roden von unwirtlichem Land«. Im Laufe der Zeit wurde aus »Hasaroed« dann »Hasenried«, woran noch heute das Stadtwappen erinnert: ein aufrecht sitzender, goldener Hase auf rotem Grund mit einem Bischofsstab in den Vorderpfoten.

Heute umfasst das Gemeindegebiet von Herrieden neben der eigentlichen Stadt auch viele kleine, bäuerlich geprägte Dörfer mit zahlreichen Kapellen und Wegstöcken am Wegesrand. Knapp 7500 Menschen leben und arbeiten in und um Herrieden. Die bedeutendste Sehenswürdigkeit, die Stiftskirche St. Vitus und St. Deocar, wurde im Jahr 2010 von Papst Benedikt zur päpstlichen Stiftsbasilika erhoben. Unbedingt besichtigen solltet ihr auch die Steinerne Altmühlbrücke von 1711, an deren Platz bereits im Jahr 836 eine erste Brücke über die Altmühl führte. Daneben ein weiteres Wahrzeichen: der Storchenturm. Seit Jahrhunderten nisten und brüten hier Störche. Wenn ihr mehr über diese und andere Tiere im Altmühlgrund wissen möchtet, folgt ihr nach dem Stadtspaziergang dem nahen Naturlehrpfad in der Altmühllaue. Nicht wenige Besucher kommen auch mit ihrem Kajak nach Herrieden, das sie auf der Altmühl zu Wasser lassen, um die Gegend geruhsam zu erkunden. Wenn ihr euch lieber auf sicherem Untergrund bewegt, könnt ihr das Altmühltal auch wunderbar mit dem Fahrrad erleben. Zudem gibt es eine Reihe ausgewiesener Wanderwege in das reizvolle Umland von Herrieden.

Anfahrt **Öffentlich:** Bahnlinie München–Weißenburg. **Auto:** A 9 München–Nürnberg, Ausfahrt Ingolstadt-Nord Richtung Eichstätt, auf B 16a, Richtung A 9/München/Eichstätt/Neuburg a. d. D./Ingolstadt-Nord, auf B13 Richtung Würzburg/Ansbach/Eichstätt/Donauwörth/Neuburg a. d. D./Friedrichshofen nach Weißenburg fahren.

Informationen Tourist-Information – Bayerisches Limes-Infozentrum, Martin-Luther-Platz 3–5, 91781 Weißenburg in Bayern Tel. 09141/90 71 24; www.weissenburg.de.

Wellness in der Antike: Therme Weißenburg

Wie wäre es mit einem Tag auf den Spuren der alten Römer? In Weißenburg könnt ihr die Reste eines wehrhaften Reiterkastells besichtigen, den Luxus einer gut erhaltenen römischen Bäderanlage bestaunen und euren Ausflug dann ganz entspannt in einem modernen Römischen Bad beenden. Klingt doch gut, oder?

Das Kastell Weißenburg, auch »Biriciana« genannt, wurde um das Jahr 90 n. Chr. in der Nähe des Römischen Limes errichtet. Es war einer der Garnisonsorte, die die Außengrenzen des Römischen Reiches markierten. Die Anlage des ehemaligen Militärlagers wurde bereits 1889 entdeckt, nach und nach ausgegraben und teilweise rekonstruiert.

Fast noch eindrucksvoller ist die nahe gelegene Therme, eine gut erhaltene römische Bäderanlage. Bei den Römern diente der Besuch einer Therme nicht nur der körperlichen Reinigung. Modern ausgedrückt war dies ein »ganzheitliches« Erlebnis. Man traf Freunde und Bekannte und tauschte aktuelle Nachrichten aus – nach Geschlechtern getrennt: am Vormittag die Frauen, am Nachmittag die Männer. Auch für leibliche Genüsse wie Essen und Trinken war gesorgt. So konnte man mehrere Stunden in der Therme verbringen.

Beim Rundgang durch die Römische Therme bekommt ihr einen Überblick über die Räumlichkeiten. Dazu gehören Teile des früheren Gymnastikhofes mit Säulengang ebenso wie die Reste einer späteren Sporthalle. Bei den Ausgrabungen kamen Alltagsgegenstände wie Schmuck, Haarnadeln, kosmetische Geräte, Scherben von Ton- und Glasgefäßen, Spielsteine und Münzen ans Tageslicht, die im Römermuseum Weißenburg ausgestellt sind.

ANTENNE BAYERN TIPP

Falls Ihr nach dem Besuch der Römischen Therme selbst Lust auf Wellness und Dampfbad bekommt, geht doch in die »Mogetissa-Therme« in Weißenburg. Das moderne Römische Bad bietet verschiedene Erlebnisbecken, Wasserfall, Blubberquellen, Dampfbad und weitere Attraktionen. Mogetissa-Therme, An der Hagenau 22 b, 91781 Weißenburg, Tel. 09141/999 56; www.mogetissa-therme.de.

Verwirrung in Dinkels-
bühl: das 3-D-Museum

Nichts ist, wie es scheint – und doch lässt sich vieles scheinbar Unerklärliche erklären. Im Museum 3. Dimension in der Altstadt von Dinkelsbühl steht die Bilderwelt völlig auf dem Kopf. 3-D-Bilder und optische Phänomene sorgen für eindrucksvolle und amüsante Irrungen und Wirrungen.

ANTENNE BAYERN TIPP

Dinkelsbühl ist ein Bilderbuch-Städtchen. Erkundet die Stadtmauer mit den Türmen und Wassergräben. Im Museum »Haus der Geschichte« gibt es zum Beispiel ein Kinderquiz und viel Gruseliges zum Thema Hexenverbrennung. Ein schönes Fest für Jung und Alt findet jährlich im Juli statt. Bei der Dinkelsbühler Kinderzeche spielen Kinder die Belagerung der Stadt durch schwedische Truppen im Jahre 1632 nach.

Das Museum 3. Dimension ist in der großen Stadtmühle neben dem Nördlinger Tor untergebracht. Hier traut ihr euren Augen nicht. Es ist nicht immer wahr, was ihr zu sehen meint. Deswegen solltet ihr ganz genau hinschauen!

Auf vier Etagen erfahrt ihr alles über 3-D-Techniken und optische Illusionen. Es gibt viele 3-D-Bilder, die mit unterschiedlichsten Techniken erstellt wurden. Spielerisch und unkompliziert werden Verfahren und Techniken gezeigt. Lasst euch von Hologrammen und Magic-Eye-Bildern in Erstaunen versetzen. Setzt die Brillen auf und probiert alles aus – mitmachen ist erwünscht! Seid gespannt!

Anfahrt **Öffentlich:** Mit der Bahn nach Crailsheim oder Ansbach, weiter mit dem Bus. **Auto:** Über die A 7, Ausfahrt Dinkelsbühl/Fichtenau; oder über die B 25 nach Dinkelsbühl; das Museum befindet sich an der südöstlichen Stadtmauer (Parkplatz P 2).

Informationen Museum 3. Dimension, Nördlinger Tor, 91550 Dinkelsbühl, Tel. 09851/63 36; www.3d-museum.de.

Öffnungszeiten Jan.–Juni und Sept.–5. Nov. tgl. 11–17 Uhr, Juli/Aug. 10–18 Uhr, Nov./Dez. nur Sa/So 11–17 Uhr (in den Weihnachtsferien tgl.).

Preise Erwachsene 10 €, Jugendliche 8 €, Kinder bis 12 Jahre 6 €.

Faszination Eisenbahn im Miniaturland

Jeder von uns liebt sie: Modelleisenbahnen! Selbst diejenigen unter euch, die keine Experten sind, werden der Faszination des Eisenbahner-Miniaturlands in Treuchtlingen erliegen. Hier gibt es so viel zu ergründen, dass die Zeit wie im Flug verrinnt. Passt gut auf, damit euch nichts entgeht.

Auf einer Fläche von 250 Quadratmetern erkundet ihr im Miniaturland Treuchtlingen eine wunderbare Fantasiewelt rund um die Eisenbahn. Alles ist mit viel Liebe zum Detail gemacht. Insgesamt wurden 1970 Meter Gleise verlegt und 218 Zuggarnituren stehen ständig fahrbereit im Einsatz. Allerdings ziehen »nur« zehn bis 18 Züge gleichzeitig ihre Kreise. Sie stammen aus allen Epochen der Eisenbahngeschichte, von der Dampflok über den Transeuropa-Express oder den Gläsernen Zug bis zum ICE – die Vielfalt ist überwältigend. Immer wieder verschwindet ein Zug in einem Tunnel, und schon taucht ein neuer auf. Mehr als 10 000 Modellfiguren sind in der Anlage in Szene gesetzt und zwei Dutzend Autos fahren wie von Geisterhand bewegt umher.

Drückt doch einmal die Aktionsknöpfe. Nur so erlebt ihr einen Gefängnisausbruch, Baumfällarbeiten oder einen Hausbrand.

Falls ihr jetzt noch Lust habt, eine große Lokomotive im Original zu sehen, dann schaut euch doch die Museumsdampflok 01220 in der Nähe der Altmühl am Kurpark in Treuchtlingen an.

Anfahrt **Öffentlich:** Mit der Bahn bis Treuchtlingen, von dort wenige Minuten zu Fuß. **Auto:** Über die A7, Ausfahrt Rothenburg, ins Stadtzentrum, am besten außerhalb der Stadtmauer parken.

Informationen Miniaturland, Elkan-Naumburg-Straße 35, 91757 Treuchtlingen, Tel. 0170/474 18 40; www.miniaturland-treuchtlingen.de.

Öffnungszeiten Di–So 13–18 Uhr.

Preise Erwachsene 5 €, Kinder 3 €.

Anfahrt **Öffentlich:** Mit der Bahn nach Solnhofen im Altmühltal. **Auto:** Auf der A 9, Ausfahrt
Ingolstadt, weiter über die B 13 nach Eichstätt,
dann an der Altmühl entlang; oder über die B 2
nach Pappenheim, dann am Fluss entlang bis
Solnhofen.

Informationen San-Aktiv-Tours,
Otto-Dietrich-Straße 3, 91710 Gunzenhausen,
Tel. 09831/49 36; www.san-aktiv-tours.de.

Öffnungszeiten Je nach Wasserstar
und Witterung ab Anfang Mai tgl. Abfahrt
13 Uhr, Rücktransport ca. 16.30 Uhr.

Preise Familie mit max. 2 Kindern bis
12 Jahre: 60 €.

Auszeit beim Kanu-Trip auf der Altmühl

Action auf dem Wasser: Das verbindet Naturerlebnis und Freiheitsgefühl, Sport und Erholung. In Solnhofen an der Altmühl leiht ihr euch einen Familien-Kanadier aus und paddelt mit diesem Kanu ohne Probleme den ruhigen Fluss abwärts bis nach Dollnstein. Gefahr droht nur von oben: Vergesst die Sonnencreme nicht!

Wenn ihr noch nie zuvor in einem Kanu gepaddelt seid, ist die Altmühl der perfekte Platz für euren ersten Versuch. Es gibt keine Stromschnellen oder größere Schwierigkeiten in dem ruhigen Fluss. Bei San-Aktiv-Tours könnt ihr euch unkompliziert und nach Voranmeldung z. B. einen Vierer-Kanadier mieten. In Solnhofen steht das Boot dann am Flussufer zur Abfahrt für euch bereit. Ihr müsst nur noch einsteigen und es kann sofort losgehen. Die nötige Ausrüstung wie Schwimmwesten oder wasserfeste Transporttonnen wird gestellt. Nur Sonnencreme und Brotzeit bringt ihr selbst mit. Der große Vorteil bei San-Aktiv-Tours ist der perfekt organisierte Transportservice, denn ein Bus bringt euch später zurück nach Solnhofen.

Bevor ihr mit dem Kanu losfahrt, gibt es natürlich eine kurze Einweisung. Ihr werdet sehen, dass ihr den Dreh schnell raushabt – auch wenn die Kanus ein bisschen kippelig sind. Aber sonst wäre es ja kein richtiges Abenteuer! Die Strecke führt zwölf Kilometer zwischen Dollnstein und Solnhofen an einigen Naturwundern des Altmühltals vorbei. Außerdem passiert ihr unterwegs drei kleine Wehre, zwei davon garniert mit viel Action. Die Mutigen unter euch manövrieren das Kanu in die Strömung und sausen dann die Bootsrutsche hinunter. Natürlich verbunden mit dem Spaß, eventuell einmal baden zu gehen. Mit kleineren Kindern umgeht ihr diese Stellen und steigt vorher aus. Ihr tragt den Kanadier auf die andere Wehrseite und paddelt dann weiter.

Diese Wehre sind übrigens der beste Platz für ein Picknick am Flussufer. Denkt aber daran, dass euer Bus für den Rücktransport in Dollnstein schon bereitsteht. Also taucht links, rechts die Paddel ein und genießt euren Aufenthalt auf dem Wasser!

Anfahrt

Öffentlich: Mit der Bahn nach Solnhofen im Altmühltal, weiter nur mit dem Taxi. **Auto:** Auf der A 9, Ausfahrt Ingolstadt, weiter über die B 13 nach Eichstätt, dann an der Altmühl entlang Richtung Solnhofen. Bei Altendorf abbiegen über Mörnsheim nach Mühlheim. Der Steinbruch liegt südlich des Ortes; oder über die B 2 nach Mohnheim und weiter Richtung Mühlheim.

Informationen

Besuchersteinbruch Mühlheim, Tagmersheimer Straße, 91804 Mörnsheim bei Mühlheim, Tel. 0160/91 42 91 82 oder 09145/83 69 76; www.besuchersteinbruch.de.

Öffnungszeiten

Ab Beginn der Osterferien–Anfang Nov. tgl. 10–16 Uhr.

Preise

Erwachsene 7 €, Kinder 4 €; Hammer und Meißel je 50 Ct.

Die Jagd nach Fossilien bei Solnhofen

Dinosaurierspuren jagen! Ja, das geht auch heute. Im Steinbruch Mühlheim bei Solnhofen im Altmühltal. Denn dort sind, im Stein eingeschlossen, Schätze aus den Tiefen der Erdgeschichte verborgen. Was vor Millionen Jahren, zur Zeit des sogenannten Oberjura, hier bei uns gelebt und geblüht hat, wartet darauf, von euch freigelegt zu werden!

Habt ihr schon einmal vom Urvogel Archaeopteryx gehört? Das ist der geheimnisumwobene Flugsaurier, von dessen Existenz weltweit gerade einmal zehn Exemplare zeugen. Und alle zehn wurden in der Fränkischen Alb, in den Solnhofener Plattenkalken entdeckt. Der fliegende Archaeopteryx gilt als Übergangsform zwischen den Dinosauriern und den Vögeln. Das Einzigartige am Archaeopteryx waren seine federartigen Schwingflügel. Er war nur taubengroß und die Wissenschaftler nennen ihn den ersten Vogel. Jetzt stellt euch vor, welch unsagbare Schätze noch in der Erde rund um Solnhofen schlummern!

Im Besuchersteinbruch Mühlheim bei Mörnsheim entdeckt ihr ganz bestimmt euer eigenes Fossil. Die dortigen Mörnsheimer Schichten sind äußerst fossilienreich. Sucht doch nach Ammoniten, Meeresschwämmen, Seeigeln, Krebslein oder kleinen Fischen. Manchmal findet ihr aber auch Pflanzen und Dinosaurierzähne! Es muss ja nicht immer gleich ein Archaeopteryx sein. Besucht auch den angeschlossenen Steinbruchlehrpfad. Dort erfahrt ihr etwas über die Industriegeschichte und Abbautechniken im Steinbruch. Zudem bekommt ihr prima Tipps und Tricks für eure Fossiliensuche.

Gegen Hunger und Durst gibt es einen Kiosk, an dem ihr euch auch Hammer und Meißel ausleihen könnt. Ein wichtiger Tipp: Sonnenschutz nicht vergessen! Denn es gibt kaum Schatten und der helle Stein reflektiert die Sonnenstrahlen extrem.

ANTENNE BAYERN TIPP

Schaut auch im Bürgermeister-Müller-Museum in Solnhofen vorbei. Hier findet ihr Seekatzen, Schnabelfische, das einzigartige Raubsaurier-Jungtier, den »Eichhörnchen-Nachahmer« und nicht zuletzt zwei der originalen Archaeopteryxe.

Anfahrt **Öffentlich:** Bahnlinie München–
Pappenheim. **Auto:** A 8 München–Stuttgart,
Ausfahrt Augsburg-West, B 2 Richtung
Gersthofen, Ausfahrt B 2, Richtung Nürnberg,
auf St 2230, Ausschilderung nach Pappenheim
folgen.

Informationen Gräflich Pappenheim'
Verwaltung, Marktplatz 5,
91788 Pappenheim, Tel. 09143/83 89 10;
www.grafschaft-pappenheim.de.

Öffnungszeiten 24. März–4. Novem
ber Di–So 10–17 Uhr.

Wie im Mittelalter: Burg Pappenheim

Wir befinden uns im 13. Jahrhundert: Die kleine Siedlung Pappenheim an der Altmühl ist zu einer stattlichen Residenz herangewachsen. Auf Burg Kalteneck, wie die Burg damals hieß, wird heftig gekämpft … Wie es weitergeht, erfährst du bei einer spannenden Führung durch eine der bedeutendsten mittelalterlichen Burgruinen Bayerns.

Als Folge der mehrfachen Belagerungen und Kämpfe wurde die Burg zum besseren Schutz immer wieder um- und ausgebaut. Sie lag zwar strategisch günstig hoch über der Altmühl, war aber von Südwesten her schwer zu verteidigen. Das wussten die Feinde und fielen bevorzugt über diese Seite ein. Abhilfe schuf der »Kanonenweg«, eine doppelte Stadtmauer, die sich bis hinauf zur Burg zog. Die Burg selbst ist eine zweihöfige Höhenburg, deren Vor- und Hauptburg heute durch eine starke Steinbrücke miteinander verbunden sind. Im späten Mittelalter befand sich hier eine Zugbrücke, sodass sich Burgherren und Gesinde in die Hauptburg zurückziehen konnten, wenn die Vorburg eingenommen wurde.

Die Dimensionen der Burg Pappenheim sind eindrucksvoll. Sie ist über 300 Meter lang und weist rund eineinhalb Kilometer mittelalterliche Mauern auf. Gegen ein geringes Wegegeld erhältst du Zutritt in die Burg. Führungen finden jeden Samstag und Sonntag um 11.30 Uhr statt. Auch die Dauerausstellung mit 32 Bildtafeln zeigt die bewegte Vergangenheit der Pappenheimer Burg. Wenn du dich dafür interessierst, welche Kräuter in früheren Zeiten kultiviert wurden, solltest du den historischen Kräutergarten aufsuchen: Rund 750 verschiedene Arten gedeihen hier. Viele davon gab es auch schon im Mittelalter, andere sind später dazugekommen. Ein geologischer Lehrpfad im Bereich der Burggräben rundet den Besuch ab.

ANTENNE BAYERN TIPP

Hast du schon immer von einer mittelalterlichen Hochzeit geträumt? Dieser Traum kann auf Burg Pappenheim mit seinem stimmungsvollen Ambiente Wirklichkeit werden. Natürlich kannst du hier auch einen Geburtstag oder ein anderes Familienfest feiern – etwas Besonderes ist es auf alle Fälle.

Anfahrt **Öffentlich:** Bahnlinie München–Regensburg, ab Regensburg Regionalbahn nach Neumarkt, ab Neumarkt Bus nach Plankstetten Ost/Berching. **Auto:** A 9 München–Nürnberg, Ausfahrt Denkendorf, Richtung Riedenburg/Beilngries/Kipfenberg, bei St 2392 rechts, auf St 2229, auf B 299, Ausschilderung nach Plankstetten/Berching folgen.

Informationen Tourismusbüro Berching, Pettenkoferplatz 12, 92334 Berching, Tel. 08462/205 13; www.berching.de; www.kulturfabrik-berching.de.

Einfach spitze: Kultur und Natur in Berching

Eine trutzige Wehrmauer mit 13 mächtigen Toren und Türmen und vier alten Stadttoren spiegelt die rund 1100-jährige Geschichte von Berching wider. Kaum eine andere bayerische Stadt besitzt ein derart geschlossenes mittelalterliches Stadtbild. Zudem ist Berching ein hervorragender Ausgangspunkt für Ausflüge in den Naturpark Altmühltal.

Ob ihr zum Bauernmarkt am Samstagvormittag oder zum Vieh- und Krammarkt an jedem ersten und dritten Dienstag im Monat nach Berching kommt: In der Altstadt ist die mittelalterliche Markttradition noch heute lebendig. Kaum zu übersehen: Berching ist eine Stadt des Wassers. Zwei Kanäle und ein Fluss durchqueren die Stadt. Im Osten der vor über 160 Jahren erbaute Ludwig-Donau-Main-Kanal, im Westen der neue Main-Donau-Kanal und zwischen Alt- und Vorstadt die Sulz.

Nach dem Spaziergang durch die mittelalterliche Altstadt empfehlen wir eine Besichtigung des altehrwürdigen Klosters Plankstetten. Seine fast 900-jährige Geschichte war überaus wechselhaft. Es wurde von aufständischen Bauern überfallen, durch schwedische Truppen im Dreißigjährigen Krieg verwüstet, wieder aufgebaut und erlebte seine Blütezeit im 18. Jahrhundert. Heute bewirtschaften die Mönche die landwirtschaftlichen Flächen im biologischen Landbau und verkaufen ihre ökologischen Produkte im eigenen Klosterladen. Vergesst nicht, einen Blick in die wunderschöne Klosterkirche mit ihrem prachtvollen barocken Deckengemälde zu werfen.

Der berühmteste Sohn Berchings ist der Komponist und Opernreformator Christoph Willibald Gluck. Das Museum Berching stellt diesen großartigen Künstler in einer Multimedia-Präsentation mit Hörstationen und einer kleinen Ausstellung vor. Dass Berching heute noch den schönen Künsten aufgeschlossen gegenübersteht, beweist die Kulturfabrik. Sie geht auf eine Initiative von Berchinger Bürgern zurück, die das kulturelle Leben in ihrem Heimatort fördern wollten. In der ehemaligen Fabrik finden seit 1994 regelmäßig Theater, Kleinkunst und Konzerte statt.

Anfahrt

Öffentlich: Bahnlinie München–Parsberg, ab Parsberg Bus nach Lengenfeld/Velburg. **Auto:** A 9 München–Nürnberg, Ausfahrt Dreieck Holledau, A 93 Richtung Hof/Regensburg/Wolnzach, Ausfahrt A 3, Richtung Nürnberg, Ausfahrt 93-Velburg, Richtung Deining/Lengenfeld/Seubersdorf, bei St 2220 links, Ausschilderung Velburg/Lengenfeld folgen.

Informationen

König-Otto-Tropfsteinhöhle Velburg, St. Colomann, 92355 Velburg; www.erlebniswelt-velburg.de.

Öffnungszeiten

April–Okt. 10–17 Uhr, Mo Ruhetag, außer an Feiertagen.

Eine märchenhafte Welt unter der Erde mit einer Fülle von Tropfsteinen und einer Vielfalt an Formen: Die König-Otto-Tropfsteinhöhle ist eine der schönsten Schauhöhlen in Deutschland. Überzeugt euch selbst bei einer Führung. Ihr werdet sehen, die Tropfsteinhöhle ist elektrisch beleuchtet und gut begehbar.

Vom Parkplatz aus geht ihr über einen Waldweg ein kurzes Stück bis zur König-Otto-Tropfsteinhöhle bergauf. Falls ihr vor oder nach der Besichtigung der Höhle noch Lust auf eine kleine Wanderung habt, sucht euch einen der markierten Rundwege aus.

Bei der Führung durch die Tropfsteinhöhle bekommt ihr allerlei Hinweise, was ihr euch unter den verschiedenen Stalagmiten und Stalaktiten mit ein wenig Fantasie vorstellen könnt: einen Frosch, mehrere Zwerge, sogar das Schloss Neuschwanstein! Nicht nur Kinder haben Spaß an dieser faszinierenden Märchenwelt.

Dass die Tropfsteinhöhle entdeckt wurde, war Zufall. Ein Schäfer folgte seinem Hund, der einem Fuchs nachspürte. Als Hund und Fuchs in einem Berg verschwanden, ging ihnen der Hirte nach. Plötzlich stand er in einer mächtigen, wunderschönen Tropfsteinhöhle. Weil dies vor über 100 Jahren am Namenstag des bayerischen Königs Otto I. passiert sein soll, ist die Höhle bis heute nach ihm benannt. Wenig später wurde die Höhle erschlossen und für Besucher begehbar gemacht. Allerdings konnte sie lange Zeit nur bei Kerzen-, Fackel- oder Magnesiumlicht besichtigt werden, bis sie dann im Jahr 1954 elektrische Beleuchtung bekam.

Zwei junge Mitglieder der Nürnberger Forschungsgruppe Höhle und Karst Franken e. V. entdeckten am 2. Dezember 1972 einen weiteren Höhlenteil: eine große, hallenartige Grotte mit prachtvollen Tropfsteinen in vielfältigsten Formen. Als Erinnerung an das Datum ihrer Entdeckung wird sie »Adventhalle« genannt.

ANTENNE BAYERN TIPP

Die Temperatur in der Tropfsteinhöhle bleibt bei etwa acht Grad Celsius das ganze Jahr hindurch gleich – Fleecepulli und Jacke mitnehmen!

103 Absolut entspannend: Lama-Trekking

Du fühlst dich gestresst, hast zu viel um die Ohren und könntest ein wenig Ruhe gebrauchen? Findest aber Wellness-Hotels langweilig, und mit dem Meditieren klappt es auch nicht? Dann probier doch einmal eine ganze andere Form der Entspannung aus: Lama-Trekking in der Hersbrucker Alb.

ANTENNE BAYERN TIPP

Auf dem Meierhof in Haunritz, zwischen der Hersbrucker Schweiz und dem Oberpfälzer Jura, erlebst du diese ungewöhnlichen Tiere und auch ihre kleineren Verwandten, die Alpakas, hautnah. Besucher werden mit ihnen erst einmal ein wenig vertraut gemacht, danach sucht sich jeder »sein« Lama aus, halftert und kämmt es. Dann geht's los auf Trekkingtour – wohin und wie lange, bestimmst du.

Jeder, der schon einmal mit Lamas zu tun hatte, schwärmt von ihrer stolzen und ruhigen Ausstrahlung, die sich schon nach Kurzem auf den Menschen überträgt. Mit ihrem sanften Wesen und ihren großen Augen berühren diese Tiere einfach jeden. Auch du wirst staunen, wie wunderbar erholsam es ist, mit einem Lama an der Leine durch die Landschaft zu wandern. Der Kopf wird frei, das Gedankenkarussell hört auf, sich zu drehen, innere Ruhe stellt sich ein. Plötzlich versteht man, warum Lama-Trekking mit Meditation verglichen wird und warum sogar immer mehr Firmen ihre Führungskräfte und Mitarbeiter dazu einladen …

Anfahrt **Öffentlich:** Zug nach Hartmannshof, von dort 2,5 km Fußmarsch, keine Busverbindung. **Auto:** A 9 Ausfahrt Hersbruck/Sulzbach-Rosenberg, auf der B 14 Richtung Sulzbach-Rosenberg, am Ortsschild Weigendorf rechts nach Haunritz, dort bis Gasthof »Zum Alten Fritz«, gegenüber in den Dorfplatz einbiegen, nach ca. 50 m links abbiegen.

Informationen Lama-Trekking Hersbrucker Alb, Susanne und Henning Klos, Dorfplatz 11, 91249 Weigendorf-Haunritz; www.lamatrekking-hersbruckeralb.de.

Preise Kinder (6–10 Jahre) 4 €/Stunde, bis 6 Jahre frei; Erwachsene 8 € /Stunde, Mindestbuchung: Schnupperangebot 4 Personen, 1 Stunde, 32 €.

Ein Diplom in der Weißwurstakademie

Die Weißwurst, die berühmteste aller bayerischen Würste, ist viel mehr als ein x-beliebiges Würstchen. Um kein anderes Gericht ranken sich so viele Geschichten, wird so heftig gestritten – wie man sie richtig isst, welches der beste Weißwurstsenf ist und ob man sie auch nach 12 Uhr mittags noch essen darf …

Seine Leidenschaft für die Weißwurst brachte Metzgermeister Norbert Wittmann aus Neumarkt bereits im Jahr 2006 auf die Idee, eintägige Weißwurst-Seminare anzubieten – Kurse also, bei denen die Teilnehmer in seinen Weißwurstkessel schauen dürfen und dabei erlernen, wie das Weißwurstmachen geht. Am Anfang steht eine sehr unterhaltsame »Vorlesung« über Geschichte und Besonderheiten des bayerischen Klassikers, danach dürfen die Seminarteilnehmer selbst das Messer in die Hand nehmen, Zwiebeln und Petersilie fein hacken, das Brät herstellen, in den Wurstdarm füllen und die Wurst »abdrehen«, wie es im Fachjargon heißt. Die Zutaten dafür sind auf das Genaueste festgelegt.

Während die Würste langsam im Kessel warm werden – das Wasser darf auf keinen Fall kochen! –, sitzen die Seminarteilnehmer über der schriftlichen Prüfung (!). Doch wer gut aufgepasst hat, dem ist sein Weißwurstdiplom sicher. Offiziell verliehen wird es bei der abschließenden Brotzeit, bei der die selbst gemachten Weißwürste genüsslich und in geselliger Runde verzehrt werden.

Anfahrt Öffentlich: Zug nach Neumarkt in der Oberpfalz. **Auto:** A 9 Ausfahrt Greding, Richtung Thalmässing/Berching, auf St 2336, rechts auf B 299, dann rechts auf St 2240 bis Neumarkt in der Oberpfalz.

Informationen Metzgerei-Hotel-Gasthof Wittmann, Norbert Wittmann, Bahnhofstraße 21, 92318 Neumarkt in der Oberpfalz, Tel. 09181/90 74 26; www.hotel-wittmann.de.

Preise Pro Person 69 €.

Anfahrt **Öffentlich:** Mit der Bahn bis Weiden, dann weiter mit dem Bus nach Parkstein. **Auto:** Über die A 93 Ausfahrt Weiden-West, weiter auf der B 470 Richtung Grafenwöhr, dann nach Parkstein; oder A 9, Ausfahrt Pegnitz/Grafenwöhr, weiter auf der B 470 Richtung Weiden, dann nach Parkstein.

Informationen Vulkanerlebnis Parkstein, Schlossgasse 5, 92711 Parkstein,

Tel. 09602/616 39 10;
www.vulkanerlebnis-parkstein.de.

Öffnungszeiten 24. März–4. Nov. Di–So 10–17 Uhr, 5. Nov.–März Do–So 13–17 U

Preise Erwachsene 4,50 €, Kinder ab 6 Jahren 3,50 €.

Und stündlich explodiert ein Vulkan …

Es raucht, qualmt, blitzt und dröhnt – ein fulminanter Vulkanausbruch! Ihr wundert euch und meint, dass es bei uns in Bayern doch überhaupt keine Vulkane gibt? Dann besucht am besten mal dieses einzigartige Museum und ergründet die faszinierende Welt des Vulkanismus am Hohen Parkstein.

24 Millionen Jahre alt ist der Basaltkegel von Parkstein bei Weiden. Er erhebt sich unübersehbar als felsiger Hügel über dem kleinen Ort Parkstein. Aber was ist ein Basaltkegel denn genau? Und was sind Basaltsäulen? Das alles und vieles mehr erfahrt ihr im außergewöhnlichen Vulkanerlebnismuseum, das sich im ehemaligen Landrichterschloss befindet.

Taucht ein in die tiefe Vergangenheit von Parkstein und erforscht den Ursprung des geologischen Wunderwerks. Lernt Wissenswertes über uralte Zeiten, als der Parkstein noch von einer Burg bekrönt war. Und erschreckt nicht! Zu jeder Stunde explodiert (dank modernster Laser- und Lichtershow) der Vulkan von Parkstein mit viel Rauch und Qualm aufs Neue.

Nach dem Besuch der Vulkanwelt gibt es eigentlich nur eins für euch: hinauf auf den echten Parkstein! Seht euch aber vorher noch die bizarren Basaltwände mit den eckigen Steinsäulen an der Südostseite des Hügels an. Dort hat der Vulkan ganze Arbeit geleistet und etwas ganz Besonderes geschaffen! Über den interessanten Geopfad erklimmt ihr dann schnell das vulkanische Naturwunder. Früher gab es auf dem »Gipfel« eine Burg, heute findet ihr nur noch ein paar Mauerreste davon. Aber ihr genießt von der kleinen Kapelle aus, die heute den Parkstein ziert, eine wunderbare Aussicht auf das Umland.

ANTENNE BAYERN TIPP

Östlich von Parkstein bei Diepoltsreuth im Gemeindegebiet Floß gibt es ein weiteres bizarres Geotop, das ihr euch bei einer kurzen Wanderung ansehen könnt: den Doost von Floß. Das sind riesige runde, von Moos bewachsene Steine, die kreuz und quer auf einem Haufen liegen. Das geologische Wunderwerk wird auch Wollsackverwitterung genannt. Am besten wandert ihr vom Campingplatz Gollwitzerhof dorthin.

Skifahren im Sommer – auf feinem Sand

Hat die Welt so etwas schon gesehen? Wintersportfans aufgepasst: eine Skipiste ganz ohne Schnee! Richtig, denn am Monte Kaolino habt ihr die Gelegenheit, mitten im Sommer die Piste aus feinem Sand mit Skiern oder Snowboard hinunterzudüsen und hinterher ins blaue Wasser des Dünenbads zu springen!

Alles, was dafür nötig ist, leiht ihr euch vor Ort. Nur die Sonnencreme solltet ihr selbst einpacken. Eigentlich ist der Hügel ein Abfallprodukt der nahen Amberger Kaolinwerke: Die schütteten den überschüssigen Quarzsand zu einem riesigen weißen Berg auf. Für die bequeme Bezwingung der über 100 Meter hohen Düne wählt ihr das Lift-Schiffchen. Oben angekommen, versucht ihr eure ersten Schwünge auf Sand. Ihr seid keine Skifahrer? Egal, dann düst ihr den Hang einfach per Sommerrodelbahn »Monte Coaster« hinunter. Unten geht's ab ins fantastische Dünen-Freibad oder auf den kniffeligen Hochseilgarten.

ANTENNE BAYERN TIPP

Östlich des Monte Kaolino liegt der große GeoPark Kaolinrevier Hirschau. Ihr wandert dort auf einem als Rundweg konzipierten Lehrpfad und erfahrt viel Wissenswertes über den Kaolin-Abbau.

Anfahrt **Öffentlich:** Mit der Bahn nach Amberg, weiter mit dem Bus. **Auto:** Über die A 6, Ausfahrt Amberg, oder über die A 93, Ausfahrt Wernberg, nach Hirschau.

Informationen Monte Kaolino, Wolfgang Drossbachstra0e, 92242 Hirschau, Tel. 09622/815 30; www.montekaolino.eu.

Öffnungszeiten Monte Kaolino: Ostern–Herbstferien (nur bei trockener Witterung) 14–18 Uhr, Sa/So/feiertags/Ferien ab 10 Uhr. Dünenbad nur im Sommer geöffnet.

Preise Liftpreise: Einzelfahrten Erwachsene 3,30 €, Kinder 2,70 € (auch Stunden- und Tagestickets); Monte Coaster: Kinder 2,70 €, Erwachsene 3,30 €; Dünenbad: Kinder ab 6 Jahren 2,50 €, Erwachsene 4 €.

Altersbeschränkung Kinder unter 3 Jahren dürfen nicht im Monte Coaster fahren.

Baden im reinsten
Trinkwasser

Ein ganz besonderes Hallenbad gibt es im Oberpfälzer Wald, und zwar in der Ortschaft Moosbach. Hier brennen keine Augen und rot werden sie auch nicht. Denn das Hallenbad kommt vollkommen ohne Chlor aus. Das ist garantiertes Badevergnügen – durch keimfreies Ozon-Wasser …

Auch wenn das Moosbacher Hallenbad von außen fast noch so aussieht wie früher, ist es top saniert. Im Sommer 2010 erhielt es ein neues Lüftungssystem, neue Fenster, eine neue Fassade und ein komplett neues Dach. Seitdem beträgt die Wassertemperatur durchgängig 28, an den Warmbadetagen freitags und samstags sogar 31 Grad. Und das Wasser hat Trinkwasserqualität! Du musst es zwar nicht gleich trinken … es reicht auch, dass deine Augen beim Schwimmen nicht gereizt werden und du keinen unangenehmen Chlorgeruch wahrnimmst. Stattdessen ist das Badewasser optimal mit Sauerstoff angereichert. Was angenehm für Haut und Schleimhäute ist, führt auch zu einer schnelleren Abtötung von Krankheitserregern – und das bei einem wesentlich geringeren Einsatz von Chemikalien. Das ist Wellness pur! Und wenn dir der Sinn nach Action steht: Es gibt auch einen drei Meter hohen Sprungturm!

ANTENNE BAYERN TIPP

Moosbach hat sich auch auf Wellness-Urlauber eingestellt und bietet diverse attraktive Specials, zum Beispiel in Kombination mit einer Yoga-Stunde oder einer Hot-Stone-Rückenmassage. Interessante Angebote finden Sie unter www.moosbach.de.

Anfahrt **Öffentlich:** Zug nach Weiden, Bus 6291 nach Moosbach. **Auto:** A 6 Richtung Prag, Ausfahrt Pleystein, Richtung Georgenberg/Moosbach/Lohma fahren, auf St 2160 bis Moosbach.

Informationen Ozon-Hallenbad Moosbach, Schulstraße 14, 92709 Moosbach, Tel. 09656/440; www.moosbach.de.

Preise Jugendliche (bis 18 Jahre) 2 €, Erwachsene 3 €.

Anfahrt

Öffentlich: Zug nach Wiesau/Oberpfalz, dort weiter mit Bus 6267 nach Bärnau.
Auto: A 93 bis Ausfahrt Neustadt/Bärnau, weiter Richtung Plößberg, dort Richtung Bärnau. In Heimhof rechts nach Bärnau fahren.

Informationen

Geschichtspark Bärnau-Tachov, Naaber Straße 5b, 95671 Bärna. Tel. 09635/924 99 75; www.geschichtspark.de.

Preise

Kinder unter 6 Jahren 4,50 €, Erwachsene 7 €.

Geschichte, wie langweilig ... Aber nicht im Mitmach-Geschichtspark Bärnau-Tachov im Landkreis Tirschenreuth, der seine Besucher zu einer faszinierenden Zeitreise ins Mittelalter einlädt! Und die Attraktion: Hier kannst du selbst aktiv werden und beim Aufbau des noch im Wachsen befindlichen Parks mit Hand anlegen!

Neugierig geworden? Wenn es dich reizt, Geschichte mitzugestalten und beim Aufbau dieses einzigartigen Parks dabei zu sein, pack doch einfach mit an – unter der Leitung von Archäologen und anderen Fachleuten und je nach Können bei leichteren Arbeiten oder bei anspruchsvolleren Zimmereitechniken. Du kannst aber auch nur als Besucher hierherkommen und auf dem weitläufigen Freigelände Geschichte auf völlig neuartige Weise »erwandern« und erleben: Während deiner Rundtour legst du sozusagen 300 Jahre Mittelalter zurück.

Den Anfang bildet ein slawischer Weiler aus dem Frühmittelalter. Im Mittelpunkt der Siedlung steht das Langhaus, in dem der mächtigste Mann des Ortes lebte und das auch als Versammlungsraum diente. Um dieses herum gruppieren sich mehrere kleinere Häuser. Fällt dir auf, dass sie alle keine Kamine haben? Der Rauch zog nämlich durch die Öffnungen an den Giebelseiten ab.

Weiter geht es zur nächsten Station, einer Turmhügelburg, wie sie in der Folgezeit in größeren Ortschaften oder an wichtigen Übergängen gebaut wurde, um diese vor feindlichen Überfällen zu schützen. Unter ihrem Schutz befand sich außerdem eine erste Kirche, Zeichen der neuen Religion. Im Hochmittelalter, der nächsten Station, waren die Häuser schon deutlich besser ausgearbeitet, hatten Fenster mit pergamentbespannten Rahmen. Der Mittelpunkt des Dorfes war in dieser Zeit aber die Schenke – dort traf man sich, dort kehrten Händler und Reisende ein.

Vielleicht beendest du deinen Besuch ja im gemütlichen Biergarten des Geschichtsparks und lässt die zahlreichen Eindrücke noch einmal Revue passieren?

Anfahrt **Öffentlich:** Bahnlinie München–
Wiesau, ab Wiesau Vogtlandbahn nach Windisch-
eschenbach. **Auto:** A 9 München–Nürnberg,
Ausfahrt Dreieck Holledau, A 93 Richtung Hof/
Regensburg/Wolnzach, Ausfahrt Windisch-
eschenbach, auf St 2181 links abbiegen,
Ausschilderung Windischeschenbach folgen.

Informationen   Stadt Windischesche-
bach, Hauptstraße 34, 92670 Windischeschenbach, Tel. 09681/40 10; www.waldnaab.de.
Naturpark Nördlicher Oberpfälzer Wald, Stadtplatz 38, 92660 Neustadt, Tel. 09602/79 31 00;
www.naturpark-now.de.

»Grand Canyon« der Oberpfalz

Inmitten des Oberpfälzer Waldes erstreckt sich ein einzigartiges Naturschutzgebiet – das Waldnaabtal. Sein Spitzname klingt mehr als beeindruckend: »Grand Canyon« der Oberpfalz. Die Waldnaab bahnt sich hier in unzähligen Windungen ihren Weg. Zahlreiche Flussfelsen und Felsgebilde laden zu abenteuerlichen Kletterpartien ein.

Von Windischeschenbach aus erreichst du den »Grand Canyon« auf gut ausgeschilderten Wander- und Radrouten. Seinen Namen verdankt er der Waldnaab, die in unendlich langer Arbeit das Granitmassiv zwischen Falkenberg und Windischeschenbach durchschnitten und dabei ein enges, tiefes Waldtal mit malerischen Felsgebilden geschaffen hat.

Diese faszinierende Naturlandschaft kannst du auf zweierlei Weise kennenlernen: Entweder du durchwanderst das Naabtal ganz gemütlich in etwa drei Stunden auf dem gut befestigten und gekennzeichneten Weg des Oberpfälzer Waldvereins. Wenn du aber lieber über schmale Steige, Stock und Stein wanderst, empfehlen wir dir unbedingt den sehr schönen, etwa fünf Kilometer langen Uferpfad.

Für welchen Weg du dich auch entscheidest – die Felsformationen und über 30 Meter auftürmenden Granitmassen werden dich bestimmt faszinieren und deine Fantasie anregen. Manche haben wegen ihrer besonderen Formen Namen bekommen, etwa das »Butterfass«, das durch einen Felssturz in das Flussbett entstanden ist. Der Sage nach sind die Felsen ein zu Stein gewordener Ritter mit Pferd und Knappen. Er soll einst einer Jungfrau nachgestellt haben. Den »Kammerwagen«, eine andere Felsformation, soll sogar der Teufel höchstpersönlich in Stein verwandelt haben. Gelingt es dir, die Köpfe der Rösser und das Gefährt im Felsen zu erkennen?

ANTENNE BAYERN TIPP

Gleich zwei Superlative erwarten dich beim Besuch des GEO-Zentrums bei Windischeschenbach: das tiefste Bohrloch mit 9101 Metern und der höchste Landbohr-turm mit 83 Metern. GEO-Zentrum an der KTB, Am Bohrturm 2, 92670 Windischeschenbach, Tel. 09681/40 04 30; www.geozentrum-ktb.de.

Informationen Tourismusverband
Ostbayern, Im Gewerbepark 02/04,

93059 Regensburg, Tel. 0941/58 53 90;
www.ostbayern-tourismus.de.

Ritter und Burgfräulein lassen grüßen

Wer glaubt, dass der burgenreichste Landstrich Deutschlands irgendwo am Rhein liegt, der irrt. Das deutsche Burgen-Eldorado befindet sich in der Oberpfalz. Vor allem im Landkreis Neumarkt sind viele steinerne Überbleibsel aus dem Mittelalter erhalten. Einige Burgen sind heute noch bewohnt, andere thronen als Ruinen auf mächtigen Felsen.

Hier eine Auswahl besonders eindrucksvoller Burgen und Schlösser:

Burgruine Wolfstein   Ein 20-minütiger Spaziergang von der Heilig-Kreuz-Kirche bringt dich zur Burgruine Wolfstein, dem Wahrzeichen der Stadt Neumarkt. Regelmäßig findet dort »Historisches Lagerleben« statt. Die Zeit der Wolfsteiner, eines der bedeutendsten Adelsgeschlechter der Oberpfalz, wird dabei wieder zum Leben erweckt.

Burg Parsberg   Die über 1000-jährige Burganlage erhebt sich majestätisch über der Stadt Parsberg. Vom ältesten, nur in Ruinen erhaltenen Teil, genießt du einen traumhaften Ausblick. Jedes Jahr im Juli finden hier historische Burgspiele statt.

Burg Hohenfels   Zu Beginn des 12. Jahrhunderts erbauten die Hohenfelser eine Burg auf dem langgestreckten Felsrücken über dem Forellenbach im Ort Hohenfels. Bereits 1375 waren sie so verarmt, dass sie ihre Burg verkaufen mussten. Danach wechselten die Besitzer mehrfach. Ab 1803 wurde die Burg sogar als Steinbruch abgetragen. Nur der mächtige Burgfried krönt noch heute den Schlossberg in Hohenfels.

Wasserschloss Pilsach   Das renovierte, in Privatbesitz befindliche Schloss Pilsach ist nur nach Anmeldung zugänglich. Berühmt wurde es durch die Vermutung, dass das Findelkind Kaspar Hauser dort in einem Verließ versteckt gehalten wurde. 1981/82 tauchten im Schloss halbvermoderte Reste von Kleidungsstücken auf sowie ein hölzernes Pferd, wie es auch Kaspar Hauser beschrieben hatte. Kaspar Hauser wurde am 14. Dezember 1833 Opfer eines Messerstichs und starb am 17. Dezember 1833. Der mysteriöse Kriminalfall wurde niemals aufgeklärt und führt noch heute zu allerlei Spekulationen.

111 Sommerfrische zur Jahrhundertwende

»Perle des Naabtals« nannte der Münchner Maler und Professor Charles Johann Palmié das pittoreske Kallmünz in der Oberpfalz, wo er sich 1901 zur Sommerfrische niederließ. Ihm folgten bald weitere Maler, beispielsweise Gabriele Münter und Wassily Kandinsky, die hier im Sommer 1903 mehrere Wochen verbrachten.

Was war es, das die Künstler nach Kallmünz zog? Das mittelalterliche Stadtbild mit der über dem Ort thronenden Burg, den verwinkelten Straßen und Gassen? Die historischen Sehenswürdigkeiten wie die Steinerne Brücke, das Haus ohne Dach oder das alte Rathaus, einst Zollstätte Karls des Großen? Oder war es die reizvolle Kalkfelsenlandschaft an der Mündung der Vils in die Naab? Ein Künstler soll die Landschaft um Kallmünz sogar als »Toskana des Nordens« bezeichnet haben.

Wassily Kandinsky kam hierher, um mit seinen Studenten nach der Natur zu malen. Sie wohnten im Wirtshaus »Zur Roten Amsel«, das es heute noch gibt. Die Tradition als Künstlerort hat sich in Kallmünz erhalten. Galerien und Malerateliers gehören ebenso selbstverständlich dazu wie Ausstellungen einheimischer Künstler. Vielleicht hast du ja Lust, selbst kreativ zu werden und deinen Aufenthalt mit einem Kunstkurs zu krönen?

ANTENNE BAYERN TIPP

Mehrere Künstler aus Kallmünz bieten in kleinen Gruppen Kunstkurse für Anfänger und Fortgeschrittene in den Bereichen Malerei, Zeichnen, Bildhauerei und Steinbildhauerei an. Informationen über Kunstkurse allgemein:
Galerie am Fels, Alte Dinauerstraße 1, 93183 Kallmünz, Tel. 09473/667 oder 1331.
Bildhauerei: Gisela Walch, Bildhauerin, Marktplatz 7, 93183 Kallmünz, Tel. 0 9473/95 14 26.

Anfahrt **Öffentlich:** Bahnlinie München–Regensburg, ab Regensburg Bus nach Kallmünz. **Auto:** A 93 München–Regensburg, Ausfahrt Parsberg, nach Kallmünz fahren.

Informationen Tourismusbüro Markt Kallmünz, Marktplatz 1, 93183 Kallmünz, Tel. 09473/717 99 99; www.kallmuenz.de.

*Warum nahmen die Schwandorfer die unglaubliche Mühe auf sich,
unterirdische Keller in den Sandstein zu hauen? Und wie ist daraus
das »Labyrinth« aus etwa 60 zusammenhängenden Kellerräumen
entstanden? Neugierig geworden? Dann kommt und erkundet das in
ganz Bayern als einmalig geltende Felsenkeller-Labyrinth.*

Die ersten Felsenkeller wurden bereits Ende des 15. oder Anfang des
16. Jahrhunderts angelegt. »Schuld« daran war eine neue Methode des
Bierbrauens. In jener Zeit begannen die Brauer, von der oberen auf die
untere Gärung überzugehen. Das Ergebnis war ein »süffigeres« und länger haltbares Bier. Dafür durfte jedoch die Lagertemperatur zehn Grad
Celsius nicht überschreiten – diese Bedingungen boten die neu angelegten Felsenkeller.

 In den 1930er-Jahren dienten die Keller als »Kühlschränke« für Lebensmittel des täglichen Bedarfs. Dieses reichhaltige Angebot verführte
1931/32 die legendären »Kellerdiebe«. Auf ihren Raubzügen durchbra-
chen sie Abmauerungen und Felswände und verbanden unabhängige
Kellersysteme. Das Labyrinth verdankt Schwandorf also eigentlich diesen
Dieben. Heute könnt ihr das Labyrinth im Rahmen einer geführten Tour
begehen, wo ihr alles Wissenswerte und viel Kurioses über die Nutzung
dieser Felsenkeller erfahrt. Die Stadt Schwandorf hat es sich zur Aufgabe
gemacht, das »Labyrinth« durch kulturelle Nutzung attraktiv zu machen.
So finden im Felsenkeller an der Fronberger Straße Blues-, Folk- und Jazz-
konzerte, Theateraufführungen und Lesungen statt.

Anfahrt   **Öffentlich:** Bahnlinie München–
Regensburg, ab Regensburg Regionalbahn
bis Schwandorf. **Auto:** A 9 München/
Nürnberg, Ausfahrt Dreieck Holledau auf A
93 Richtung Hof/Regensburg/Wolnzach, bei
Ausfahrt 33 Richtung Cham/Bruck/Wackers-
dorf, auf B 15 bis Schwandorf.

Informationen   Amt für Kultur und
Tourismus, Kirchengasse 1, 92421 Schwandorf, Tel. 09431/455 50; www.schwandorf.de.

113

Eine Halle voller Spaß im Wölpiland

Hüpfen, tollen, lärmen, springen, sausen … und natürlich spielen bis zum Umfallen – das liebt ihr doch am meisten! In der Wölpi Spielfabrik, dem großen, modernen Indoor-Spielplatz von Neumarkt, können sich Kids nach Herzenslust auspowern. Und wenn euch das nicht reicht, geht's draußen weiter …

Das Wölpiland hat sein Zuhause in einer Halle gefunden. So habt ihr viel Platz zum Spielen und Toben. Bringt Stopper-Socken mit, denn die Flächen dürfen nicht mit Straßenschuhen oder barfuß betreten werden.

Neben einem großzügigen Gastronomiebereich, in dem eure Eltern auf euch warten können, findet ihr in der Wölpi Spielfabrik alles, was ihr zum Auspowern braucht: Hüpft auf den Riesentrampolinen, kraxelt am Klettergerüst ganz nach oben, erobert den aufgeblasenen, wackeligen Safari-Hüpf-Hügel oder baut eine riesige Burg aus überdimensionierten Legosteinen. Startet ein Tischfußball-Match oder schnappt euch eines der Bobbycars oder Dreiräder und flitzt damit umher. Spielen und Bewegung sind hier im Wölpiland alles!

Wenn ihr lieber an der frischen Luft herumsaust, dann besucht doch den Wölpi Spielpark, das ehemalige Landesgartenschau-Gelände. Es erstreckt sich links und rechts des Ludwig-Donau-Main-Kanals. Dort findet ihr einen Kletterspielplatz, das Weidenlabyrinth, den Monsterspielplatz, einen Minigolfplatz, den Aussichtsturm und den Garten des Lebens.

Anfahrt **Öffentlich:** Mit der Bahn nach Neumarkt, weiter mit dem Bus. **Auto:** Über die A 3, Ausfahrt Neumarkt in der Oberpfalz oder Ausfahrt Neumarkt-Ost.

Öffnungszeiten Mo–Fr 14–19 Uhr, Sa/So/feiertags/Ferien 10–19 Uhr; Krabbelfrühstück: Do 10–12 Uhr; Museum: im Sommer tgl. geöffnet, sonst Do–So 11–18 Uhr.

Informationen Wölpi Spielfabrik, Eggenstraße 17 a, 92318 Neumarkt, Tel. 09181/265 13 10; www.woelpiland.de.

Preise Spielfabrik: Erwachsene 4,20 €, Kinder ab 3 Jahren 7,50 €; Spielpark: kostenlos.

Wasserspiele und Märchengarten

Haltet ihr euch gern am Wasser auf? Dann seid ihr hier in eurem Element! Am Murner See lockt euch der Erlebnispark »Wasser – Fisch – Natur« mit seinen Fischteichen und dem riesigen, vielseitigen Wasser-Abenteuerspielplatz. Und auf dem Weg dorthin liegt auch noch der nigelnagelneue Oberpfälzer Märchengarten.

Am Murner See verwandelte die Gemeinde Wackersdorf fünf ehemalige Schlammbecken in ein einzigartiges Naturidyll. Das erreicht ihr am besten bei einem kurzweiligen Spaziergang. Dafür geht ihr vom Parkplatz »Industriestraße« Richtung Campingplatz und biegt links auf den Murner Seerundweg. Schnell seid ihr so am kleinen Märchengarten.

Weiter über den Seeweg erreicht ihr den Erlebnispark. Am besten beginnt ihr mit den hinteren Wasserbecken und den Fischteichen. Auf dem Naturlehrpfad lernt ihr alles über Fische und die Teichwirtschaft. Löst die Rätsel um den Karpfen und erforscht die Teichoberfläche durch die in die Stege eingelassenen Bodenlupen.

An den letzten zwei Teichen dürft ihr auch nass werden. Testet die verrückten Wege über das Wasser, die Seilfähre oder die Dschungelbrücke. Daneben liegt der riesige Abenteuerspielplatz mit Sand- und Matschzonen, Wasserpumpen, Schleusen, Bachläufen, Stegen und Klettergerüsten. Zur Erholung stehen Ruhebänke und ein Kiosk bereit.

Anfahrt **Öffentlich:** Mit der Bahn bis Weiden, weiter mit dem Bus nach Parkstein. **Auto:** Über die A 93, Ausfahrt Wackersdorf, durch Wackersdorf auf die Industriestraße, weiter Richtung Murner See, kurz vor dem Campingplatz liegt links der große Parkplatz, Industriestraße 1.

Informationen Gemeinde Wackersdorf, Marktplatz 1, 92442 Wackersdorf, Tel. 09431/743 60; www.wackersdorf.de.

Öffnungszeiten Erlebnispark Wasser – Fisch – Natur: April–Sept. tgl. 8–20 Uhr, Okt. 8–18 Uhr; drei Fischteiche sind ganzjährig zugänglich, der Spielplatz ist im Winter geschlossen.

Anfahrt **Öffentlich:** Nächster Bahnhof ist Bodenwöhr-Nord, es fahren aber keine Busse. **Auto:** Über die A 93, Ausfahrt Wackersdorf, weiter auf der B 85 nach Bodenwöhr, nach dem Warbrucker Weiher rechts bis Poggersdorf.

Informationen Kollerhof, Poggersdorf 4, 92431 Neunburg vorm Wald, Tel. 09672/22 24; www.kollerhof.de.

Öffnungszeiten März–Nov. tgl. 8–23 Uhr.

Preise 1/2 Stunde Ponyreiten 3 €, Kutschenfahrt (bis zu 9 Personen) 50 €/Stund Übernachtung mit Frühstück ab 35,50 €.

Reiten und Pferde: der Kollerhof

Pferdenarren und Naturfreunde aufgepasst: In der Oberpfalz gibt es die unübertreffliche Reiterpension Kollerhof – ein idealer Ort für die ganze Familie! Wer will, der reitet und kümmert sich um die Pferde. Der Rest der Familie entspannt, genießt die Natur pur oder beobachtet Katzen, Schweine, Kaninchen, Ponys und mehr …

Malerisch umgeben von Wäldern und Wiesen an der Grenze zwischen dem Oberpfälzer und dem Bayerischen Wald liegt die Reiter- und Freizeitpension Kollerhof. Aber der Kollerhof ist weit mehr als nur eine reine Pferdepension. Zum Kollerhof gehören ein Gasthaus mit guter Küche, ein großer See und viele Tiere. Und falls ihr übernachten wollt: Es gibt eine Menge Zimmer und Apartments zu fairen Preisen. Jeder ist willkommen, egal ob Übernachtungsgast oder Tagesausflügler. Viele kommen einfach für einen Tag hierher, um zu relaxen, die Natur zu genießen oder ihr Glück auf dem Rücken der Pferde zu finden. Der Kollerhof ist ein optimales Familienausflugsziel, wenn es um Spaß und Erholung geht.

Die Reiterinnen und Reiter unter euch buchen am besten am Vortag eine Reitstunde. Egal, ob Dressur- oder Springreiten, es ist bestimmt etwas Passendes dabei. Ohne Reservierung ist das Ponyreiten möglich. Das ist vor allem für Familien mit kleineren Kindern schön, denn auf den kleinen Shettys fühlen sich auch die Jüngsten wohl. Schlendert unbedingt durch die große Anlage. Alle Ställe stehen offen. Insgesamt leben mehr als 100 Pferde auf dem Kollerhof. Falls ihr Lust bekommt, helft einfach am Hof mit. Fragt kurz nach und schon striegelt und füttert ihr die Pferde und helft beim Ausmisten. Falls nicht alle in der Familie pferdenärrisch sind, gibt es auch einen kleinen Streichelzoo mit Meerschweinchen, Hühnern, Hängebauchschweinen, Ziegen, Hunden, Schafen und Katzen.

Und es gibt noch mehr Alternativen für die Nicht-Reiter unter euch: Geht im Sommer am See baden, leiht euch ein Boot aus, geht angeln, einfach nur spazieren oder erobert den Spielplatz. Ihr findet bestimmt etwas, das euch gehörigen Spaß macht. Überzeugt euch selbst!

Anfahrt **Öffentlich:** Bahnlinie München–
Plattling, ab Plattling Waldbahn nach Zwiesel
oder Bayerisch Eisenstein. **Auto:** A 92 bis Autobahnkreuz Deggendorf, B 11/E 53 bis Patersdorf,
Richtung Bayerisch Eisenstein.

Informationen Nationalparkverwalt.
Bayerischer Wald, Freyunger
Straße 2, 94481 Grafenau, Tel. 08552/960 00;
www.nationalpark-bayerischer-wald.de.

Luchs, Wolf und Braun-bär sind hier zu Hause

In Deutschlands ältestem Nationalpark kommen kleine und große Naturliebhaber voll auf ihre Kosten. Die Philosophie des Nationalparks, »Natur Natur sein lassen«, wird hier erfolgreich umgesetzt. Das zeigt sich unter anderem daran, dass einst ausgestorbene Tierarten wie Luchs, Wolf und Braunbär eine neue Heimat gefunden haben.

Wenn du fernab von lärmenden Vergnügungsparks entspannen und ursprüngliche Natur erleben willst, dann ist der Nationalpark Bayerischer Wald das richtige Ziel für dich. Entdecke die unverwechselbare Landschaft des Bayerischen Waldes mit ausgedehnten Waldgebieten, einer Vielzahl an Berggipfeln, romantischen Bach- und Flussläufen und geheimnisvollen Mooren.

Doch nicht nur das: Der Nationalpark bietet auch vielfältige sportliche Aktivitäten. Über 300 Kilometer gut markierte Wanderwege, fast 200 Kilometer Radwege und rund 80 Kilometer Langlaufloipen erschließen sommers wie winters die ursprüngliche Natur des Bayerischen Waldes. In diesem Zusammenhang eine große Bitte: Nimm Rücksicht auf die Natur und bleibe auf den markierten Wegen.

Für Kinder besonders spannend sind die Tierfreigelände im Nationalpark. Zahlreiche einheimische Tierarten wie Uhus, Teichhühner, Wildschweine, Rotwild, Wisente und Wildkatzen leben dort in geräumigen Landschaftsgehegen und Volieren. Besonders stolz ist man auf die einst ausgestorbenen Tierarten Bär, Luchs, Wolf und Wildpferd, die ebenfalls in weitläufigen Gehegen zu sehen sind. Dank des naturnahen Lebensraums leben alle Tiere ihren eigenen Artenrhythmus – frei laufen, klettern, baden, schlafen und sich zurückziehen.

Für die Besucher gibt es mehrere Möglichkeiten, die Tiere zu erleben, ohne sie zu stören: Im Tierfreigelände Ludwigsthal führt beispielsweise ein 80 Meter langer, überdachter Holzsteg durch das Wolfsgehege. Und wer sich die Mühe macht, den Aussichtsturm zu besteigen, dem eröffnen sich interessante Perspektiven.

Anfahrt **Öffentlich:** Mit der Bahn bis Schwandorf, weiter mit der Bahn nach Cham/Lam, von dort mit Bussen nach Lohberg; oder mit der Bahn nach Plattling und dort in die Waldbahn nach Bayerisch Eisenstein wechseln, weiter mit dem Bus nach Lohberg. **Auto:** Über die A 6, Ausfahrt Amberg-Ost, auf die B 85 bis Chamerau, weiter über Bad Kötzting nach Lohberg; über die A 3, Ausfahrt Straubing, auf der B 20 bis Cham und der B 85 bis Chamerau, weiter über Bad Kötzting nach Lohberg; über die A 92, Ausfahrt Deggendorf, dann auf der B 11 bis Patersdorf, weiter über Bodenmais und die Arberpassstraße nach Lohberg.

Informationen Bayerwald-Tierpark Lohberg, Schwarzenbacher Straße 1 A, 93470 Lohberg, Tel. 09943/81 45; www.bayerwald-tierpark.de.

Öffnungszeiten April–Okt. tgl. 9–17 Nov.–März 10–16 Uhr.

Preise Erwachsene 5 €, Kinder von 4–16 Jahren 3 €.

Wisent und Wölfe im Bayerwald-Tierpark

Wollt ihr Elche, Wölfe oder Fischotter live erleben? Dann kommt in den Bayerwald-Tierpark in Lohberg. Hier trefft ihr auf viele heimische Tiere oder auf solche, die früher einmal bei uns heimisch waren. Manche von ihnen lassen sich in freier Natur nur schwer aufspüren. Mitunter sind sie sogar richtig selten geworden – wie Luchs oder Wildkatze.

Der bei Groß und Klein beliebte Bayerwald-Tierpark Lohberg liegt am Fuße des Großen Arbers im Bayerischen Wald. Ein 1,5 Kilometer langer Rundweg führt euch an den Gehwegen und Volieren der hier lebenden Tiere vorbei – mehr als 100 Arten sind es! Dabei durchwandert ihr einen herrlichen Park mit hohen Bäumen und diversen Bachläufen. Ihr bestaunt Wasser- oder Greifvögel genauso wie Rotwild, Füchse, Dachse, Hasen und Marder. Sogar ein Wisent-Gehege gibt es. Aquarien zeigen prachtvolle Exemplare unserer heimischen Gewässer. Besonders attraktiv für die meisten sind das Wolfsrudel, die Luchse und die Fischotter. Vereinzelt leben diese mittlerweile wirklich wieder im Bayerischen Wald, aber die Chance, sie in freier Wildbahn zu sehen, ist gering.

Gerade die frechen Fischotter sind äußerst putzig und mitunter sehr aktiv, vor allem am späten Nachmittag, wenn gerade Fütterungszeit ist. Sie haben einfach immer Hunger! Wenn ihr kleineren Tieren ganz nahe kommen wollt, dann geht am besten ins Streichelgehege. Hier tummeln sich ständig ein paar Ziegen, die frech um Futter betteln. Und falls ihr selbst Hunger habt: Es gibt einen Kiosk. Den findet ihr ganz zentral, gleich neben einem großen Abenteuerspielplatz zum Herumtoben und Spaß-Haben.

ANTENNE BAYERN TIPP

Vom Tierpark in Lohberg startet von Ostern bis November die Kleine Arberseebahn hinauf zum Kleinen Arbersee. So könnt ihr bequem in einer knappen halben Stunde den kleinen idyllischen Bergsee erreichen. Er ist berühmt für sein dunkles Moorwasser und die schwimmenden Inseln. Euch ist nicht nach Wandern? Dann hüpft doch einfach in den Huber Weiher unweit der Kirche von Lohberg. Dieses kleine Naturbad ist das perfekte Ziel für Wasserratten!

Anfahrt **Öffentlich:** Bahnlinie München–Plattling, ab Plattling Regionalbahn nach Zwiesel, ab Zwiesel Bus nach Buchenau/Lindberg. **Auto:** A 9 München–Nürnberg, Ausfahrt Kreuz Neufahrn, A 92 Richtung Deggendorf/Landshut, B 11/E 53 Richtung Pilsen/Deggendorf-Rusel, Ausfahrt Deggendorf-Rusel/Bernried, über St 2135 auf B 11/B 85, rechts Richtung Pilsen/Zwiesel/Bodenmais auf B 11/E 53, links auf St 2132, bei REG 8 links, bis Buchenau fahren.

Informationen Gemeinde Lindberg Tourist-Information, Zwieselauer Straße 1, 94227 Lindberg, Tel. 09922/12 00; www.gemeinde-lindberg.de.

Skurril: Schachten im Bayerischen Wald

So etwas hast du bestimmt noch nie gesehen: Die »Schachten« im Bayerischen Wald bei Lindberg sind gerodete Hochflächen, die Bauern im 16. bis 18. Jahrhundert als Tierweiden angelegt haben. Dabei ließen sie einzelne schattenspendende Bäume stehen. Und weil diese Wind und Wetter schutzlos ausgesetzt waren, sind sie oft skurril geformt.

Eine Schachtenwanderung ist ein Erlebnis, das du dir nicht entgehen lassen solltest: unberührte Natur fernab jeglicher Zivilisation, vom Wind bizarr geformte Bäume, riesige ausgehöhlte Stämme und schwarze Moortümpel. Die klassische Schachtenwanderung, bei der man mehrere Schachten erkundet, dauert sechs bis sieben Stunden (22 Kilometer). Natürlich kannst du auch nur ein Teilstück gehen. Nimm auf alle Fälle Verpflegung mit, denn unterwegs gibt es keine Einkehrmöglichkeiten.

Die Tour beginnt am Wanderparkplatz in Buchenau und führt zunächst zum Lindberger Schachten, den man nach 1,5 Stunden erreicht. Geht man auf dem Schachten ein Stück bergauf, eröffnet sich dem Wanderer nach einem kurzen Stück des Weges ein herrlicher Blick auf den Rachel, den zweithöchsten Berg des Bayerischen Waldes. Vom Lindberger Schachten führt der Weg weiter zur Hirschbachschwelle und von da zum Kohlschachten. Jetzt hast du dir eine ausgiebige Rast und Brotzeit verdient. Falls du dich für die kürzere Variante entschieden hast, kehr hier um.

Andernfalls folge der Markierung zum Hochschachten. Von dort hast du einen wunderbaren Blick auf das Arbermassiv. Im weiteren Verlauf ändert sich die Markierung (Borstgras) und du wanderst über den Latschensee zum Hochschachten. Der Latschensee ist der größte Quellsee dieses Hochmoores. Seinen Namen verdankt er den umstehenden Latschen.

Von dort geht es weiter auf dem Europäischen Fernwanderweg über die Frauenauer Alm zum Verlorenen Schachten. Hier beginnt der Abstieg zur Trinkwassertalsperre Frauenau (Borstgras). Du gehst am linken Seeufer des Stausees entlang zur Dammkrone, überquerst diese und folgst der Markierung »Gläserner Steig« in Richtung Buchenau.

Anfahrt **Öffentlich:** Bahnlinie München–Passau, ab Passau Bus nach Freyung, von dort Bus nach Perlesreut, von Perlesreut Bus nach Ringelai. **Auto:** A 9 München–Nürnberg, Ausfahrt Kreuz Neufahrn, A 92 Richtung Deggendorf/Landshut, Ausfahrt Kreuz Deggendorf, A 3 Richtung Linz/Passau, Ausfahrt Aicha vorm Wald, Richtung Freyung/Waldkirchen/Tittling/Windorf, bei St 2127 links abbiegen, Ausschilderung Waldkirchen/Grafenau/Fürstenstein/Tittling/Aicha vorm Wald folgen, bis Ringelai fahren.

Informationen Tourist-Information Gemeinde Ringelai, Pfarrer-Kainz-Straße 6, 94160 Ringelai, Tel. 08555/961 40; www.ringelai.de.

Wer entdeckt Eisvogel oder Waldkauz?

Geröllreiche Bäche, moos- und farnreiche Schluchten, steile Felsriegel und urwüchsige Wälder prägen die Buchberger Leite, eine der beeindruckendsten Schluchtlandschaften in ganz Bayern. Und mitten durch das wilde Terrain führt der erlebnisreiche Themenwanderweg »Mensch und Natur«.

Zwischen Ringelai und Freyung erstreckt sich die Wildbachklamm Buchberger Leite. Die weitgehend unberührte Landschaft bietet seltenen Tierarten wie dem Eisvogel und dem Waldkauz einen geschützten Lebensraum. An den Steilhängen der Klamm wächst ein artenreicher Schluchtwald. Moose und Farne finden hier ideale Bedingungen und Wildblumen wie Geißbart, Eisenhut, Goldnessel und Waldhabichtskraut wachsen am Wegesrand.

Wenn ihr diese wildromantische, urzeitliche Schluchtlandschaft durchwandern möchtet, geht ihr zur Ortsmitte von Ringelai. Dort beginnt der neun Kilometer lange Themenwanderweg »Mensch und Natur«. Der Weg verläuft meist auf steinigen Pfaden, sodass festes Schuhwerk nötig ist. Am Wegesrand informieren Tafeln über die Entstehung der Buchberger Leite und ihre Tier- und Pflanzenwelt. Nichts für schwache Nerven ist die Überquerung der Hängebrücke, die an den Ufern befestigt ist und die Buchberger Leite überspannt.

In früheren Zeiten hatten hier die »Trifter« ihre große Zeit. Wenn im Frühjahr der Schnee zu schmelzen begann, sich die Bäche mit reißendem Wasser füllten und der Ilz und der Donau zuströmten, war es ihre Aufgabe, Holz in Stämmen oder Scheiten auf dem Wasser zu transportieren. Dann war die Klamm vom Tosen des Wassers und dem Krachen der aneinanderschlagenden Baumstämme erfüllt. Die Arbeit der Trifter war hart und gefährlich, vor allem, wenn festsitzende Bäume wieder ins Wasser mussten. In Ringelai ist noch heute eine alte Triftsperre erhalten, in der Baumstämme aufgefangen wurden. Auf diese Triftanlage trefft ihr bei eurer Wanderung. Die ehemaligen Staumauern dienen jetzt als Steig.

Anfahrt   **Öffentlich:** Mit der Bahn bis Furth im Wald. **Auto:** Von der A 3, Ausfahrt Straubing, weiter über Cham nach Furth im Wald; von der A 6, Ausfahrt Leuchtenberg, über die B 22 nach Cham und weiter nach Furth.

Informationen   Tourist-Information Furth im Wald, Schloßplatz 1, 93437 Furth im Wald, Tel. 09973/509 80; www.furth.de.

Öffnungszeiten   Drachenhöhle: April–Okt. Di–So 10.30–16 Uhr; Flederwisch: April–Okt. Mo–Fr 10–17 Uhr, ab Mai auch Sa/So, im Winter nur So 11–17 Uhr; Further Drachenstich: Ende Juli–Mitte Aug.

Preise   Drachenhöhle mit Führung: Erwachsene ab 15 Jahren 15 €, Kinder ab 6 Jahren 10 €; Flederwisch: ab 6 Jahren 4 €.

Altersbeschränkung   Für die Führ »Bewegter Drache« gibt es zwar keine Altersb schränkung. Eltern von kleineren oder ängstli cheren Kindern sollten jedoch beachten, dass wirklich sehr echt wirkt.

»Es war einmal ein Drache …« – so beginnen viele Märchen. Und manchmal werden Märchen auch wahr! In Furth im Wald existiert ein Drache, der in einer Drachenhöhle lebt. Für zwei Wochen im Jahr darf er seine Höhle zum Further Drachenstich verlassen. Danach findet ihr ihn dort wieder. Das glaubt ihr nicht? Überzeugt euch selbst!

Wollt ihr den größten ferngesteuerten Roboterdrachen Deutschlands sehen? Dann ab nach Furth im Wald. Begonnen hat alles mit dem Further Drachenstich, Bayerns ältestem Volksschauspiel. Für dieses Spektakel wurde 2006 der »neue« Drache Tradinno angeschafft. Und Tradinno ist nicht nur irgendein Drache. Tradinno ist der größte ferngesteuerte Roboter auf vier Beinen. Er bewegt sich wie ein echter Drache, sieht aus wie ein echter Drache und spuckt Feuer wie ein echter Drache!

Tradinno lebt das ganze Jahr in seiner Drachenhöhle am Festplatz, wo er auf euren Besuch wartet. Hier erfahrt ihr alles über Tradinno und den historischen Drachenstich. Versucht unbedingt, eine der Führungen »Bewegter Drache« zu erwischen (www.further-drache.de). Ein absolut faszinierendes Ereignis, bei dem sich der Drache äußerst lebendig, ja geradezu furchteinflößend echt zeigt.

Ihr wollt trotzdem noch mehr unternehmen? Dann besucht die mysteriöse Erlebniswelt Flederwisch. Am Lagerplatz 5 taucht ihr in die einmalige Welt der Technik, Kinderaugen leuchten bei den mehrmals wöchentlich stattfindenden Führungen dieses besonderen Museums. Aber auch ohne Führung gefällt euch diese nostalgische Reise. Es gibt unglaublich viel zu entdecken: Versucht euch mal beim Papierschöpfen oder Goldwaschen. Und von Mitte Juni bis Mitte September findet jeden Mittwoch der Kunst- und Handwerkermarkt statt.

ANTENNE BAYERN TIPP

Furth bietet noch mehr: Sucht auch den geheimnisvollen Wildgarten mit der Unterwasserstation auf. Macht euch auf in die Felsengänge unweit des Flederwischs. Am Drachensee könnt ihr baden und die Waldbühne begeistert mit liebevoll inszenierten Märchenstücken.

Anfahrt

Öffentlich: Bahnlinie München–Furth im Wald. **Auto:** A 9 München–Nürnberg, Ausfahrt Kreuz Neufahrn, A 92 Richtung Deggendorf/Landshut, Ausfahrt Landau a. d. Isar, B 20 Richtung Cham/Straubing, St 2154, Richtung Neukirchen b. Hl. Blut/Eschlkam/Bad Kötzting Rimbach, bis Furth im Wald.

Informationen

Tourist-Information Furth im Wald, Schloßplatz 1, 93437 Furth im Wald, Tel. 09973/509 80; www.furth.de.

Ein Stausee der ganz besonderen Art

Bringt etwas Zeit mit, wenn ihr nach Furth kommt. Es gibt hier viel zu entdecken. Einen Stausee, der nach dem Drachen aus Deutschlands ältestem Volksschauspiel, dem »Further Drachenstich«, benannt ist. Und die mehrere Kilometer langen unterirdischen Further Felsengänge, die euch zu einer unterhaltsamen Führung willkommen heißen.

Der Further Drachensee ist noch recht jung. Erst im Mai 2009 fand die offizielle Einweihung des von der Chamb gefluteten Hochwasserspeichers statt. Der 175 Hektar große Stausee ist in zwei große Bereiche aufgeteilt: die Naturerlebniszone »Tiefenwasser« und die Ökozone »Flachwasser«. Erholungssuchende und Naturliebhaber kommen hier genauso auf ihre Kosten wie Freizeitsportler. Ob ihr gerne wandert, Rad fahrt oder Nordic Walking bevorzugt: Verschiedene Rundwege führen in herrlicher Landschaft zu idyllischen Plätzen rund um den Stausee, wo ihr die Natur in vollen Zügen genießen könnt. Auch an Wassersportler hat man gedacht. Für sie gibt es einen eigenen Bereich. Im restlichen See ist Wassersport aus Naturschutzgründen nicht erlaubt.

Apropos Naturschutz: Besonders im Frühjahr überrascht die Vielfalt der Vogelwelt am Drachensee. Kraniche nutzen ihn zur Rast, Brutvögel wie Haubentaucher, Blesshühner, Graugänse und Höckerschwäne haben hier ihre Reviere. Seltenere Gäste sind Fischadler und Eisvogel, während verschiedene Entenarten wie Reiher- und Stockente Stammgäste sind.

Akzente setzen auch das begehbare Kunstwerk »Mythos Drache« und die Seebühne, auf der verschiedene Veranstaltungen stattfinden.

ANTENNE BAYERN TIPP

Verbindet doch den Ausflug an den Drachensee mit einer unterhaltsamen Führung durch die Further Felsengänge in Furth im Wald. Diese unterirdischen, in Gneis gemeißelten Katakomben wurden im Mittelalter und in Kriegszeiten als Bier- und Lagerkeller, Schutzräume und sogar Fluchtgänge genutzt. Ausgerüstet mit Helm und Taschenlampe, könnt ihr in die Rolle eines Höhlenforschers schlüpfen und einen Teil der weitverzweigten Felsengänge erkunden.
Further Felsengänge, Kramerstraße, 93473 Furth im Wald, Tel. 09973/ 12 29; www.felsengaenge.de.

Anfahrt **Öffentlich:** Bahnlinie München–Schwandorf, ab Schwandorf Regionalbahn nach Arnschwang. **Auto:** A 9 München–Nürnberg, Ausfahrt Kreuz Neufahrn, A 92 Richtung Deggendorf/Landshut, Ausfahrt Landau a. d. Isar, B 20 Richtung Cham/Straubing, B 20/B 85 Richtung Pilsen/Furth im Wald, B 20 bis Arnschwang.

Informationen Tourist-Information Arnschwang, Kirchgasse 10, 93473 Arnschwang, Tel. 09977/94 00 12; www.arnschwang.de.

So bist du bestimmt noch nie geklettert ...

Beim Eisvogelsteig in Arnschwang geht's nicht an den Fels oder in die Wand, sondern man klettert im Fluss, ausgerüstet mit Wathose, Sicherungsgurt und Audioguide. Dabei ist das Element Wasser mit seiner ganzen Kraft am eigenen Körper zu spüren. Der Eisvogelsteig in der Chamb ist in seiner Art bislang einzigartig in Deutschland.

Südlich von Arnschwang mäandert das Flüsschen Chamb an der alten Mühle von Nößwarting vorbei. Diese beherbergt das Umweltzentrum »Mensch und Natur« des Landesbunds für Vogelschutz. Vor allem Kinder kommen bei diesem Ausflugsziel auf ihre Kosten. Denn neben dem Eisvogelsteig wartet auch der ein Kilometer lange, didaktisch toll angelegte Naturlehrpfad auf sie.

Der Eisvogelsteig möchte die Natur für Groß und Klein hautnah erlebbar machen. Wie beim »normalen« Klettersteig wirst du durch einen Gurt gesichert. Zusätzlich bekommst du eine wasserfeste Wathose. Dann kann es losgehen! Auf einer Länge von 100 Metern führt man dich auf gut gelenktem Weg durch den Fluss. Du spürst jede Strömung und jede Sandbank. Unterwegs grüßen Eisvogel, Biber und Libellen, aber auch fantastische Wasserwesen wie Nixen. Künstler der Region haben die Säulen gestaltet, an denen der Steig befestigt ist – eine außergewöhnliche Verbindung von Kunst und Natur. An 15 Stationen kannst du dich über die Chamb, ihre Pflanzen- und Tierwelt und die Landschaft der Umgebung informieren. Auf Wunsch erzählt ein Audioguide Wissenswertes.

Wenn du nach dem Eisvogelsteig noch mehr Lust auf Natur hast, dann mach dich auf den Weg zur kleinen Wensauer Kapelle. Dort beginnt ein interessanter Naturlehrpfad, der etwa nach einer halben Stunde am Wanderweg A1 endet. Unterwegs erfährst du viel über die rote Waldameise, den Borkenkäfer und größere Waldbewohner, das Leben eines Baumes und über den Wald als Ökosystem.

ANTENNE BAYERN TIPP

Bei Hochwasser bleibt der Eisvogelsteig geschlossen. Vor dem Ausflug auf alle Fälle nachfragen, damit es keine langen Gesichter gibt.

Anfahrt **Öffentlich:** Mit der Bahn bis Cham, weiter mit dem Bus. **Auto:** Über die A 3, Ausfahrt Wörth an der Donau, weiter auf der St 2146 Richtung Cham, in Schorndorf rechts nach Traitsching/Loifling.

Informationen Churpfalzpark, Churpfalzweg 6, 93455 Traitsching, Tel. 09971/303 40; www.churpfalzpark.de.

Öffnungszeiten 1 Woche vor Osterr Anfang Okt. tgl. 9–18 Uhr.

Preise Erwachsene/Kinder ab 16 Jahren 2 Kinder bis 15 Jahre 19 €, Kleinkinder bis 5 Jahr 16 €.

Blumen und Action im Churpfalzpark

123

Der Churpfalzpark Loifling bei Cham bietet euch einen traumhaften Ausflug! Wie im Paradies wandelt ihr durch bunt blühende Blumenwelten und Themengärten. Für jede Menge Spaß und Action sorgen über 80 Fahrattraktionen. Eine gelungene Mischung für einen famosen Familientag.

Der Churpfalzpark ist seit seinen Anfängen in den Siebzigerjahren auf eine Größe von rund 200 000 Quadratmeter gewachsen. Sein Konzept ist wirklich einzigartig: üppige Blumengärten und Parklandschaften, kombiniert mit einem actionreichen Freizeitpark.

Wer hat Lust auf eine wilde Schlacht mit Softball-Kanonen auf den Piratenschiffen? Wie wäre es mit einer Fahrt im Riesenrad oder im Kettenkarussell? Feucht bis nass wird es an der Wildwasserbahn und der High-Speed-Rafting-Rutsche. Dunkel ist es im Mystery Fun House mit seinen verrückten optischen Täuschungen.

Weiter könnt ihr zwischen Autoscooter, Wellenflieger, Kutschenbahn, Rotem Pendolino, Schwanen-Tretboot, Kinder-Quads, Seerosenfahrt, gefüllten Luftkissen, Kasperltheater, Rutschen-Turm und Schaukeln wählen.

Im Eintrittspreis sind, bis auf wenige Ausnahmen, alle Fahrgeschäfte enthalten. Auf jedem Volksfest oder Rummel müsstet ihr für jede Karussellfahrt extra bezahlen. Probiert sie also am besten mehrfach aus! Später erfreuen sich alle an der unvergleichlich bunten Blütenpracht, die sich das ganze Jahr über immer wieder wandelt. Für die äußerst kunstvolle Bepflanzung der Blumenbeete sorgt die betriebseigene Gärtnerei. Einzigartig ist die große Dahlienschau mit über 65 000 Dahlien, die vor allem im Spätsommer blühen. Eine Augenweide!

ANTENNE BAYERN TIPP

Nehmt im Sommer unbedingt eure Badesachen samt Handtuch in den Churpfalzpark mit! Denn während sich die Erwachsenen vielleicht auf bequemen Sonnenliegen unter Palmen in den Ruhebereich zurückziehen, können die Kids den großen Wasserspielplatz mit Plansch-, Spritz- und natürlich Bademöglichkeit genießen.

Anfahrt **Öffentlich:** Mit der Bahn nach Regensburg, dort weiter mit dem Bus nach Falkenstein. **Auto:** Über die A 3, Ausfahrt Wörth oder Ausfahrt Kirchroth, weiter nach Falkenstein.

Informationen Tourismusbüro Falkenstein, Marktplatz 1, 93167 Falkenstein, Tel. 09462/942 20; www.burg-falkenstein.info.

Öffnungszeiten Felsenpark und Burgturm frei zugänglich, Museum im Somme tgl. geöffnet, sonst Do–So 11–18 Uhr.

Preise Felsenpark kostenlos, Burgturm 50 Ct.

Altersbeschränkung Etwas Trittsich heit ist erforderlich. Bei nasser Witterung könr die Steine rutschig sein. Kleine Kinder gehörer hier unbedingt an die Hand!

Über Teufelssteg und Himmelsleiter zur Burg

Ein Wunder der Natur sind die bizarren Felsformationen in den Wäldern rund um die Burg Falkenstein, die ihr auf einer Wanderung erforschen könnt. Lasst eurer Fantasie freien Lauf: Was seht ihr in den mächtigen Steinblöcken? Einen Eier- oder Schlangenkopf? Grüne Monsterpilze, Hügelgräber? Oder doch nur eine Steinkugel?

Ihr startet für eure Erkundung am Burgparkplatz in der Burgstraße. Eine Informationstafel weist euch auf die vielen verschiedenen Wege durch den Felsenpark hin, die ihr euch aussuchen könnt. Ihr habt die Qual der Wahl zwischen dem Froschsteig, dem Himmelssteig, dem Schlosssteig und dem Königsweg. Letzterer beginnt allerdings hinter dem Rathaus.

Eigentlich ist es egal, welchen Pfad ihr zuerst wählt. Alle sind spannend und sehr individuell. Um all die Sehenswürdigkeiten wie Froschmaul, Teufelssteg, Himmelsleiter, Schussbahn, Schiefer Stein, Herzbeutelgässchen, Herminensgrotte, Teufelsstein oder Schanzl zu entdecken, müsst ihr verschiedene Abstecher über mitunter steile Stufen wählen. So erkundet ihr nach und nach alle Highlights des Parks.

Bei allen Wegen ist euer Ziel die 1074 erbaute Burg Falkenstein, die ganz oben am Hügel thront. Dort kommt ihr schnell hinauf. Vom Burgturm aus genießt ihr die herrliche Aussicht über die Hügel des Bayerischen Waldes. Wenn ihr Hunger habt, kehrt doch in der Burggaststätte ein! Mit einer kleinen Eintrittsgebühr könnt ihr noch das Burgmuseum »Jagd und Wild« besuchen. Danach geht es entlang der moosgrünen Steine und fantastischen Felsformationen wieder zurück. Übrigens: Im Burghof finden im Sommer die traditionellen Burghofspiele statt, bei denen mit viel Witz und Spielfreude Theaterstücke aufgeführt werden. Und diese finden in einer ganz besonderen Kulisse statt.

ANTENNE BAYERN TIPP

In Falkenstein gibt es ein großes Freibad mit Breitwasserrutsche, das euch im Sommer Abkühlung und Erfrischung bietet. Die ganz kleinen Gäste können im Planschbecken toben. Wer es gern sportlicher hat, nutzt das Beachvolleyballfeld oder den nahen Bewegungs-Parcours (ganzjährig geöffnet).

125 Am Strand – mitten in Bayern

Ein Sonnentag am Strand: im Liegestuhl die Wärme genießen, barfuß über warmen Sand laufen. Zwischendurch eine Runde schwimmen oder eine Partie Beachvolleyball spielen. Sich wie am Sandstrand im letzten Urlaub fühlen. Und das vor der eigenen Haustür – in der Sandoase in Bruck in der Oberpfalz.

Sogar eine »echte« Meerjungfrau sorgt fürs richtige Urlaubsfeeling! Sie ist nur eines von mehreren Kunstwerken, die das weitläufige Naherholungsgebiet verschönern und die Sandoase vom Geheimtipp zum beliebten Treffpunkt gemacht hat.

Hast du es gerne chillig am Strand? Oder tobst du dich lieber beim Beachvolleyball oder auf dem »4Fcircle Fitnessparcours« aus? Auf diesem drei Kilometer langen Rundweg trainierst du an verschiedenen Stationen Koordination, Beweglichkeit, Ausdauer und Kraft. Die Kids vergnügen sich auf dem Sand-Erlebnis-Weg durch den Kiefernwald, lernen Tiere und Pflanzen kennen, können aber auch auf den Beobachtungsturm »Vogelnest« steigen oder in der Weitsprunggrube um die Wette springen. Um Konzentration, Geschicklichkeit und Gleichgewichtssinn geht es auf der Hängebrücke mit beweglichen Sprossen oder dem Barfußpfad.

Anfahrt **Öffentlich:** Zug nach Bodenwöhr, Bus 43 bis Bruck Friedhof, dann 10 Minuten Fußweg. **Auto:** A 93 Ausfahrt Teublitz, dann Richtung Bruck, rechts auf St 2150; die Sandoase liegt links zwischen Bruck und Nittenau.

Informationen Markt Bruck in der Oberpfalz, Rathausstraße 7, 92436 Bruck in der Oberpfalz, Tel. 09434/941 20; www.marktbruck.de.

Preise Alle Einrichtungen der Sandoase sind kostenlos und frei zugänglich.

Fast wie auf dem Amazonas

Fernab von Verkehr und Trubel auf dem Wasser dahingleiten, die ursprüngliche Landschaft der Vilsauen bewundern, den Windungen der Vils folgen und sich dabei fast wie auf dem Amazonas fühlen … all das ist inklusive auf der beschaulichen Flussfahrt mit der Zille von Hahnbach nach Kümmersbuch.

In Hahnbach, einem kleinen Ort nordwestlich von Amberg, startet die Flussfahrt mit der Zille, einem traditionellen Holzboot, auf dem bis zu 15 Personen Platz finden. Eine gute Stunde ist man mit der »Vilsarche« nach Kümmersbuch unterwegs und genießt die wunderbare Stille und weitgehend unberührte Natur. Zwischendurch berichtet der Fährmann von Tieren wie Biber, Eisvogel, Fasan und Fischen oder Pflanzen, die in den teils üppig bewachsenen Vilsauen einen geschützten Lebensraum finden. Vielleicht bekommst du ja auf deiner Fahrt eines dieser Tiere zu sehen?

Du kannst die Fahrt mit der Zille entweder als Gruppe buchen oder dich einer Fahrt einfach anschließen! Die Rückfahrt dauert etwas länger, da man flussaufwärts unterwegs ist. Alternativ steigst du in Kümmersbuch aus – wie wäre es mit einer schönen Wanderung samt anschließendem Biergartenbesuch?

ANTENNE BAYERN TIPP

Eine leichte, etwa 1,5 Kilometer lange Wanderung führt ab Kümmersbuch auf den Frohnberg mit seiner berühmten Wallfahrtskirche, der Lourdes-Kapelle, und den archäologischen Ausgrabungen – und danach steht der gemütliche Biergarten »Beim Peter'n« in Kümmersbuch auf dem Programm.

Anfahrt   **Öffentlich:** Zug nach Sulzbach-Rosenberg, Bus 464 nach Hahnbach. **Auto:** A 93 Ausfahrt Schwandorf, auf B 85 Richtung Schwandorf, rechts auf B 299, links auf St 2120 nach Hahnbach.

Informationen   Markt Hahnbach, Herbert-Falk-Straße 5, 92256 Hahnbach, Tel. 09664/913 40; www.hahnbach.de.

Preise   Zillenfahrt ohne Rücktransport der Zille 10 € (nicht pro Person, sondern Unkostenbeitrag für die ganze Fahrt), Rücktransport der Zille 30 € pro Fahrt.

127

Los gehts, auf in die »Hölle«!

So rufen die Einheimischen, wenn sie sich ins Höllbachtal begeben. Der Höllbach hat sich hier durch riesige Steinhaufen und ein wahres Felsenmeer seinen Weg durch den Granit gebahnt und die Steine im Bachbett rundum glatt geschliffen. Die reizvolle Wanderung ist ein Highlight im Naturpark »Vorderer Bayerischer Wald«.

Der Rundweg führt durch herrliche Natur, auf Wald-, Feld- und Wiesenwegen und über riesige Granitblöcke. Ausgangspunkt der etwa fünf Kilometer langen Wanderung ist der Wanderparkplatz am Ortsende von Postfelden. Von hier aus schlängelt sich der Weg auf einem Teersträßchen nach Dosmühle. Im Hintergrund erkennt ihr die romantische Burgruine Brennberg. Wenig später kommt ihr an einer Wandertafel vorbei. Dann geht ihr auf dem Sandweg bergab zum Höllbachhof. Kurz vor dem Gehöft erreicht ihr den Höllbach und überquert diesen auf einer Brücke. Dem Bachlauf folgend, kommt ihr jetzt mitten in die legendäre »Hölle«, wie das Höllbachtal genannt wird, hinein.

Bald tauchen die ersten Granitfelsen auf, sowohl im Bach als auch an seinen Ufern. Sie werden zusehends größer und verlocken vor allem den Nachwuchs zu mancher Kletterpartie. Wenig später macht der Bach einen Knick nach Süden und der Pfad führt euch wieder aus dem Wald hinaus. Bis Dosmühle wandert ihr weiter am Bach entlang. Dort folgt ihr der Straße, die euch wieder zurück zum Ausgangspunkt bringt.

Anfahrt Öffentlich: Bahnlinie München–Schwandorf, ab Schwandorf Regionalbahn nach Cham, ab Cham Bus nach Rettenbach. **Auto:** A9 München–Nürnberg, Ausfahrt Dreieck Holledau, A93 Richtung Hof/Regensburg/Wolnzach, Ausfahrt Kreuz Regensburg, A3 Richtung Passau/Regensburg-Ost, Ausfahrt Wörth a. d. Donau-Ost, Richtung Wörth a. d. Donau-Ost/Falkenstein/Wiesenfelden, links auf St2125, rechts auf St2146, links auf R41 bis Postfelden und Losmühle.

Informationen Tourismusbüro Falkenstein, Marktplatz 1, 93167 Falkenstein, Tel. 09462/942 20; www.vorderer-bayerischer-wald.de; www.bayerischer-wald-ferien.de.

Asiatisches Flair
in der Oberpfalz

Über 800 nepalesische Familien haben drei Jahre lang an dem Nepal-Himalaya-Pavillon aus dem Holz des Salbaums gebaut. Das Bauwerk, Nepals Beitrag zur Expo 2000 in Hannover, war dort eine Besucherattraktion. Nach Ende der Expo wurde der Pavillon in seine Einzelteile zerlegt und nach Wiesent transportiert.

Über dreieinhalb Millionen Menschen besuchten den 22 Meter hohen Pavillon, der eine buddhistische Stupa und einen hinduistischen Tempel in sich vereint. Er soll Symbol dafür sein, dass verschiedene Religionen trotz ihrer Unterschiede bemüht sein sollen, eine gemeinsame Lösung zu finden. Nach dem Ende der Weltausstellung wurde der hölzerne Koloss mit rund 480 Tonnen Gewicht in seine Einzelteile zerlegt und mit einem großen Park in Wiesent in der Nähe von Regensburg wieder aufgebaut. Seit 2003 ist dieser stimmungsvolle Ort öffentlich zugänglich. Der mehrere Hektar große Park lädt mit steinernen Buddha-Figuren, kleinen Tempeln und exotischen Pflanzen zur Ruhe und Entspannung ein. Über 3000 Pflanzenarten wachsen rund um den Nepal-Himalaya-Pavillon.

ANTENNE BAYERN TIPP

Die Erlöse der Eintrittsgelder gehen in die Stiftung »Wasser für die Welt«; diese finanziert Wasserprojekte in den armen Ländern unserer Erde. Genauere Informationen findet ihr auf der Homepage www.wasser-fuer-die-welt.de.

Anfahrt **Öffentlich:** Bahnlinie München–Regensburg, ab Regensburg Bus nach Wiesent. **Auto:** A 9 München–Nürnberg, Ausfahrt Dreieck Holledau, A 93 Richtung Hof/Regensburg/Wolnzach, Ausfahrt Kreuz Regensburg, A 3 Richtung Passau/Regensburg-Ost, Ausfahrt Wörth/Wiesent, Richtung Brennberg, der Ausschilderung zum Nepal-Himalaya-Pavillon folgen.

Informationen Nepal-Himalaya-Pavillon, Martiniplatte 1, 93109 Wiesent, Tel. 09482/95 96 86; www.nepal-himalaya-pavillon.de.

Öffnungszeiten 29. April–8. Okt. Sa 13–17 Uhr (1. Sa im Monat + alle Sa im August), So 13–18 Uhr, Mo/feiertags 13–17 Uhr.

Anfahrt **Öffentlich:** Mit der Bahn bis Halte-stelle »Maxhütte-Heidhof«, weiter mit dem Bus nach Teublitz. **Auto:** Über die A 93, Ausfahrt Teublitz, ab Teublitz der Ausschilderung folgen.

Informationen Wild- und Freizeit-park Höllohe, Höllohe 1, 93158 Teublitz,

Tel. 09471/981 92 (nur Mo–Fr 9.30–10 Uhr im Aufseherhaus); www.wildpark-hoellohe.de.

Öffnungszeiten Tgl. bis Einbruch d Dunkelheit.

Preise Kostenlos.

Wollt ihr Rehe, Mufflons, Hirsche aus nächster Nähe sehen? Oder Fasane, Störche, Pfauen und Schleiereulen? Genau das ist im Wild- und Freizeitpark Höllohe mitten im Wald bei Teublitz möglich. Das Naturparadies bietet neben seinen schönen Tieren noch viel Erlebnisreiches für die ganze Familie – und das völlig kostenfrei.

Zwischen dem Naabufer und mehreren Weihern findet ihr eine einmalige Mischung aus spannenden, naturnahen und unvergesslichen (Tier-)Attraktionen, auf 30 Hektar verteilt. Im Mittelpunkt des Parks stehen heimische Tiere wie Rotwild, Mufflons, Schafe oder Ziegen. Für die Tiere ist es aber besser, sie nicht mit mitgebrachtem Futter zu füttern. Sie sind gar nicht scheu und kommen ganz nah zu euch an den Zaun. Bei eurem Rundgang über das kinderwagen- und rollstuhltaugliche Gelände entdeckt ihr aber noch sehr viel mehr: Wildschweine, Meerschweinchen, Mäuse, Wasserschildkröten, Waschbären, auch Vögel wie zum Beispiel Zebrafinken und Kanarienvögel. Die schlauen Hinweistafeln auf eurem Weg liefern interessante Informationen zur Lebensweise der Tiere.

Auf Tuchfühlung geht ihr dann im Streichelgehege: Von allen Seiten werdet ihr von Vierbeinern umringt, vor allem, wenn ihr ein wenig Futter mitbringt. Dieses bekommt ihr an einem der Futterautomaten für 50 Cent. Kleinere Kinder lieben den Höllohe-Weiher, der den Mittelpunkt der schönen Anlage bildet. Zu jeder Jahreszeit schwimmen dort zahlreiche Wasservögel und lassen sich in keinster Weise durch uns Menschen stören.

Zum abschließenden Herumtollen besucht ihr den Waldspielplatz mit großem Kletternetz oder den Barfuß-Pfad. Solltet ihr eine Pause brauchen, stehen jede Menge Rast- und Picknicktische bereit. Oder der Höllohe-Kiosk, damit ihr eure Brotzeit nicht unbedingt selbst mitbringen müsst.

ANTENNE BAYERN TIPP

Direkt am Gelände des Wildparks liegt der Naturbadesee Höllohe. Im Sommer ist er ein beliebter Treffpunkt. Es gibt Rutschen und einen Abenteuerspielplatz, eine Skateranlage und sogar einen Sandstrand.

131 Indoor-Boulder-Anlage in Regensburg

Klettern ist cool, klettern ist trendy – doch vielen ist die Kletterei mit Seil und Klettergurt zu aufwendig. Dazu gibt es aber in Regensburg seit März 2012 eine tolle Alternative: »Klettern ohne alles« – in der neuen Indoor-Boulder-Anlage, der zweitgrößten Kletterhalle weltweit! Also nichts wie … nach oben!

Falls du noch nie etwas von Bouldern gehört hast, hier ein paar Informationen: Bouldern, abgeleitet vom englischen boulder (Felsblock), nennt man das Klettern ohne Seil und Klettergurt an Felsblöcken und -wänden oder – wie in Regensburg – in Hallen an künstlichen Wänden und Griffen. Die Sicherheit steht dabei selbstverständlich immer an erster Stelle, deshalb wird auch nur bis zu einer Höhe gebouldert, aus der man sicher wieder abspringen kann. Extradicke Schaumstoffmatten auf dem Boden dämpfen die Landung. Die neue Kletterhalle in Regensburg kann sich sehen lassen, mit über 1000 Quadratmeter Kletterfläche ist sie zurzeit die zweitgrößte Kletterhalle weltweit und wird nur noch von der Münchner Boulderwelt übertroffen.

Die halbstündige Einführung in die Welt des Boulderns durch einen erfahrenen Trainer in lockerer Atmosphäre ist kostenlos. Danach kannst du dich zum ersten Mal auf einer der leichten Boulderrouten in die Höhe wagen – du wirst staunen, wie viel Spaß das macht! Und wenn du schon etwas Erfahrung besitzt, gibt es auch anspruchsvollere Boulderrouten oder zahlreiche Kurse, bei denen du Neues lernen kannst.

Anfahrt **Öffentlich:** Zug nach Regensburg. **Auto:** A 93 bis Regensburg.

Informationen Boulderwelt Regensburg GmbH, Im Gewerbepark, A 46, 93059 Regensburg, Tel. 0941/89 96 36 06; www.boulderwelt-regensburg.de.

Preise Eintritt: Kinder (bis 3 Jahre) 3 €, Kinder (4–13 Jahre) 6,90 €, Schüler, Studenten und Senioren 8,90 €, Erwachsene 9,90 €; Kursgebühren auf Anfrage.

Strudelfahrt durch die Steinerne Brücke

132

Ein schöner Sommertag – die prächtige Kulisse der Regensburger Altstadt – dazu die blaue Donau und eine klassische, fast schon nostalgische Dampferfahrt, die richtig Spaß macht, Geschichten und Geschichte über Stadt und Fluss vermittelt und gar nicht so gefährlich ist, wie der Name vermuten lässt …

Eine Fahrt über die Donau und die bekannten Donaustrudel gehört einfach dazu, wenn ihr Regensburg besucht. Wie wäre es also mit der Strudelschifffahrt auf der Donau? Die Einstiegs- und Ausstiegsstellen befinden sich in der Nähe der Steinernen Brücke. Und keine Angst, Strudelschifffahrt soll keineswegs bedeuten, dass ihr seekrank werdet! Der Name kommt von den kleinen Wirbeln unter der Steinernen Brücke, die an Bord eines Dampfers jedoch nicht gefährlich sind.

In einer knappen Stunde fahrt ihr per Schiff an der sehenswerten Regensburger Altstadt vorbei – die seit 2006 übrigens zum UNESCO-Welterbe gehört –, unter der Steinernen Brücke durch und über die Donaustrudel hinweg. Ihr seht vom Wasser aus den geschichtsträchtigen Salzstadel und den hochwassergeplagten Stadtteil Stadtamhof. Während der Fahrt erfahrt ihr allerlei Wissenswertes und Witziges über Regensburg, die Donau und ihre Schifffahrt.

ANTENNE BAYERN TIPP

In Regensburg könnt ihr euch als Hobbyarchäologe versuchen. Dazu findet ihr unter der Niedermünsterkirche aus dem 12. Jahrhundert Gelegenheit. Hier gilt es, die römischen Fundamente zu entdecken, auf denen Regensburg thront. Dieses »document niedermünster«, das nur bei einer Führung zugänglich ist, zählt zu den größten archäologischen Ausgrabungsstätten Deutschlands.

Anfahrt   **Öffentlich:** Zug nach Regensburg.   **Auto:** A 93 bis Regensburg.

Informationen   Tourist Information Altes Rathaus, Rathausplatz 4, 93047 Regensburg, Tel. 0941/507 44 10;

www.tourismus.regensburg.de; www.donauschifffahrt.eu.

Preise   8,90 € pro Person, Kinder (6–13 Jahre) 50 % Ermäßigung, Kinder unter 5 Jahren frei.

Anfahrt Öffentlich: Regionalzug nach Laaber, dann 10 Minuten Fußweg. **Auto:** A 3 Ausfahrt Laaber, Richtung Gewerbegebiet Hinterzhof, dort vierte Einfahrt rechts in Riegelweg.

Informationen Erlebnismax® Micha[el?] Fröhler, Riegelweg 4, OT Hinterzhof, 93164 La[a]ber, Tel. 094 98/90 24 60; www.erlebnismax.de

Preise Pro Person 49 €.

Zorbing – ein tolles (Gruppen-)Erlebnis

In einer riesigen durchsichtigen Plastikkugel, mit Haltegriffen und Gurten gesichert, »todesmutig« einen Hügel hinunterrollen, dabei kräftig durchgeschüttelt werden, jeden Hopser am Körper spüren, sich fühlen wie im Schleuderprogramm der Waschmaschine – und dabei wahnsinnig viel Spaß haben. Das ist Zorbing!

Und jetzt stell dir bitte vor, dass du das nicht allein machst, sondern mit 15 bis 25 anderen Menschen. Zuzuschauen, wie es den anderen »Zorbonauten« auf ihrem holprigen Weg nach unten ergeht, ist eine große Gaudi. Wäre das nicht eine Idee für den nächsten Geburtstag oder das nächste Firmenevent?

Noch ein paar Erklärungen zu diesem Trendsport. Im Inneren der 3,2 Meter großen, durchsichtigen Plastikkugel befindet sich eine 1,8 Meter große Hohlkugel, die durch unzählige Seile mit der äußeren Hülle verbunden ist. Sobald du durch einen Tunnel dort hineingekrochen bist, schnallst du dich an mehreren Haltegriffen und Gurten fest – die wirst du später brauchen, schließlich geht es mit Schwung bergab. Und schon ist es soweit, deine Kugel wird angeschubst und die holprige Reise nach unten beginnt! Je steiler der Hang wird, desto mehr Tempo nimmt die Kugel auf. Du wirst es sicher bestätigen: Die Mischung aus Rollen und Schütteln, das Gefühl, nach vorne zu fallen oder von hinten wieder nach oben gezogen zu werden, sorgt für den echten Kick! Es ist aufregend, sich ins Ungewisse fallen zu lassen – so sehr, dass man am Ziel am liebsten sofort wieder Zorbonaut sein möchte!

Für neu gewonnene Fans hier noch ein weiteres Detail: Das spannende Vergnügen mit den Zorbs wurde von den Neuseeländern Dwane van der Sluis und Andrew Akers erfunden und trat bereits seinen weltweiten Siegeszug an!

ANTENNE BAYERN TIPP

Wenn dir Zorbing nicht ganz geheuer ist: Der gleiche Veranstalter bietet auch beschauliche Kanufahrten, unter anderem auf der Naab und der Vils, an. Statt des ultimativen Kicks genießt du die Ruhe, die nur vom Gleiten des Paddels durchs Wasser unterbrochen wird …

Anfahrt **Öffentlich:** Zug nach Dietfurt. **Auto:** A 9 Ausfahrt Denkendorf, zunächst Richtung Riedenburg/Beilngries/Kipfenberg, dann Ausschilderung nach Dietfurt folgen.

Informationen Stadt Dietfurt, Hauptstraße 26, 92345 Dietfurt, Tel. 08464/640 00; www.dietfurt.de. Termine des Bayrisch-chinesischen Sommers siehe Homepage.

Du wirst deinen Augen nicht trauen: bunte Drachenwagen, ein Riesenrad, ein gewaltiger Drache aus Pappmaschee, unzählige chinesisch gekleidete Fußgänger und als Krönung der Kaiser auf seiner Sänfte – Bayrisch-China liegt mitten in der Oberpfalz, und das nicht nur zur Faschingszeit!

Jedes Jahr am Unsinnigen Donnerstag verwandelt sich das Städtchen Dietfurt in »Bayrisch-China«. Tausende Menschen besuchen alljährlich das Spektakel. »Kille Wau« lautet ihr Ruf. Bereits in den frühen Morgenstunden, etwa gegen 2 Uhr, zieht an diesem Tag der »Weckruf« durch die Straßen und weist mit viel Musik, Lärm und Geschepper auf den Dietfurter »Nationalfeiertag« hin. Mittags ziehen Faschingsgruppen in chinesischen Kostümen und mit verzierten Wagen durch die Altstadt, angefeuert von begeisterten Besuchern. Nachmittags folgt die feierliche Proklamation von Kaiser »Ko-Houang-Di« und dann geht die Faschingsgaudi richtig los: In allen Gaststätten feiern, trinken und lachen die Chinesen bis zum frühen Morgen – Gäste sind immer willkommen!

Zum Ursprung des Chinesenfaschings: Im Mittelalter soll der Bischof von Eichstätt seinen Kämmerer losgeschickt haben, weil die Dietfurter zu wenige Abgaben leisteten. Doch sie ließen den unerwünschten Besuch einfach vor der Stadtmauer stehen. Darauf beschwerte er sich, die Dietfurter hätten sich »wie die Chinesen« hinter ihrer Mauer verschanzt.

Seit 1928 wird zur Erinnerung an diesen legendären Tag jedes Jahr der Dietfurter Chinesenfasching gefeiert. Und wenn kein Fasching ist? Dann komm doch einfach zum Bayrisch-chinesischen Sommer nach Dietfurt! Zur Einstimmung aufs Reich der Mitte gibt es viel Musik, einen Altstadtlauf und eine bayrisch-chinesische Festmeile.

ANTENNE BAYERN TIPP

Ganzjährig geöffnet ist der QiGong-Pfad in Dietfurt, auf dem man wunderbar abschalten und entspannen kann: Die etwa 3,4 Kilometer lange Strecke beginnt vor dem Franziskanerkloster, führt an der Wassertretanlage vorbei und über den Franziskuspark.

Anfahrt **Öffentlich:** Bahnlinie München–Regensburg, ab Regensburg Bus nach Wolfsegg.
Auto: A 9 München–Nürnberg, Ausfahrt Dreieck Holledau, A 93 Hof/Regensburg/Wolnzach, Ausfahrt Regensburg-Pfaffenstein, B 8 bis Ausfahrt Richtung Pettendorf/Adlersberg/Kneitingm, R 39 bis Wolfsegg.

Informationen Kuratorium Burg Wolfsegg e. V., Burggasse, 93195 Wolfsegg, Tel. 09409/16 60; www.burg-wolfsegg.de.

Öffnungszeiten Mai–Sept. Sa/So/feiertags 10–16 Uhr; Führungen und zusätzlich Öffnung nach Absprache.

Burg Wolfsegg – voller Geheimnisse

Mitten im kleinen Örtchen Wolfsegg in der Oberpfalz thront auf einer Anhöhe eine spätmittelalterliche Burg – eine der wenigen, die heute noch komplett erhalten sind. Berühmt wurde die Burg vor allem durch die »Weiße Frau von Wolfsegg«, die hier seit dem 15. Jahrhundert ihr Unwesen treiben soll. Wer's nicht glaubt, ist selber schuld.

Zunächst ein Exkurs in die Vergangenheit: Was hat es mit der geheimnisvollen weißen Frau auf sich? Gräfin Klara von Helfenstein war im 15. Jahrhundert mit dem damaligen Burgherrn, Ulrich von Laaber, verheiratet. Dieser war aufgrund seiner vielfältigen Aufgaben häufig unterwegs. Während seiner Abwesenheit ließ sich seine Frau Klara mit Georg Moller ein, dem Besitzer der Hammermühle von Heitzenhofen – und Erzfeind ihres Mannes Ulrich. Als dieser von der Treulosigkeit seiner Frau erfuhr, heuerte er zwei Burschen aus dem Dorf an, um seine Frau zu töten. Seitdem soll ihr Geist als »Weiße Frau von Wolfsegg« auf der Burg umgehen. Interessanterweise starb kurze Zeit später auch Ulrich von Laaber eines plötzlichen Todes. Ein Racheakt des Liebhabers? Oder der ruhelos umherwandernden Klara?

Wie auch immer Ulrich zu Tode kam, mit ihm starb das Geschlecht der Laaber aus. In der Folgezeit wurde die Burg von den Wittelsbachern als Lehen eingezogen. Wolfsegg verfiel zusehends. Als schließlich 1933 Georg Rauchenberger die Burg kaufte, war sie nur noch eine Ruine. Ab 1965 wurde die Burg restauriert. Auch dabei passierte Unerklärliches: Bei den Ausgrabungsarbeiten soll eine Frau in Trance sogar den Mord an Klara von Helfenstein gesehen haben. Fantasie oder Wahrheit? Was es mit dieser geheimnisvollen Gestalt tatsächlich auf sich hat, wird wohl für alle Zeiten ein Rätsel bleiben.

ANTENNE BAYERN TIPP

Das Burgmuseum informiert über das mittelalterliche Leben auf Burg Wolfsegg. Ihr erfahrt dabei unter anderem, wie sich Ritter und Burgfräuleins damals bei Tisch benahmen, welche Aufgaben eine Frau in jener Zeit zu erledigen hatte und welches Geheimnis hinter dem Minnesang steckt.

Anfahrt **Öffentlich:** Bahnlinie München–Ingolstadt, ab Ingolstadt Regionalbahn nach Saal an der Donau, von dort Bus nach Essing, die Bushaltestelle ist ca. 700 m vom Besucherparkplatz entfernt. **Auto:** A 93 München–Regensburg, Ausfahrt Kelheim, auf St 2230 bis Parkplatz bei Essing.

Informationen Schulerloch: Tropfsteinhöhle Schulerloch, Oberau 2, 93343 Essing, Tel. 09441/17967 78; www.schulerloch.de. Klausenhöhlen: Tourismusverband im Landkreis Kelheim, Donaupark 13, 93309 Kelheim, Tel. 09441/207 73 30; www.tourismus-landkreis-kelheim.de.

Ein Kleinod im Altmühltal ist das mittelalterliche Essing. Malerisch zwängen sich seine Häuser an die steil aufragenden Jurafelsen. Doch uns zieht es hinunter in die geheimnisvollen Höhlen rund um Essing: das Schulerloch, ein einzigartiges Wasserbecken, und die Klausenhöhlen, ein System von mehreren übereinander geschachtelten Höhlen.

Im Schulerloch, einer 420 Meter großen Tropfsteinhöhle, suchten wohl schon die Neandertaler während der Eiszeit Zuflucht. Sicher ist, dass sich hier während der Jungstein- und Bronzezeit Menschen aufgehalten haben. Seit 1828 kann man die Höhle begehen, allerdings nur geführt. Ihr Schmuckstück ist ein vom Boden emporwachsender Tropfstein in Form eines Beckens, in das seit Millionen Jahren Wassertropfen von der Höhlendecke fallen. Übrigens: Sollte dir in der Höhle ein Wassertropfen auf die Nase fallen, wirst du 100 Jahre alt … so sagt man wenigstens. 200 Meter westlich vom Schulerloch liegt das Kleine Schulerloch mit einer prähistorischen Felsritzung, die einen Steinbock oder ein Rentier darstellt. Die kleine Höhle ist für Besucher jedoch nicht zugänglich.

Höhlenfreaks werden auch von den 330 Meter langen, im Jahr 1923 entdeckten Klausenhöhlen begeistert sein. Die Klausenhöhlen können eigenständig begangen werden – also Stirnlampe bitte nicht vergessen. Hier wurden unter anderem Harpunen, verschiedene Elfenbeingegenstände, Steingeräte und Tierzähne gefunden. Beeindruckend sind der auf eine Kalkplatte geritzte Wildpferdkopf und die Gravierung eines Mammuts auf einer Elfenbeinplatte. Der bedeutendste Fund war das Skelett eines etwa 30-jährigen Mannes aus dem Jungpaläolithikum. Leider ging man mit den Höhlen nicht immer so respektvoll um wie heute. Im Jahr 1860 wurde eine Höhle ausgeräumt und in einen Bierkeller umgewandelt …

ANTENNE BAYERN TIPP

In den Sommermonaten finden in der Schulerhöhle regelmäßig Konzerte statt – wegen der besonderen Akustik und Atmosphäre ein außergewöhnliches Erlebnis. Das Repertoire reicht von keltischen Klängen über Musik aus dem Mittelalter bis zu klassischen Konzerten.

Anfahrt

Öffentlich: Bahnlinie München–Ingolstadt, ab Ingolstadt Regionalzug nach Abensberg, ab Abensberg Bus nach Kelheim. **Auto:** A 93 München–Regensburg, Ausfahrt Abensberg, nach Kelheim fahren.

Informationen

Tourist-Information Kelheim, Ludwigplatz 1, 93309 Kelheim, Tel. 09441/70 12 34; www.tourismus-landkreis-kelheim.de. Kloster Weltenburg, Asamstraße 3, 93309 Kelheim, Tel. 09441/20 40; www.kloster-weltenburg.de.

Beeindruckend: der Donaudurchbruch

Vor über 130 000 Jahren bahnte sich die Donau zwischen Kelheim und Weltenburg mühsam ihren Weg durch die steilen Kalkfelsen des Jura. Am eindrucksvollsten erlebst du die sogenannte Weltenburger Enge bei einer Schiffsfahrt. Und vergiss auf keinen Fall, in der ältesten Klosterbrauerei der Welt Station zu machen.

Zwischen Kelheim und Weltenburg verengt sich die Donau auf bis zu 80 Meter und fließt durch steile, an die 100 Meter hohe Kalksteinwände. Bereits König Ludwig I. war von dieser atemberaubenden Flusslandschaft so beeindruckt, dass er sie 1840 zum Naturdenkmal erklären ließ.

Wir empfehlen, die Strecke von Kelheim nach Weltenburg zu Fuß zurückzulegen und den Rückweg auf dem Wasser, mit einem Ausflugsboot, anzutreten. Der idyllische Wanderweg verläuft ab Kelheim auf 5,7 Kilometer Länge überwiegend entlang der Donau. Du wanderst vorbei an der ehemaligen Franziskanerkirche und der Einsiedelei Klösterl. Immer wieder eröffnen sich schöne Ausblicke auf den Donaudurchbruch und schon bald taucht Kloster Weltenburg auf, dein erstes Ziel.

Kloster Weltenburg wurde im 7. Jahrhundert gegründet und ist damit das älteste bayerische Kloster. Sehenswert ist die prächtige Barockkirche der Gebrüder Asam mit der Orgel aus Weltenburger Marmor. Nach der Besichtigung kannst du dich im Biergarten der Klosterbrauerei stärken. Beim Rückweg auf dem Schiff kommen wir an ungewöhnlich geformten Kalksteinfelsen vorbei: den »drei feindlichen Brüdern«, dem »Räuberfelsen« und dem »bayerischen Löwen«. Sie eignen sich als fantastische Fotomotive.

In Kelheim erwartet dich mit der Befreiungshalle ein weiterer Höhepunkt. Sie wurde von König Ludwig I. zum Gedenken an die Befreiungskriege gegen Napoleon in Auftrag gegeben. Ein Fußweg führt von der Anlegestelle hinauf zum Michelsberg, auf dem die imposante Halle thront. Die Fassade zieren 18 Statuen, im Inneren reichen sich 34 Siegesgöttinnen die Hände. Wenn du die 150 Stufen der Wendeltreppe erklimmst, belohnt dich eine herrliche Aussicht über Donau und Altmühl.

Anfahrt **Öffentlich:** Bahnlinie München–
Ingolstadt, ab Ingolstadt Regionalzug nach
Abensberg, von dort mit der Buslinie 6018 nach
Kelheim. **Auto:** A 93 München–Regensburg,
Ausfahrt Abensberg, nach Kelheim fahren.

Informationen Informationszentrum
Naturpark Altmühltal, Notre Dame 1,
85072 Eichstätt , Tel. 08421/987 60;
www.naturpark-altmuehltal.de.

Größter Archäologie-park Europas – wow!

Wie und wo haben bei uns Höhlenmenschen gelebt? Wie haben Neandertaler gejagt? Was haben die Kelten gegessen? Und wie lebten die Siedler der Jungsteinzeit? Der Archäologiepark Altmühltal versetzt seine Besucher in einer spannenden Zeitreise zurück in die Zeit der Neandertaler, in die Bronzezeit und in die Epoche der Kelten.

Zwischen Kelheim und Dietfurt lädt der kostenlos zugängliche Archäologiepark Altmühltal seine Besucher auf 39 Kilometer Länge mit 18 verschiedenen Stationen zu einer spannenden und abwechslungsreichen Zeitreise in die Vergangenheit ein. Durch das mächtige Stadttor des spätkeltischen »Oppidums Alkimoennis« betrittst du die Welt unserer frühen Vorfahren. An jeder Station gibt es einen Hörpunkt. Dort sind Geschichten des Schriftstellers E. W. Heine zu hören, in denen er dich mit den Lebensweisen aus der Steinzeit, mit bronzezeitlichen und keltischen Grab- und Opferritualen und dem Alltag der Bewohner des Altmühltals vor Tausenden von Jahren bekannt macht. Man erfährt, warum die Menschen in der Bronzezeit ihren Toten Speisen und Getränke ins Jenseits mitgaben, während sie in der Eisenzeit mit Wagen und Zaumzeug bestattet wurden. Beim Erkunden der Wohnhöhlen des Neandertalers stößt du auf faszinierende Spuren seines kargen Lebens. An anderer Stelle staunst du über die Eisenverhüttung zur Zeit der Kelten und die Reste eines Feuerofens. Nachbauten keltischer Gebäude und Festungsanlagen wie das Keltentor in Kelheim veranschaulichen diese frühe Kultur.

Der gut ausgeschilderten Route des Archäologieparks Altmühltal folgst du am besten zu Fuß oder mit dem Fahrrad. Du kannst den Park selbstständig erkunden oder dich geführten Wander- und Radtouren anschließen.

ANTENNE BAYERN TIPP

Im Sommer finden zahlreiche Aktionstage für Kinder und Erwachsene statt. Beispielsweise steht im Erlebnispark Alcmona bei Dietfurt ein keltischer Kochkurs auf dem Programm, bei dem man die Ernährungsgewohnheiten der Kelten kennenlernt, Feuer macht, typische Gerichte kocht und gemeinsam im ehemaligen Keltenhof isst.

Anfahrt Öffentlich: Bahnlinie München–
Eichstätt. **Auto:** A 9 München–Nürnberg, Aus-
fahrt Ingolstadt-Nord, über B 16 und B 13 nach
Eichstätt.

Informationen Tourist-Information
Eichstätt, Domplatz 8, 85072 Eichstätt,
Tel. 08421/600 14 00; www.eichstaett.de.

Gemütliche Fahrrad-tour durchs Altmühltal

Im Altmühltal erlebst du ein einzigartiges Biotop im Herzen Bayerns. Schroffe Kalkfelsen erheben sich über sanfte Flusswindungen der Altmühl. Blühende Wiesen wechseln sich ab mit leuchtenden Feldern. Hast du Lust, die Schönheit des Altmühltals aus nächster Nähe zu erkunden? Dann nichts wie rauf aufs Fahrrad – es lohnt sich garantiert.

Los geht's in Eichstätt am Domplatz. Von dort radelst du über den Residenzplatz und biegst in die Altmühlauen ein. Der Weg führt am Hofgarten vorbei. Im Hintergrund taucht die ehemalige Sommerresidenz der Fürstbischöfe auf. Gemütlich radelst du an der Altmühl entlang und gelangst über Landershofen nach Pfünz. Auf dem Kirchberg erwartet dich ein römisches Kastell, das auf antiken Fundamenten rekonstruiert wurde. Im weiteren Verlauf führt der Radweg über eine mittelalterliche Steinbrücke auf die linke Flussseite. Du kommst an der Almosmühle vorbei nach Inching. Dort haben die Eichstätter Domherren ein weiteres Sommerschlösschen gebaut. Über die Brunnmühle fährst du weiter nach Walting, wo du die Altmühl erneut überquerst und auf der rechten Flussseite weiterradelst. Vorbei an Rieshofen mit seiner Turmruine geht es nach Pfalzpaint. In dem kleinen Ort erwartet dich ein weiterer Turm, der ursprünglich zu einer romanischen Burganlage gehörte. Dort musst du erneut die Flussseite wechseln.

Der Radweg verläuft jetzt unterhalb der Gungoldinger Wacholderheide, die im Mittelalter durch Rodung entstanden ist. Sehenswert ist die auf halber Höhe gelegene barocke Pfarrkirche Maria Himmelfahrt. Kurz darauf lassen sich rechter Hand Spuren des Burgstalls Rauenwörth ausmachen. Danach näherst du dich den zerklüfteten Felsen von Arnsberg mit der Burg aus dem 11. Jahrhundert. Nach dem Weiler Regelmannsbrunn taucht inmitten der Felder eine Kirche auf, die an der Stelle eines früheren römischen Kastells erbaut wurde. Von hier hast du es nicht mehr weit zum mittelalterlichen Markt Kipfenberg. Nach 30 Kilometern hast du nun den Endpunkt der Radtour erreicht.

Anfahrt Öffentlich: Bahn München–Freising, ab Freising Bus nach Mainburg. **Auto:** A 9 München–Nürnberg, Ausfahrt Dreieck Holledau, auf A 93 Richtung Hof/Regensburg/Wolnzach, Ausfahrt Mainburg Richtung Landshut/Geisenfeld, bei St 2049 links nach Mainburg abbiegen.

Informationen Fremdenverkehr und Tourismus, Marktplatz 1–4, 84048 Mainbur Tel. 08751/704 23; www.mainburg.de; www.hopfenland-hallertau.de.

Wie kommt eigentlich der Hopfen ins Bier?

Habt ihr euch diese Frage schon öfter vor einer frisch gezapften Maß gestellt? Dann nichts wie hin zum Erlebnispfad »Hopfen und Bier« bei Mainburg in der Hallertau, dem weltweit größten zusammenhängenden Hopfenanbaugebiet. Auf dem Rundweg durch die herrliche Kulturlandschaft erfahrt ihr alles über den Weg vom Hopfen zum Bier.

Ausgangs- und Endpunkt der zwölf Kilometer langen Rundwanderung durch das idyllische Abenstal ist die »Hopfenmetropole« Mainburg. Dort wird heute die Hälfte der gesamten bayerischen Hopfenernte verarbeitet und in über 90 Länder weltweit verschickt. Die 15 Stationen des Erlebnispfades »Hopfen und Bier« informieren euch anschaulich über Wissenswertes, Kurioses und Interessantes rund um die bayerischste aller Pflanzen und das bayerische Nationalgetränk. Der Erlebnispfad führt an mächtigen, landschaftsprägenden Hopfengärten, Schafweiden, Feldern und Wiesen vorbei. Ihr könnt den Weg in ca. dreieinhalb Stunden zu Fuß erwandern oder auch sehr gut mit dem Fahrrad erkunden. Am schönsten ist es hier im Sommer, wenn die Hopfenreben üppig stehen und im August die Ernte, das »Hopfazupfa«, bevorsteht. Dann rankt sich das »Grüne Gold«, wie der Hopfen auch genannt wird, an bis zu sieben Meter hohen Spalieren. Sie lassen den Arbeitsaufwand des Hopfenanbaus erahnen, der in der Hallertau erstmals für das Jahr 736 urkundlich nachgewiesen ist. Der Sommer ist aber auch die Zeit der vielen Hopfenfeste, bei denen Gäste immer willkommen sind.

Wusstet ihr, dass das Biertrinken im Mittelalter mitunter eine gefährliche Angelegenheit war? Gewissenlose Bierpanscher mischten nämlich Kräuter, Wurzeln, Ruß oder Samen ins Bier, um seinen Geschmack zu beeinflussen oder seine berauschende Wirkung zu verstärken. Die Folge war das Bayerische Reinheitsgebot von 1516, das bis heute Gültigkeit hat. Allen EU-Normen zum Trotz: In bayerisches Bier kommen nur Wasser, Hopfen und Malz. Später kam die Hefe hinzu, ohne die eine Bierproduktion nicht möglich ist.

Anfahrt **Öffentlich:** Bahnlinie München–Landshut. **Auto:** A 9 München–Nürnberg, Ausfahrt Kreuz Neufahrn, auf A 92 Richtung Deggendorf/Landshut, Ausfahrt Landshut-West, Richtung Altdorf-West/Bruckberg, bei St 2045 rechts abbiegen, Ausschilderung Landshut folgen.

Informationen Tourist-Information im Rathaus, Altstadt 315, 84028 Landshut, Tel. 0871/92 20 50; www.landshut.de.

Der höchste Back- steinturm der Welt

Eine Stadt mit zwei Gesichtern: das moderne Landshut mit Geschäften, Cafés und Kinos auf der einen und die mittelalterliche Stadt mit dem höchsten Backsteinturm der Welt auf der anderen Seite. Alle vier Jahre wird mit der »Landshuter Hochzeit«, dem bekanntesten Mittelalterfest Bayerns, an die glanzvolle Fürstenhochzeit von 1475 erinnert.

Doch so lange musst du natürlich nicht warten. Die alte Herzogstadt ist immer einen Besuch wert. Um die mittelalterliche Vergangenheit aufzuspüren, gibt es keinen besseren Ort als die wunderschöne, auf einem Hügel über der Stadt thronende Burg Trausnitz. Um 1204 von Herzog Ludwig I. gegründet, war die Burg bis 1503 Residenz des Wittelsbacher Teilherzogtums Niederbayern. Ab 1568 wurde sie in ein Schloss im italienischen Stil umgebaut. Daran erinnert die »Narrentreppe« von 1578. Ihre farbenfrohen Fresken zeigen Szenen der damals auf der Burg beliebten Commedia dell'Arte. Fahrende Schauspieler trugen zum Zeitvertreib aus Italien stammende Theaterstücke am Landshuter Fürstenhof vor.

Nach der Besichtigung der Burg gehst du hinunter in die gut erhaltene mittelalterliche Altstadt. Das Mittelalter war die Glanzzeit Landshuts, das damals als Kunststadt Furore machte. So ist der Turm der gotischen St. Martinskirche mit 130,6 Metern der höchste Backsteinturm der Welt. Einen weiteren Rekord bietet die Landshuter Residenz, die Ludwig X. von 1536 bis 1543 erbauen ließ. Sie ist der erste Renaissancepalast nördlich der Alpen, das Vorbild waren norditalienische Paläste.

ANTENNE BAYERN TIPP

»Himmel Landshut, Tausend Landshut«, so klingt es alle vier Jahre in Landshut. Dann wird bei einem der größten historischen Feste in Europa die Hochzeit des Landshuter Herzogssohns Georg dem Reichen mit der polnischen Königstochter Hedwig von 1475 nachgespielt. Sie einte damals das christliche Abendland. Über 2000 Landshuter schlüpfen in mittelalterliche Kostüme und lassen vor der Kulisse der Altstadt die damalige Hochzeit lebendig werden – das nächste Mal 2021. Gemeinnütziger Verein »Die Förderer e. V.«, Spiegelgasse 208, 84028 Landshut, Tel. 0871/229 18; www.landshuter-hochzeit.de.

142 Gruseln auf Burg Trausnitz

Seid ihr mutig und denkt, »Schlossgespenster gibt es nicht«? Dann traut ihr euch bestimmt, nachts im Dunkeln eine uralte Burg auszukundschaften! Auf Burg Trausnitz über der Stadt Landshut macht euch dieser Ausflug im Rahmen einer Kinderführung riesig Spaß. Nebenbei hört ihr eine ganze Menge über das damalige Leben auf einer Burg.

Dabei müsst ihr wissen: Die Geisterführung auf Burg Trausnitz ist ausschließlich für Kinder. Erwachsene dürfen nicht teilnehmen! Aber denkt daran, euch vorher anzumelden. Und zieht unbedingt eine warme Jacke an – selbst im Sommer. Und eine Taschenlampe sollte auch nicht fehlen. Eure Eltern warten in der Zwischenzeit in der Burgschenke auf euch.

Dann geht es auch schon los: Eure Geisterführung startet am Abend, sobald keine anderen Besucher mehr auf der Burg sind. Ihr lernt das Burgverlies kennen, besichtigt Folterinstrumente, Pranger sowie Weinkeller, erkundet das Ritterklo, werft einen Blick auf die Narrentreppe und mit Glück hört oder seht ihr auch die »weiße Frau«, das Gespenst der Burg Trausnitz. – Es gibt aber auch weniger gruselige Familienführungen.

Anfahrt **Öffentlich:** Mit der Bahn nach Landshut, weiter mit Bus 7, Haltestelle »Kalcherstraße«. **Auto:** Über die A 92, Ausfahrt Moosburg-Nord, weiter auf der B 11 nach Landshut/Stadtmitte und von dort zur Burg.

Informationen Burgverwaltung Landshut, Burg Trausnitz 168, 84036 Landshut, Tel. 0871/92 41 10; www.burg-trausnitz.de.

Öffnungszeiten April–Sept. tgl. 9–18 Uhr, Okt.–März 10–16 Uhr. Die Räume der Burg können nur im Rahmen einer Führung besichtigt werden; Termine für Kinderführungen siehe Homepage.

Preise Besichtigung im Rahmen der klassischen Führung: Erwachsene 5,50 €, Kinder und Schüler kostenlos; Themenführungen: Erwachsene 11 €, Kinder 6 €; reine Kinder-Themenführung pro Kind 3 €.

Altersbeschränkung Geisterführung 6–10 Jahre, Sagenführung ab 4 Jahren.

Jux und Tollerei im Erlebnispark Voglsam

Im Erlebnispark Voglsam verbringt ihr einen abwechslungsreichen, unterhaltsamen Familientag, der sicher keine Freizeitwünsche offen lässt. Jagt die Sommerrodelbahn hinab, amüsiert euch beim Bauern- oder Fußballgolf, im Hochseilgarten und, und, und … Um aufzuzählen, was man alles machen kann, reicht der Platz hier nicht. Schaut vorbei!

Im Erlebnispark Voglsam sind zahlreiche unterhaltsame Freizeitattraktionen vereint. Die sind so unterschiedlich, dass bestimmt jedem von euch etwas gefällt. Der Park selbst kostet keinen Eintritt. So besucht ihr schon mal alle Tiere absolut gratis. Und natürlich gibt es jede Menge Spielmöglichkeiten wie eine Hüpfburg, einen Barfußpfad oder einen Abenteuerspielplatz, wo sich Kinder auspowern können.

Dann entscheidet ihr, mit welchem der vielen Angebote ihr beginnen wollt. Es gibt eine Sommerrodelbahn oder die Familien-Kartbahn. Oder ihr geht auf den Hochseilgarten, der euren ganzen Mut erfordert. Ihr wollt es lieber gemütlicher? Dann spielt doch eine Runde Bauerngolf.

Anfahrt
Öffentlich: Mit der Bahn bis Eggenfelden oder Landau an der Isar, weiter mit dem Bus. **Auto:** Über die A 92, Ausfahrt Landau, weiter über die B 20 nach Süden, dann rechts über Simbach und Arnstorf.

Informationen
Erlebnispark Voglsam, Voglsam 1, 84337 Schönau, Tel. 08726/210; www.erlebnispark-voglsam.de.

Öffnungszeiten
Ca. Ende März–Mitte Okt. meist 10–18 Uhr, in der Vor- und Nachsaison einige Ruhetage und etwas kürzer geöffnet.

Preise
Parkanlage: Eintritt frei; Kartbahn: Einzelfahrt ab 8 €; Kletterpark: Erwachsene 20 €, Jugendliche 12–15 Jahre 16 €, Kinder 6–11 Jahre 12 €; Sommerrodelbahn: Erwachsene (ab 16 Jahren) 2 €, Kinder ab 8 Jahren 2 €; Fußballgolf: ab 16 Jahren 5 €, Kinder 4 €; Ballonfahrt: je nach Gruppengröße ab 100 € pro Kind, ab 170 € pro Erwachsener.

Altersbeschränkung
Sommerrodeln ab 3 Jahren, bis 8 Jahre nur in Begleitung eines Erwachsenen; Karts ab 6 Jahren und mindestens 120 cm Körpergröße.

Anfahrt

Öffentlich: Mit der Bahn bis Saal an der Donau, weiter mit Bussen bis Riedenburg (wenige Verbindungen pro Tag). **Auto:** Über die A 9, Ausfahrt Denkendorf, oder über die B 16 von Kelheim kommend. In Riedenburg der Beschilderung folgen. Mit großen Autos besser über die Südseite zur Burg fahren, die Burgstraße ist nur eine schmale Gasse.

Informationen

Falkenhof Schloss Rosenburg, Schlossweg 6, 93339 Riedenburg, Tel. 09442/27 52; www.falkenhofrosenburg.de.

Öffnungszeiten

Mitte März–Mitte O Di–So 9–17 Uhr, Flugvorführungen tgl. um 11 und 15 Uhr.

Preise

Erwachsene 8 €, Kinder bis 15 Jahre 5 €.

Vogelflugshow auf dem Falkenhof

Hoch über dem Altmühltal liegt die mittelalterliche Rosenburg – eine äußerst malerische Kulisse für die Besichtigung eines Falkenhofs. Zweimal täglich fesseln euch während einer Flugshow die unglaublichen Künste der faszinierenden Greifvögel. Ihr seid hautnah dabei und verfolgt die Vögel in voller Aktion.

Die Geschichte der Falknerei reicht weit in die Vergangenheit zurück. Damals richtete man diese Vögel vor allem für die königliche Jagd ab. Bis heute ist ihr Reiz jedoch ungebrochen, auch wenn es nur mehr wenige Falkner gibt.

Die Welt der Greifvögel wirkt geheimnisvoll und majestätisch. Doch ein paar dieser Geheimnisse werden beim Besuch auf der frisch renovierten Rosenburg gelüftet. Während der Show erzählen euch die Falkner sehr unterhaltsam viele interessante Dinge über die Verhaltensweisen und Jagdmethoden ihrer Vögel – und ihr schaut euch das gleich live an! Die Raubvögel wie Eulen, Falken, Bussarde, Geier und Adler stammen meist aus eigener Zucht und wurden von Hand aufgezogen. Während der Flugvorführung steigen sie hoch in die Luft, nur um kurz darauf knapp über eure Köpfe hinwegzurauschen. Bewegt euch am besten nicht, dann spürt ihr sogar ihren Flügelschlag! Wetten, dieses Erlebnis vergesst ihr nie, vor allem, wenn die große Geierdame Mary mit ihrer prächtigen Spannweite eure Nähe sucht! Das ist einfach atemberaubend und wirklich faszinierend. Schaut euch nach der Aufführung den Falkenhof und das angeschlossene Burgmuseum an. Hier erfahrt ihr noch viel mehr über Grafen und Falkner. Oder habt ihr Lust auf einen Bummel durch den Ort Riedenburg unten im Tal? Rund um den netten Marktplatz gibt es einige Einkehrmöglichkeiten. Bei einem Spaziergang entlang der Altmühl schaut ihr den Ausflugsbooten und dem Schiffsverkehr zu.

ANTENNE BAYERN TIPP

Hier dreht sich alles um edle Steine: Es leuchtet, glitzert und funkelt im Kristallmuseum von Riedenburg. Lasst euch von der größten Bergkristallgruppe der Welt faszinieren!

Anfahrt Öffentlich: Mit der Bahn nach Straubing, danach 45 Minuten Fußweg zum Tiergarten. **Auto:** Über die A 3, Ausfahrt Kirchroth/Straubing, oder über die B 8, Ausfahrt Tiergarten.

Informationen Tiergarten Straubing, Am Tiergarten 3, 94315 Straubing, Tel. 09421/121 77; www.tiergarten-straubing.de.

Öffnungszeiten März–Okt. tgl. 8.30–18 Uhr, Nov.–Feb. 9–16 Uhr.

Preise Erwachsene (ab 16 Jahren) 6 €, Kinder ab 5 Jahren 4 €.

Klein, aber fein – der Straubinger Tiergarten

Gibt es etwas Schöneres, als Tiere aus der ganzen Welt zu beobachten? Am liebsten natürlich live? Falls ihr gerade keine Zeit dazu habt, um die halbe Welt zu reisen, schaut doch einfach im Straubinger Tiergarten vorbei. Denn dort findet ihr eure Lieblingstiere und jede Menge Exoten.

Der Straubinger Tiergarten ist im Gegensatz zu einigen anderen bayerischen Zoos eher unbekannt – vollkommen zu Unrecht, denn er bietet der ganzen Familie ebenso viel Interessantes wie auch Unterhaltsames aus der Tierwelt. Der Vorteil ist, dass hier deutlich weniger Andrang herrscht als anderswo. So habt ihr genug Zeit und Ruhe, alle Tiere genauestens zu beobachten.

Auf dem Rundweg spaziert ihr gemütlich an den Gehegen vorbei. Um alle 200 hier lebenden Tierarten aufzuzählen, wäre kein Platz auf dieser Seite. Es gibt heimische und europäische Arten, aber auch exotische wie Krokodile, Löwen, Kängurus, Affen und sogar einen Tiger. Einzigartig ist das sogenannte Danubium. Straubings Nähe zur Donau hat zu diesem Feuchtbiotop und Aquarium inspiriert. Es zeigt den Tier- und Fischreichtum der Donau von ihrer Quelle bis zum Schwarzen Meer. Das ist wirklich etwas Besonderes.

Natürlich gibt es auch Spielplätze mit Schaukeln, Rutschen und Klettermöglichkeiten. Auf euch wartet außerdem ein Streichelzoo und, vor allem in den Sommerferien, ein tolles, abwechslungsreiches Ferienprogramm. Und falls ihr noch mehr über die Arbeit und das Leben in einem Zoo wissen wollt, kommt zum Tag der offenen Tür. Einmal im Jahr ist dann der Blick hinter die Kulissen erlaubt. Lasst euch den nicht entgehen!

ANTENNE BAYERN TIPP

Das Ferienprogramm des Tiergartens bietet im Sommer äußerst spannende Unterhaltung für Kids. Bei »Bitte zu Tisch« erfahrt ihr alles rund um die Fütterung. Sehr beliebt ist auch der interessante Fotoworkshop. Da lernt ihr, wie man mit einem Smartphone beeindruckende Tierfotos schießt. Das Highlight im Programm: eine Übernachtung im Zoo. Wer traut sich?

Anfahrt

Öffentlich: Mit der Bahn nach Deggendorf, weiter mit Bussen nach Egg. **Auto:** Über die A 3, Ausfahrt Metten, über Metten nach Egg/Bernried.

Informationen

Schloss Egg, 94505 Bernried, Tel. 09905/80 01; www.schloss-egg.de.

Öffnungszeiten

Mai–Sept. tgl. 10–16 Uhr, April /Okt. nur So/feiertags 10–16 Uhr.

Preise

Erwachsene 5 €, Kinder ab 6 Jahre 2,50 €.

Eine echte Burg wie im Film: Schloss Egg

Geht ihr gerne ins Kino und seid Fans von Filmen wie »Fünf Freunde« oder »Bibi Blocksberg«? Ja? Dann schaut euch unbedingt die berühmte und beeindruckende Filmlocation Schloss Egg an – denn hier, in der ehemaligen Ritterburg, wurden große Teile dieser mitreißenden Streifen gedreht!

Dabei ist Schloss Egg bei Bernried keine reine Filmkulisse, sondern ein waschechtes Schloss mit langer Vergangenheit. Die Erbauung geht auf das 11. Jahrhundert zurück. Im Laufe der Jahrhunderte wurde es von einem Wasserschloss zum neugotischen Märchenschloss umgebaut. Warum, wieso, weshalb … das erfahrt ihr bei eurem einstündigen, geführten Rundgang. Dabei besichtigt ihr das Schloss auch von innen. Schaut euch die Prunkräume an – Rittersaal, gelber und roter Salon, Spiegelsaal und das Schlafzimmer von König Max II. Die Zimmer sind … natürlich märchenhaft.

Unheimlich dagegen ist die Spukgeschichte über herumgeisternde Gestalten. Noch gruseliger geht's nicht? Dann lasst euch im Folterkeller eines Besseren belehren. Vom Innenhof aus könnt ihr ihn selbstständig besuchen. Oder ihr steigt über 120 Stufen auf den Hungerturm. Dieser Turm ist mit 45 Meter Höhe der höchste Burgturm Bayerns. Man hat dort einst 183 Skelette gefunden. Aber keine Angst: Die sind mittlerweile friedlich auf dem benachbarten Friedhof beigesetzt. Schaurig, oder? Atemberaubend ist die Aussicht vom Turm. Ihr schaut weit über das Perlbachtal und den Bernrieder Winkel auf die Ausläufer des Bayerischen Waldes. Vor allem an einem klaren Tag reicht die Sicht besonders weit.

ANTENNE BAYERN TIPP

Auf Schloss Egg kann man im Schlossrestaurant was Leckeres essen. Es gibt einen Spielplatz und sogar einen Biergarten mit Selbstbedienungsrestaurant. Sehr nett ist auch das nahe Gasthaus Wild Berghof im Ortsteil Buchet. Angeschlossen ist ein riesiges Hirschgehege. Und falls euch nach dem Ausflug der Sinn noch nach Kunst und Kultur steht, dann besichtigt im nahen imposanten Kloster Metten die farbenprächtige Bibliothek.

Anfahrt

Öffentlich: Mit dem Zug nach Straubing, weiter mit dem Bus nach Grün/St. Englmar. **Auto:** Über die A 3, Ausfahrt Schwarzach/St. Englmar oder Bogen, weiter nach St. Englmar, dort in den Ortsteil Grün.

Informationen

Rodel- & Freizeitparadies St. Englmar, Grün 10, 94379 St. Englmar, Tel. 09965/12 03; www.sommerrodeln.de.

Öffnungszeiten

Ab der Karwoche bis einschl. Anfang Nov. tgl. 9–18 Uhr.

Preise

Der Eintritt in den Erlebnispark ist Rodelbahnen: ab 15 Jahren 2,50 €, Kinder 2 €; Sommer-Tubing: 1 €; Bayerwald-Abenteuergc Erwachsene 4 €, Kinder 3 €; Bayerwald-Fox-Pa cours: Erwachsene 7 €, Kinder 6 €; vergünstig Mehrfachtickets.

Altersbeschränkung

Rodelbahne 3 Jahren, unter 8 Jahren nur in Begleitung ein Älteren; Sommer-Tubing ab 4 Jahren; Flying F ab 8 Jahren und 1,10 m Körpergröße, aber nu Begleitung eines Erwachsenen.

Rodel- & Freizeitspaß am Egidi-Buckel

Eure Haare flattern im Wind, ihr habt den Fahrtwind im Gesicht und spürt die Fliehkräfte – so saust ihr den Egidi-Buckel hinunter. Auf den zwei längsten Sommerrodelbahnen im Bayerischen Wald, dem »Bayerwald Coaster« und dem »Bayerwald-Bob«, geht's gefahrlos über Jumps, wilde Kurven und einen 360°-Steilwandkreisel. Achtung, Suchtgefahr!

Dabei sind die beiden Sommerrodelbahnen noch lange nicht alles, was euch am Egidi-Buckel geboten wird. Auf der 12-Loch-Abenteuergolfanlage tretet ihr gegeneinander an und übt das Einputten. Oder ihr rutscht nebeneinander in knatschroten Gummireifen die Sommer-Tubingbahn hinunter. Auf dem hauchdünnen Wasserfilm braucht ihr nicht einmal eine Badehose – ihr bleibt trocken!

Es gibt jedoch noch viel mehr im unvergleichlichen Freizeitpark zu erleben. Neben dem Rutschenparadies und vielen Spielplätzen ist speziell der Wasserspielplatz im Sommer ein Eldorado für die Kleinsten. Da bleibt man nicht trocken, unbedingt Wechselkleidung mitnehmen. Bei schlechterem Wetter weicht ihr in eine Indoor-Spielhalle aus. Der Eintritt dafür ist frei, nur einzelne Fahrgeschäfte wie z. B. die Bumper-Boote oder das Bungee-Trampolin kosten extra. Auf dem Kletterspielplatz mit Vogelnest könnt ihr zeigen, was ihr draufhabt. Ein Streichelzoo mit neugierigen und frechen Ziegen liegt am hölzernen Aussichtsturm. Dort erwartet euch ein brandneuer Höhepunkt: extrem steile Megarutschen! Sie führen von der obersten Plattform 20 Meter in die Tiefe. Das geht ganz schnell. Wer will, wagt sich vom Aussichtsturm auf den Bayerwald-Fox. Ausgerüstet mit Klettergurt, fliegt ihr über die gesamte Anlage von Plattform zu Plattform und überwindet dabei Hindernisse. Wer traut sich zuerst?

ANTENNE BAYERN TIPP

Wie gut ist eure Orientierung? Schafft ihr es durch einen Irrgarten? Probiert es doch einmal in St. Englmar am Gasthof Kupferkessel aus. Der Spaß ist mit Rätseln gespickt und garantiert vergnügte Stunden. Am Ende genießen alle auf der sonnigen Terrasse die Aussicht über den Ort. Informationen unter www.irrgarten-sankt-englmar.de.

148 Waldwipfelweg und »Haus am Kopf«

Einzigartig, verkehrt und absonderlich … all das ist das sogenannte »Haus am Kopf«. Denn hier ist die Welt komplett verdreht und alles steht Kopf. Noch nie war es so einfach, kopfüber auf der Zimmerdecke zu laufen. Habt ihr Lust, die Schwerkraft zu überwinden? Dann nichts wie los!

Auf dem Gelände des Waldwipfelweges reihen sich die Attraktionen aneinander. Beginnt einfach mit dem bis zu 30 Meter hohen »Waldwipfelweg«, der auf hölzernen Stelzen bis zu den Baumspitzen führt. Auf der luftigen Hängebrücke bekommt ihr einen Wahnsinns-Adrenalinschub und wagt einen Blick von der Aussichtsplattform. Das ist aber noch lange nicht alles. Lüftet die Geheimnisse der Natur auf dem zwei Kilometer langen »NaturErlebnisPfad«. Schaut euch die interessanten Mitmach-Stationen, Sinneshöhlen, genauer an und beweist eure Kletterkünste an der Kletterwand.

Lust auf mehr? Dann lauft weiter zum »Pfad der optischen Phänomene«. Ihr werdet staunen! In dieser Welt der Täuschungen ist es schwierig, die Tricks zu durchschauen. Die größte optische Täuschung ist natürlich das Haus am Kopf. Schon beim Betreten merkt ihr, dass hier was nicht stimmt. Spaziert um die Deckenlampe herum, macht einen Handstand über der Toilettenschüssel oder schaut von oben auf den Mittagstisch. In diesem Haus ist die Schwerkraft aufgehoben – oder ist alles Schwindel?

Anfahrt Öffentlich: Nicht möglich. **Auto:** Über die A 3, Ausfahrt Bogen, dort weiter auf der St 2139 Richtung Norden, Maibrunn liegt westlich von St. Englmar.

Informationen Waldwipfelweg GmbH, Maibrunn 2 a, 94379 St. Englmar, Tel. 09965/800 87; www.waldwipfelweg.de.

Öffnungszeiten April–Sept. 9–19 Uhr, Okt. 9–18 Uhr, Nov.–März 9–16 Uhr.

Preise Erwachsene 7,50 €, Kinder 5 €, Haus am Kopf 2 € pro Person extra.

Wandertour zu den Rißlocher Wasserfällen

Bergfexe aufgepasst! Plätschernd, rauschend und tosend stürzt sich das Wasser des Rißbaches über bis zu 15 Meter hohe Kaskaden ins Tal. Ein unbeschreiblich imposantes Schauspiel, das sich euch während eines wundervollen Streifzugs durch das Naturschutzgebiet im Bayerischen Wald bietet.

Am besten wählt ihr für den Start den Wanderparkplatz Rißlochbach am Ortsrand von Bodenmais. Auf der Forststraße geht es Richtung Norden, bis sich der Weg teilt. Haltet euch links auf dem steinigen Pfad zu den Rißloch-Fällen – dort beginnt der beeindruckende Rundweg.

Es geht steil hinauf. Gleich kommt ihr dem Bach ganz nah und folgt ihm weiter aufwärts. Kraftvoll und gewaltig fließt das Wasser zwischen moosbewachsenen Steinen ins Tal. Genießt den Anblick und erobert die Urwaldlandschaft!

Auf eurer Route kreuzt ihr die Unteren Wasserfälle und überquert bald eine Holzbrücke in Richtung Obere Wasserfälle. Gischt liegt in der Luft, besonders wenn ihr nach einem Regenschauer oder während der Frühjahrsschneeschmelze unterwegs seid. Unglaublich, mit welcher Kraft und Geduld das Wasser hier die Landschaft formt.

Für den Abstieg könnt ihr den bequemen Wanderweg auf der anderen Seite des Baches wählen. Er ist nach Bodenmais beschildert.

Anfahrt **Öffentlich:** Mit der Bahn bis Plattling, von dort mit der Waldbahn über Zwiesel nach Bodenmais. **Auto:** Über die A 3, Ausfahrt Deggendorf, weiter auf der B 11 bis Regen, über die St 2132 nach Bodenmais.

Informationen Bodenmais Tourismus, Bahnhofstraße 56, 94249 Bodenmais, Tel. 09924/77 81 35; www.rissloch.de.

Öffnungszeiten Frei zugänglich.

Preise Kostenlos.

Altersbeschränkung Keine, aber eine Begehung mit Kinderwagen ist bei dieser Tour nicht möglich.

Anfahrt **Öffentlich:** Mit der Bahn bis Plattling, von dort mit der Waldbahn über Zwiesel
nach Bodenmais. **Auto:** Über die A 3, Ausfahrt
Deggendorf, weiter auf der B 11 bis Regen,
dann über die St 2132 nach Bodenmais.

Informationen Sport Alm Hütte am
Silberberg, Barbara Straße 1, 94249 Bodenmais,
Tel. 09924/958 58; www.silberberg-erlebnis.de.

Öffnungszeiten Mo/Mi/Sa/So
11–15 Uhr, feiertags/Ferien tgl., Nov.–April
geschlossen.

Preise Bogenparcours: Erwachsene 21 €,
Kinder 19 € (inkl. Ausrüstung).

Altersbeschränkung Ab etwa
4 Jahren.

Mit Pfeil und Bogen am Silberberg

Wie sieht's aus? Habt ihr Lust, wie einst Robin Hood mit Pfeil und Bogen durch die Wälder und Auen zu streifen – achtsam, konzentriert und immer das Ziel vor Augen? Genau das könnt ihr auch heute noch ausprobieren – mitten im Bayerischen Wald, beim Bogenschützenparcours am Silberberg.

In Bodenmais auf der Sport Alm lernt ihr schnell den Umgang mit Pfeil und Bogen: Wie ihr kraftvoll den Bogen spannt, konzentriert das Ziel fokussiert und schließlich mit ruhiger Hand die Sehne losschnellen lasst. Genau wie in alten Zeiten – nur dass ihr heute natürlich keine echten Tiere mehr erlegt, sondern naturgetreue 3-D-Nachbildungen.

Pfeil und Bogen könnt ihr euch an der Sport Alm, dem Betreiber der Anlage, ausleihen. Feste Schuhe müsst ihr mitbringen. Bevor es losgeht, bekommt ihr natürlich eine Einweisung mit Sicherheitshinweisen und Verhaltensregeln. Nach einer abschließenden Übung geht es dann selbstständig ins Gelände. Das »Jagd-Revier« bietet 20 Ziele. Drei bis vier Stunden braucht ihr für die Strecke über den Silberberg bis hinauf zur Mittelstation. Auf dem Weg testet ihr euer Schießtalent an Dinosauriern, Adlern, Hasen, Bären, Wildschweinen, Kobras oder überdimensionierten Weinbergschnecken – natürlich alles Attrappen! Hier ist Jagderfolg garantiert!

Neben dem Bogenschießen bietet die Sport Alm vor allem in den Ferienmonaten abwechslungsreiche Events an. Nach Voranmeldung könnt ihr Goldwaschen, Rafting-Touren oder eine spannende Schatzsuche im Urwald buchen. Das Abenteuer ruft – ihr müsst nur hinfahren!

> **ANTENNE BAYERN TIPP**
>
> Der Silberberg nahe Bodenmais ist als Ausflugsziel sehr beliebt. Hier könnt ihr zu vielen weiteren schönen Ausflügen starten. Wie wäre es mit einer Wanderung auf den Gipfel – oder ihr erklimmt ihn mithilfe des Sesselliftes? Oben erwarten euch eine Sommerrodelbahn, ein Spielplatz und die brandneue Tubing-Rutsche. Wollt ihr auch die Geheimnisse des Silberbergs lüften? Dann erfahrt ihr im historischen Besucherbergwerk alles über die Silberfee und den Berggeist.

Anfahrt   **Öffentlich:** Bahnlinie München–
Landau a. d. Isar, vom Bahnhof Landau Fußweg
zur Isar, auf Isarradweg bis Usterling, ca. eine
Stunde (fünf Kilometer).   **Auto:** A 92 München–
Deggendorf, Ausfahrt Landau a. d. Isar, auf
B 20 Richtung Landau, am Ortsrand Richtung
Mamming/Dingolfing, Ausschilderung nach
Usterling folgen.

Informationen   Rathaus Landau a. d.
Isar, Oberer Stadtplatz 1, 94405 Landau a. d. Isar,
Tel. 09951/94 10; www.landau-isar.de.

Wachsender Felsen von Usterling

Ein wundersames Naturdenkmal in Niederbayern ist der »Wachsende Felsen« von Usterling. Seit 5000 Jahren wächst dieser Stein scheinbar wie von Zauberhand beeinflusst. Du glaubst das nicht? Dann komm doch einfach selbst nach Usterling und überzeuge dich vom »Wunder« des »Johannisfelsens«, wie er auch genannt wird.

Am östlichen Ortseingang des Dorfes Usterling, drei Kilometer westlich von Landau, bringt dich ein kurzer Fußweg zum einmaligen Naturdenkmal »Wachsender Felsen«. Im Laufe von Jahrtausenden hat hier ein talwärts fließendes, stark kalkhaltiges Quellbächlein durch Kalktuffablagerungen einen gewaltigen und bizarr geformten, immer größer werdenden Felsen aufgebaut. Und er wächst noch immer! Dieses Phänomen der Quellkalkbildung besonders kalkreicher Grundwässer nennt man »Steinerne Rinne«. Bei der Entstehung spielen auch biologische Faktoren eine wichtige Rolle. Moose und Algen entziehen dem Wasser Kohlendioxid, da sie dieses Gas für ihre Atmung brauchen. Dieser Prozess ist für einen wesentlichen Teil der Kalkabscheidung verantwortlich. Der »Wachsende Felsen« ist mit fast 40 Meter Länge und fünf Meter Höhe die größte Steinerne Rinne in Deutschland. Auf seinem Felsrücken fließt noch heute das Bächlein zu Tale und strömt über eine Felsnase in ein natürliches Becken.

In früheren Zeiten wurde dem Quellwasser Heilkraft bei Augenkrankheiten zugeschrieben. Daher war Usterling jahrhundertelang ein Wallfahrtsort. Heute ist das Geheimnis des »Wachsendes Felsens« gelüftet. Man weiß, dass die Entstehung des Felsrückens geologische Gründe hat. Dennoch waschen Menschen der Umgebung auch heute noch am 24. Juni, dem Johannistag, ihre Augen mit dem Quellwasser.

ANTENNE BAYERN TIPP

Die Dorfkirche von Usterling beherbergt die vermutlich älteste Abbildung des »Wachsenden Felsens«. Auf dem Altarbild des spätgotischen Flügelaltars von 1520 ist die Taufe Christi durch Johannes den Täufer dargestellt. Die Taufwasser spendende Quelle läuft über die Steinerne Rinne, weshalb der »Wachsende Felsen« auch »Johannisfelsen« genannt wird.

Anfahrt

Öffentlich: Zug nach Plattling, Waldbahn nach Deggendorf, Bus oder Taxi nach Metten. **Auto:** A 3 Ausfahrt Metten, zunächst auf St 2125, dann auf DEG 3 nach Metten.

Informationen

Männer: Benediktinerabtei Metten, Abteistraße 3, 94526 Metten, Tel. 0991/910 80; www.kloster-metten.de. Frauen: Franziskanerinnen Aiterhofen, Kloster St. Josef, Schulgasse 9, 04330 Aiterhof Tel. 09421/551 70; www.kloster-aiterhofen.de

Preise

Kloster Metten: 40 €/Tag; Kloster St. Josef: 50 €/Tag (mit Vollpension).

Unvergesslich: eine Auszeit im Kloster

Für mehrere Tage weg von allem, eintauchen in eine völlig andere Welt. Kein Handy, kein Laptop, kein Fernseher, dafür den Alltag der Benediktinermönche im Kloster Metten kennenlernen. Abstand von Stress und Hektik, dafür Stille. Zeit zum »Entschleunigen« – um zu sich zu kommen und neue Erfahrungen zu machen.

Viele Prominente haben es schon vorgemacht – und auch viele andere Menschen haben oft den Wunsch, sich einmal für ein paar Tage von unserer hektischen, schnelllebigen Welt zurückzuziehen. Neue Kräfte zu sammeln, zur Ruhe zu kommen und die innere Mitte zu finden. Deshalb öffnen mittlerweile viele Klöster ihre Türen für Gäste auf Zeit – so auch das Benediktinerkloster in Metten.

Nach Absprache können Interessierte jederzeit einige Tage in den Klosteralltag hineinschnuppern – und das unabhängig davon, ob sie Katholiken oder Protestanten sind. Untergebracht sind die Gäste, ausschließlich Männer, im Wohnbereich der Mönche, in der sogenannten Klausur. Das Motto dieser Tage des Mitlebens heißt: »Du kommst nirgendwo an, wenn du nicht losgehst!«

Fühlst du dich angesprochen? Dann nimm doch Kontakt mit dem Kloster auf und suche vorab das Gespräch mit dem Abt. Denn eines sollte dir klar sein: Ein Wochenende im Kloster ist kein Wellness-Urlaub. Es erwartet dich ein strenger Tagesablauf, und du musst vor allem die ungewohnte Stille aushalten. Das gelingt nicht jedem … So mancher tritt nach ein paar Stunden die Flucht an. Wer sich aber darauf einlassen kann, wird erleben, dass die Stille, der rituelle Tagesablauf und die Abwesenheit sämtlicher Reize sehr heilsam und wohltuend sein können.

ANTENNE BAYERN TIPP

An junge Frauen zwischen 16 und 35 Jahren wenden sich die Franziskanerinnen des Klosters Aiterhofen in Niederbayern. Sie bieten ein »Franziskanisches Wochenende« an, bei dem die Frauen im Gästehaus untergebracht sind. Ihr könnt aber auch einzelne Besinnungstage ohne Übernachtung buchen und auch Selbstversorgung ist möglich.

Anfahrt **Öffentlich:** Von Zwiesel mit der Regionalbahn nach Bodenmais; Abholservice von der Sport Alm. **Auto:** Auf der St 2136 nach Bodenmais, im Ort Richtung Kurpark zum Rechensöldenweg.

Informationen Sport Alm Bodenma Rechensöldenweg 14 a, 94249 Bodenmais, Tel. 09924/90 58 58; www.silberberg-erlebnis.c

Preise Pro Person 8 €.

Der Goldschatz von Niederbayern

Ein echtes Abenteuer wie einst im Wilden Westen: Ausgerüstet mit Goldwaschpfanne, Schaufel und Gummistiefeln geht es zum Goldwaschen in den wilden Rißloch-Grand-Canyon, der berühmt ist für seine Goldvorkommen. Du hältst das für ein Märchen? Dann komm zur Sport Alm nach Bodenmais und überzeug dich selbst!

Ein waschechter Trapper begleitet dich und die anderen Goldwäscher auf einer schönen Wanderung zum Rißbach, der durch das wildromantische Naturschutzgebiet Rißloch fließt. Was du zum Goldwaschen benötigst, wird natürlich gestellt. Unterwegs erzählt der Trapper spannende Geschichten über die großen Zeiten des Goldwaschens. Vielleicht gibt er sogar ein paar Geheimtipps weiter, damit es auch bei dir mit dem Goldfund klappt!

Am Rißbach angekommen, wird das Vergnügen ein feucht-fröhliches – also passende Kleidung und geeignete Schuhe anziehen. Es geht hinein in den Bach und auf die Goldsuche! Besonders für Kinder ist es ein Genuss, in Matsch und Wasser herumzuwühlen. Und das Schönste: Das gefundene Gold darfst du natürlich behalten. Mit etwas Glück und Geschick stößt du auf kleine Goldnuggets, zwischen ein und drei Millimeter groß. Ein Tipp: Wenn es regnet, sind die Chancen, Gold zu finden, höher. Warum das so ist? Frag doch einfach den Trapper!

Und noch ein Tipp: Wenn du mit mehreren Freunden oder mit der ganzen Familie auf Goldsuche gehst, kannst du sogar mit einem eigenen Trapper losziehen. Das ist bereits ab vier Personen möglich – allerdings solltest du dich dann einen Tag vorher anmelden. Die Goldwäschertour dauert insgesamt ungefähr zwei Stunden.

ANTENNE BAYERN TIPP

Auch ein Abstecher in das Historische Besucherbergwerk Bodenmais ist eine spannende Sache. Mit Helm und Kittel geht es in den Barbarastollen.
Historisches Besucherbergwerk, Silberberg 28, 94249 Bodenmais, Tel. 09924/304; www.silberberg-online.de. Preise: Kinder (4–15 Jahre) 5,50 €, Erwachsene 8,20 €.

154 Auf den Spuren von Magdalena Neuner

Spätestens seit den großartigen Erfolgen von Magdalena Neuner, Kati Wilhelm und Michael Greis ist Biathlon die neue Trendsportart. Wer aber denkt, Biathlon funktioniere nur im Winter, der irrt: Im Hohenzollern Skistadion am Fuße des Großen Arbers kann man auch im Sommer Biathlon trainieren – grandios!

Wie das geht? Ganz einfach: Rollen an die Langlaufski montieren, das Gewehr auf den Rücken schnallen und los! Im Hohenzollern-Skistadion am Großen Arber dürfen nicht nur Biathlon-Profis an den Start, sondern auch blutige Laien, die noch nie ein Gewehr in der Hand hatten! Wo sonst internationale Profis Bestleistungen erreichen, kannst du einen faszinierenden Sport erlernen, der eine unvergleichbare Kombination aus Ausdauer, Kondition und Konzentration bietet.

Jeden Mittwoch zwischen 13 und 17 Uhr kannst du das »Biathlonpaket für jedermann« buchen, das neben 25 Schuss Munition auch die professionelle Begleitung enthält. Du schießt mit einem Kleinkalibergewehr auf 50 Meter entfernte Scheiben! Ach ja, du kannst natürlich auch ganz klassisch im Winter ins Skilandesleistungszentrum kommen, wo in den letzten Jahren mehrere Europacups und Meisterschaften stattgefunden haben.

ANTENNE BAYERN TIPP

Sollte sich deine Begleitung wider Erwartens nicht für Biathlon interessieren – kein Problem! Das Hohenzollern Skistadion bietet im Sommer zum Beispiel auch Nordic Walking, Inlineskating oder Mountainbiking an. Also, worauf wartest du noch?

Anfahrt Öffentlich: Zug nach Bodenmais, Bus nach Bayerisch Eisenstein, ab Haltestelle am Großen Arbersee noch ca. 300 m Fußweg. **Auto:** B 11 Richtung Bayerisch Eisenstein, ausgeschilderter Abzweig nach links Richtung Großer Arbersee zum Hohenzollern Skistadion.

Informationen Arber Hohenzollern Skistadion, Arberseestraße, 94252 Bayerisch Eisenstein; www.hohenzollern-skistadion.de.

Preise Pro Person ab 30 € inkl. 25 Schuss (Schnupperkurs); weitere Kurse auf Anfrage.

Du wolltest schon immer mal Wakeboarden? Dann komm zum Waketoolz Wakepark am Wörther See, dem größten Freizeitzentrum der Region. Mit seinen zwei Seilbahnen bietet er für jeden das Richtige, ob Anfänger, Fortgeschrittene oder Profis. Melde dich am besten gleich jetzt zum Schnupperkurs an – du wirst es nicht bereuen.

Ob Wasserski, Beachvolleyball oder Boule – hier findet jeder das, was ihm Spaß macht! Die meisten Gäste kommen zum Wasserskifahren und Wakeboarden hierher – und drehen ihre Runden auf einer der beiden Wasserski-Seilbahnen. Dank der modernen Technik können auch Anfänger diese Funsportarten leicht erlernen.

Und wenn du dich genug auf dem Wasser ausgetobt hast, gibt es eine ganze Reihe weiterer Vergnügungen: Zwei Beachvolleyball-Plätze, ein Spielplatz für die Kleinen, diverse Grillplätze und sogar eine Hundeliegewiese für die liebsten Begleiter erwarten den Besucher. Wer es lieber chillig mag, setzt sich in den gemütlichen Strandgarten, einen bayerischen Biergarten mit allem, was dazu gehört, sogar mit karibischem Palmenflair. Bei schönem Wetter hat die Strandbar am Abend bis 23 Uhr geöffnet und verwöhnt dich nicht nur mit leckeren Cocktails, sondern auch mit guter Musik.

ANTENNE BAYERN TIPP

Am Wakelake lässt es sich wunderbar feiern – Bar, Grill, Biergarten, Badesee und Wasserski, da ist immer ein spannendes Programm geboten. Wie wäre es zum Beispiel mit der nächsten Geburtstagsparty hier?

Anfahrt Öffentlich: Regionalexpress nach Wörth an der Isar, weiter mit dem Taxi. **Auto:** A 92 Ausfahrt Wörth, dann Richtung Wörth/Dingolfing, beim Kreisverkehr zweite Ausfahrt, beim nächsten Kreisverkehr dritte Ausfahrt bis Wörth. 250 m nach Ortsende rechts Einfahrt zum Waketoolz Wakepark.

Informationen Waketoolz Wakepark, Landshuter Straße 96, 84109 Wörth an der Isar, Tel. 08702/91 83 13; www.waketoolz-wakepark.de.

Preise Schüler und Studenten 1 Std. 19 €, Erwachsene 1 Std. 22 €.

Anfahrt **Öffentlich:** Zug nach Plattling, Waldbahn nach Gotteszell, von Gotteszell Waldbahn nach Viechtach. **Auto:** Auf B 11 und B 5 nach Viechtach, Ausfahrt Viechtach-West. Ab Viechtach je nach Camp 1,5–2 km Fußweg.

Informationen Outdoor & More UG, Schnitzmühle 1, 94234 Viechtach, Tel. 0177/455 66 11; www.natur-erfahren-lernen.jimdo.com.

Preise Je nach Art und Dauer des Kurses, z. B. Survival-Training von Freitagabend bis Sonntagmittag pro Person 199 €.

Überlebenstraining im Bayerischen Wald

Mit der Natur leben, draußen unterwegs sein, bei jedem Wetter. Im Freien schlafen, in einem selbst gebauten Bett aus Blättern und Laub. Mit Steinen ein Feuer entzünden, Fische zum Abendessen fangen, Kräuter sammeln. Die Wolken als Wetterboten kennenlernen. Nachts den Sternenhimmel bewundern und die Stille genießen.

Leben und Überleben im Wald unter der Anleitung von Profis – das ist nicht nur für gestresste Stadtmenschen ein besonderes Erlebnis! Hast du schon einmal eigenhändig ein Waldläuferbett gebaut, mit Schrägdach aus Stangen und Zweigen und nur aus natürlichen Materialien? Oder hast du schon einmal selbst im Wald Nahrung aus der Natur beschafft – Beeren und Früchte, Pilze und Heilkräuter? Oder möchtest du lieber ein paar Fische zum Abendessen fangen, die du danach am Lagerfeuer grillst?

Auch der richtige Umgang mit dem Kompass will gelernt sein, ebenso die Orientierung anhand des Sonnenstands oder des Mondes. Außerdem übst du dich an diesem Wochenende im Bogen- und Armbrustschießen, was wirklich großen Spaß macht. Und, ganz ehrlich: Wann hast du zuletzt ein Feuer ohne Feuerzeug oder Streichhölzer entfacht? Ist jetzt der Pfadfinder in dir erwacht?

Der Gründer von »Natur – Erfahren & Lernen«, Hajo Bach, führt seit etwa 20 Jahren Naturerfahrungsseminare für Kinder, Jugendliche und Erwachsene durch. Das Angebot ist sehr breit und richtet sich nach den individuellen Vorstellungen der Teilnehmer.

Je nach Jahreszeit und Wetterlage stehen unter anderem folgende Aktivitäten auf dem Programm: Feuer machen mit Feuerstein und Feuerbogen, Fische selbst fangen und zubereiten, Wild- und Heilpflanzen kennenlernen, Werkzeuge und Waffen herstellen, Bogen- und Armbrustschießen, Orientierung mit natürlichen und anderen Hilfsmitteln, Erste Hilfe bei Verletzungen und Krankheiten, Knotenkunde sowie Klettern und Abseilen am Fels.

Anfahrt   **Öffentlich:** Mit dem Zug von Zwiesel nach Frauenau. **Auto:** Über Zwiesel auf der St 2132 nach Frauenau.

Informationen   Freiherr von Poschinger Glasmanufaktur, Moosauhütte 14, 94258 Frauenau, Tel. 09926/940 10; www.poschinger.de.

Öffnungszeiten   Manufakturbesichtigung: Mo–Fr immer zur vollen Stunde von 10–14 Uhr, im Rahmen der Besichtigung könne sich die Gäste im Glasblasen versuchen; nach Voranmeldung Führungen durch die Manufaktur, Dauer 1–2½ Stunden, je nach Interesse und Wunsch der Gäste.

1200 Grad heiß: ein einmaliges Souvenir!

Im weltweit ältesten Familienbetrieb selbst Glas blasen und die ganz persönliche Blumenkugel als Souvenir mitnehmen: Das kannst du in der traditionsreichen Glasmanufaktur Freiherr von Poschinger in Frauenau, wo seit knapp 450 Jahren Glas verarbeitet wird. Doch wie geht das eigentlich – Glas blasen?

Den Anfang übernimmt für dich der Glasmacher. Er formt eine kleine Kugel, die Grundform für deine Blumenkugel. Dann suchst du die Farbe aus – Blau, Rot, Grün oder lieber mehrfarbig –, und die Kugel wird in farbige Glasbrösel getupft. Nun kommt sie für etwa eine Minute in den 1200 Grad heißen Ofen.

Und dann ist es so weit: Du pustest – aber bitte ganz vorsichtig! – in die Glaspfeife. Wenn nötig, hilft der Glasbläser. Durch die natürliche Schwerkraft hängt die Kugel nach unten, und es bildet sich ein Stiel. Jetzt wird sie noch für ca. 15 Minuten neben die heiße Ofenöffnung zum Abkühlen gelegt, abgeschnitten und abgeschliffen – und fertig ist deine Blumenkugel! Sie ist nicht nur einmalig, sondern auch praktisch: Mit Wasser gefüllt, ist sie eine Bewässerungshilfe für jeden Blumentopf!

Bei der anschließenden Führung durch die historische Glasmanufaktur erlebst du, wie vor deinen Augen wunderschöne, mundgeblasene und handgefertigte Gläser entstehen. Bereits in der 15. (!) Generation pflegt die Familie Freiherr von Poschinger dieses jahrhundertealte Kunsthandwerk hier in Frauenau. Seit 2007 leitet Benedikt Freiherr von Poschinger die Geschäfte – damit besitzt die Manufaktur die weltweit längste Familientradition. Zu ihren Kunden zählen Privatpersonen mit Sinn für das Besondere ebenso wie renommierte Firmen, europäische Adelshäuser und sogar arabische Scheichs – sie alle lassen sich hochwertige Spezialanfertigungen herstellen.

Doch auch ganz »normales« Glas gibt es hier zu kaufen: schöne Trinkgläser, Vasen, Gartenkugeln … lass dich einfach vom vielfältigen Angebot des manufaktureigenen Ladens überraschen!

Anfahrt **Öffentlich:** Regionalbahn von Zwiesel nach Spiegelau, dort mit Bus 6202 zum Tierfreigelände Neuschönau. **Auto:** In Hengersberg Richtung Grafenau, am Kreisverkehr Grafenau Richtung Spiegelau-Neuschönau.

Informationen Tourismusbüro Neuschönau, Kaiserstraße 13, 94556 Neuschönau, Tel. 08558/96 03 28; www.neuschoenau.de. Der Weg ist auch für Kinderwagen geeignet.

Preise Der Eintritt zum Tierfreigelände ist kostenlos.

Alter Schwede: Elche in Niederbayern!

Wer ist euer Liebling: der kräftige Jungspund Putte oder eine der beiden zarteren Damen, Lillemor und Gunel? So heißen die drei schwedischen Elche, die sich ganz ungeniert bei ihrer Lieblingsbeschäftigung, dem Äsen, zuschauen lassen. Und das Beste ist: Ihr müsst dafür nicht nach Schweden fahren, sondern nur in den Bayerischen Wald.

Wenn eure Kinder Elche nur als nettes Schmusetier von Ikea kennen, dann plant doch für das nächste Wochenende einen Ausflug in den Nationalpark Bayerischer Wald. Denn ein Besuch bei den echten »Nordhirschen« ist ein unvergessliches Erlebnis für die ganze Familie: Die mächtigen, mehrere Hundert Kilo schweren Tiere sehen einfach witzig aus mit ihrer charakteristischen überhängenden Oberlippe und der typischen Halswamme, die »Bart« genannt wird.

Damit ihr die Tiere in dem drei Hektar großen Freigelände zu Gesicht bekommt, solltet ihr ein wenig Geduld und etwas mehr Zeit mitbringen und – ganz wichtig – möglichst kurz vor Einbruch der Dämmerung oder frühmorgens auf die Pirsch gehen. Dann ist es angenehm frisch, und das lieben die Nordlichter! Denn Elche vertragen eines überhaupt nicht: Temperaturen über zehn Grad Celsius. Dann fangen sie mächtig an zu schwitzen und haben richtig Stress. Deshalb ziehen sie sich bei Wärme am liebsten unter schattige Bäume oder in seichte Sümpfe zurück und ruhen sich aus.

Die Lieblingsspeisen von Putte, Lillemor und Gunel sind übrigens Tannen- und Fichtennadeln – und von denen gibt es ja im Nationalpark Bayerischer Wald mehr als genug. Nur wenn im Winter die Natur nicht mehr ausreichend Futter hergibt, werden die »alten Schweden« von den Tierpflegern des Nationalparks mit allem versorgt, was sie zum Wachsen und Leben benötigen. Wen wundert es also, dass sie sich selbst im tiefsten Niederbayern wohlfühlen! Und zwar so wohlfühlen, dass es inzwischen sogar mit »echt bayerischem« Nachwuchs geklappt hat … eine richtige Sensation!

159 Zu Besuch bei Asterix und Obelix

Lange wurde er von den Nachbarn nur belächelt, der Bauer und Hobbyarchäologe Paul Freund aus Ringelai, der auf seinen Äckern im Laufe der Zeit über 30 000 Scherben und Steine zusammentrug. Einige Fundstücke kamen ihm besonders vor – und tatsächlich: Wissenschaftler der Uni Passau identifizierten sie als keltische Relikte.

Von da war es nicht mehr weit zur Idee, in Ringelai im Bayerischen Wald ein Keltendorf aufzubauen und mit Leben zu füllen. Beim Rundgang durch Gabreta, wie das niederbayerische Keltendorf heißt, fühlt man sich fast wie bei Asterix und Obelix, die übrigens gallische Kelten waren. Wie hat dieses faszinierende Volk gelebt? Wie sahen die Häuser aus? Warum waren die Kelten so geschickte Handwerker? Welche Bedeutung haben ihre geheimnisvollen Gräber? Antworten darauf bekommt ihr praxisnah durch zahlreiche Aktionen, die vor allem in den Schulferien angeboten werden. Im Herrenhaus könnt ihr Brotfladen backen, im Grubenhaus am Webstuhl sitzen. Wie groß das Wissen der Kelten um Heil- und Färbekräuter war, zeigt der Besuch des Kräutergartens. Und danach geht's zur Stärkung in die Keltenstube.

ANTENNE BAYERN TIPP

Ein einzigartiges Erlebnis sind die keltischen Feste »Beltane«, »Lugnasad« und »Samhain«, die in Gabreta gefeiert werden. Die jeweiligen Termine findet ihr unter www.keltendorf.com.

Anfahrt Öffentlich: Zug nach Grafenau, von dort Bus nach Ringelai/Lichtenau. **Auto:** Nach Grafenau, weiter nach Lichtenau.

Informationen Gabreta – Das Keltendorf im Bayerischen Wald, Stefan Geis M. A., Lichtenau 1a , 94160 Ringelai, Tel. 08555/40 73 10; www.keltendorf.de.

Öffnungszeiten Sommer: 20. März–4. Nov. Di–So/feiertags 10–18 Uhr, an Ostern und Pfingsten auch Mo geöffnet; Winter: 17. Dez.–18. März Do–So/feiertags 11–17 Uhr.

Preise Erwachsene 6,50 €, Schulkinder 5,50 € (inkl. Audioguide).

Sich einmal im Leben bärenstark fühlen und einen riesigen Stein bewegen, der mindestens 50 Tonnen wiegt? Das ist keineswegs unvorstellbar. Denn genau das kannst du auf einer vier Kilometer langen Rundwanderung zwischen Vilshofen und Grafenau ausprobieren. Sogar Kinder schaffen das!

Auf dem höchsten Punkt der Rundwanderung kommst du zu einem Plateau mit mehreren Steinen. Auffällig ist ein großer Block, dessen gewölbte Unterseite auf einer fast ebenen Felsplatte steht. Der sogenannte »Wackelstein« ist oben flach, seine Kanten sind drei bis vier Meter lang. Bevor dich angesichts der Größe dieses Kolosses dein Mut verlässt, versuche mal, diesen riesigen Stein kräftig zu schubsen. Und dann schau, was passiert – tatsächlich, er wackelt … oder schaukelt! Der Grund dafür: Dank seiner gewölbten Unterseite liegt er nicht ganz auf dem Untergrund auf. Dennoch ist er in Balance und kippt nicht um. Wird er aber kräftig angestoßen, gerät der Stein für kurze Zeit in Bewegung. Solche Wackelsteine sind das Ergebnis der »Wollsackverwitterung«. Das heißt, dass die Steine im Laufe der Zeit durch chemische und physikalische Zersetzungs- und Zerstörungsprozesse eine sackartige, an den Kanten gerundete Gestalt angenommen haben. Deshalb sind Wackelsteine auch nicht für die Ewigkeit geschaffen, denn das Gestein ist weiterhin der Verwitterung ausgesetzt. Also nicht zu lange warten mit dem Ausflug!

Die Rundwanderung beginnt im Ortsteil Entschenreuth am Ende der Straße »Zum Wackelstein«, wo man parken kann. Zunächst läuft man in Richtung Saldenburg, später folgt man der Markierung Nr. 84. Die Gehzeit beträgt eineinhalb bis zwei Stunden.

Anfahrt   **Öffentlich:** Zug nach Passau, Bus 6121 nach Saldenburg/Entschenreuth. **Auto:** Auf der B 85 Richtung Regen, über Tittling nach Saldenburg, dort über Hundsruck in den Ortsteil Entschenreuth.

Anfahrt **Öffentlich:** Bahnlinie München–
Plattling, ab Plattling Regionalzug nach Strau-
bing; Rückweg: Bahnlinie Vilshofen–München.
Auto: Nicht sinnvoll, da Rückweg ab Vilshofen.

Informationen Kostenlose Radweg-
beschreibungen unter www.donautalradweg.c

Hier darf die Donau noch Donau sein

Zwischen Straubing und Vilshofen, auf rund 70 Kilometern, ist Europas zweitgrößtem Fluss noch freies Fließen vergönnt. Unser Vorschlag ist eine Radtour entlang der Donau. Geht auf Entdeckungsreise und erlebt ein letztes Stück ursprüngliche Donau-Flusslandschaft auf bayerischem Boden. Seid ihr neugierig geworden? Dann nichts wie los!

Ihr startet in der schönen Stadt Straubing mit ihren prächtigen Bürgerhäusern und Kirchen. Das erste Teilstück eurer Radtour, die Strecke von Straubing nach Deggendorf (ca. 39 Kilometer), führt durch den sogenannten Gäuboden, wie diese fruchtbare, breite Ebene genannt wird. Hauptanbaufrüchte sind hier Kartoffeln und Mais. Der Radweg verläuft größtenteils auf den Hochwasserdämmen. Hinter den Deichen liegen viele kleine, idyllische Dörfer mit gepflegten Bauerngärten. Es lohnt sich, den Radweg immer wieder mal zu verlassen und die Bauerndörfer, eines der zahlreichen Klöster oder andere Sehenswürdigkeiten zu besichtigen.

Bei der nächsten Etappe von Deggendorf nach Vilshofen (ca. 36 Kilometer) müsst ihr am Ende einige kurze Steilpassagen überwinden. Ansonsten ist auch dieser Streckenabschnitt relativ flach. Der gut ausgebaute Donauradweg führt durch Auenlandschaften mit vielfältiger Flora und Fauna. Im Sommer laden Kiesbänke zum Sonnenbad ein.

Die schönsten Stationen auf der Radtour: Straubing: Historisches Stadtzentrum, Stadtplatz mit dem Wahrzeichen der Stadt, dem Stadtturm, ehemaliges Herzogsschloss. Bogen: Schöne Wallfahrtskirche und toller Aussichtspunkt auf dem Bogenberg. Metten (ein Kilometer abseits): prächtiges Benediktinerkloster aus dem 8. Jahrhundert mit berühmter Bibliothek (Führungen täglich 10 und 15 Uhr, außer Mo). Deggendorf: Rathaus mit Rathausturm, Stadt- und Handwerksmuseum, sehenswerte Kirchen. Niederalteich: Älteste Benediktinerabtei Bayerns; Radlerfähre und Weiterfahrt nach Vilshofen. Osterhofen (drei Kilometer abseits): Asambasilika in Altenmarkt. Vilshofen: Schöne Lage an der Mündung der Flüsse Vils und Wolfach in die Donau, Benediktinerkloster Schweiklberg.

162 Adrenalin pur in schönster Natur

Risikofreies Abenteuer und unverfälschtes Naturerlebnis – klingt das nicht reizvoll? Wenn du dich angesprochen fühlst, dann besuche den weltweit längsten Baumwipfelpfad in Neuschönau im Herzen des Nationalparks Bayerischer Wald. Höhepunkt im wahrsten Sinne des Wortes ist der 44 Meter hohe Aussichtsturm.

Der Baumwipfelpfad ist nicht nur für Kinder, sondern auch für Erwachsene ein spannendes Erlebnis. Gebaut auf 27 Geländestützen und mit Geländernetz gesichert, schlängelt sich der Pfad im ersten Teil in einer Höhe von acht bis 25 Metern zwischen Buchen, Fichten und Kiefern. Dort oben erwarten dich drei Erlebnisstationen mit Seil- und Wackelbrücken, Trapezen und Balancierbalken. Außerdem werden mehrere Themen rund um den Bergmischwald erläutert, etwa lokale Baumarten und ihre Lebensbedingungen. Die biologische Vielfalt des Bergwaldes, die Baumkronenforschung und der Kampf ums Licht sind weitere Informationspunkte.

Kurz vor Ende des Pfades geht's auf die Plattform des 44 Meter hohen Aussichtsturmes. Er beeindruckt nicht nur durch seine architektonische Form, sondern auch durch seine Konstruktion um drei alte, bis zu 38 Meter hohe Tannen und Buchen. Über 500 Meter windet sich die Rampe im Turm nach oben und bietet einzigartige Einblicke in das Leben und die Entwicklung dieser drei Baumriesen.

Anfahrt **Öffentlich:** Bahnlinie München–Passau, ab Passau Bus nach Grafenau, ab Grafenau Bus bis Neuschönau. **Auto:** A 92 Richtung Deggendorf/Landshut, Ausfahrt Kreuz Deggendorf, auf A 3 Richtung Linz/Passau bis Ausfahrt Hengersberg, auf B 533 Richtung Osterhofen/Niederalteich/Grafenau, bei B 533 rechts, Ausfahrt auf St 2132, bei FRG 22 rechts und auf FRG 5 bis Neuschönau fahren.

Informationen Baumwipfelpfad, Böhmstraße 41, 94556 Neuschönau, Tel. 08558/97 40 74; www.baumwipfelpfad.bayern.

Öffnungszeiten Jan.–März, Nov., Dez. tgl. 9.30–16 Uhr, April, Okt. 9.30–18 Uhr, Mai–Sept. 9.30–19 Uhr, 19.–30. Nov. und 24. Dez. geschlossen.

Museumsdorf bei Tittling

»Bitte berühren« – im Museumsdorf »Bayerischer Wald« bei Tittling, das zu den größten Freilichtmuseen Europas zählt, ist anfassen ausdrücklich erwünscht! Die speziell für Kinder angelegte Ausstellung entführt in die Vergangenheit des Bayerischen Waldes. Sie zeigt, wie die einheimische Bevölkerung vor 100 Jahren gelebt hat.

Die Bandbreite der Ausstellung ist groß. Kinder erfahren jede Menge über landwirtschaftliche Maschinen wie den Bulldog und den Dreschflegel, aber auch über Schulranzen und Gänsekiel sowie die Großfamilie gestern und Patchworkfamilie heute. Doch nicht nur für Kinder ist der Besuch des Museumsdorfs eine aufschlussreiche Reise in vergangene Zeiten.

Alle 150 historischen Gebäude, darunter Bauernhöfe aus dem 17. bis 19. Jahrhundert, alte Kapellen und Stallungen wurden am Originalstandort abgetragen und im Museumsdorf Stein für Stein wieder aufgebaut. Hier braucht man nicht viel Fantasie, um sich vorzustellen, wie die Menschen damals gelebt haben. Originalgetreu eingerichtete Bauernstuben mit rustikalen Holzmöbeln und altem Geschirr, landwirtschaftliche Geräte, Schlitten und Kutschen lassen alte Zeiten wieder aufleben.

Außerdem verfügt das Museumsdorf mit über 60 000 Objekten über die größte volkskundliche Sammlung des Bayerischen Waldes.

Anfahrt Öffentlich: Bahnlinie München–Regensburg, ab Regensburg Regionalzug nach Passau, ab Passau Bus nach Tittling. **Auto:** A 9 München–Nürnberg, Ausfahrt Kreuz Neufahrn, A 92 Richtung Deggendorf/Landshut, Ausfahrt Kreuz Deggendorf, A 3 Richtung Linz/Passau, Ausfahrt Aicha vorm Wald Richtung Freyung/Waldkirchen/Tittling, bei St 2127 links abbiegen, Ausschilderung Tittling folgen.

Informationen Museumsdorf Bayerischer Wald, Am Dreiburgensee, 94104 Tittling, Tel. 08504/84 82; www.museumsdorf.com.

Öffnungszeiten 31. März–Oktober tgl. 9–17 Uhr, Ausstellungen im Winter geschlossen, aber Spaziergänge durch das Dorf täglich 9–16 Uhr.

164 Hier lebt der Specht: im Waldspielgelände

Wollt ihr wissen, wie sich ein Specht in seiner Höhle fühlt? Dieses einmalige Erlebnis und noch viel mehr bietet euch das Waldspielgelände bei Spiegelau. Das ganze Jahr über könnt ihr dort spielerisch einen Teil des Nationalparks Bayerischer Wald durchstöbern. Und lernt nebenbei jede Menge über Tiere und Pflanzen.

»Spielend die Natur begreifen«, unter diesem Motto wurde das Waldspielgelände mit einem riesengroßen Spielplatz am Ortsrand von Spiegelau errichtet. Hier, neben dem Gelände mit Wippen, Schaukeln, Klettergerüsten und mehr, lotsen euch zwei Wege durch das zu erforschende Waldgebiet.

Kinderwagen- und rollstuhlgeeignet ist der einstündige Rundweg, bei dem ihr dem Schmetterlingssymbol »Tagpfauenauge« folgt. Er führt euch über den Spielplatz zur Waldwiese mit Tümpel und weiter durch den Wald bis zum Grillplatz. Oder ihr entscheidet euch für den Naturerlebnispfad »Eichhörnchen«, der entlang von zehn Stationen ebenfalls zur Waldwiese führt. Dort gibt es für euch viel zu entdecken. Seht ihr die knorrigen Bäume mit ihren hochstehenden Stelzwurzeln? Wusstet ihr, dass Holz und Steine Musik machen können? Nein? Dann probiert es doch gleich in der Klangabteilung des Waldes, am großen Baumtelefon, am Summstein und der Holzorgel, aus.

Anfahrt **Öffentlich:** Mit der Bahn bis Plattling, umsteigen in die Waldbahn über Zwiesel nach Spiegelau. **Auto:** Über die A 3, Ausfahrt Hengersberg, weiter über Schönberg nach Spiegelau, dort zum Parkplatz Waldspielgelände.

Informationen Nationalpark-Verwaltung Bayerischer Wald, Tel. für Veranstaltungen: 0700/00 77 66 55; www.nationalpark-bayerischer-wald.de; www.spiegelau.de.

Öffnungszeiten Ganzjährig geöffnet; im Winter sind nicht alle Wege geräumt.

Preise Kostenlos.

Seid ihr auch fasziniert vom Wilden Westen? Von Cowboys und Pferden? Von Lagerfeuer, rauchenden Colts und sirrenden Lassos? Dafür müsst ihr nicht in die USA reisen, euer Ausflugsziel liegt viel, viel näher. Besucht Pullman City, die vollkommene Westernstadt am südlichen Rand des Bayerischen Waldes.

Mit einem lautstarken »Howdy« werdet ihr am Eingang von Pullman City begrüßt, dann beginnt eure Zeitreise in den Wilden Westen.

Die Main Street ist das Herzstück der Stadt. Hier reihen sich Saloons und Stores aneinander. Es gibt ein Gefängnis, das Town Office, ein Museum, eine Bank, eine Kirche, Ställe und die große Music & Dance Hall. Auf dieser Straße und in der Show-Arena finden täglich Shows statt. Besonders beliebt ist die American History Show. Dabei spielen kostümierte Darsteller das Leben in einer Westernstadt nach. Trapper, Fallensteller, Cowboys und Indianer bevölkern Pullman City. Kutschen und Planwagen fahren durch die Straße, Reiter galoppieren hinterher. Natürlich gibt es auch Westernreiten und flotte Tänze. Einer der Höhepunkte sind die Bisons, die der Indianer Hunting Wolf mit sich führt.

Nach der Show könnt ihr Stadt, Fort und Indianerdorf selbst abchecken. Westerneisenbahn oder kleine Farm – ihr habt die Qual der Wahl!

Anfahrt **Öffentlich:** Mit der Bahn bis Vilshofen oder Passau, dann weiter mit dem Bus (fährt jedoch selten) nach Eging am See (nicht bis Ruperting!). **Auto:** Über die A 3, Ausfahrt Garham, weiter auf der St 2119 nach Eging am See.

Informationen Westernstadt Pullman City, Ruperting 30, 94535 Eging am See, Tel. 08544/974 90; www.pullmancity.de.

Öffnungszeiten Mai–Sept. fast tgl. ab 10 Uhr, restlichen Monate unterschiedlich geöffnet (siehe Homepage), Jan.–März geschlossen.

Preise Erwachsene ab 17 Jahren 18 €, Kinder ab 5 Jahren 9,50 €.

Anfahrt **Öffentlich:** Mit dem Zug nach Passau, von dort weiter mit Bussen, Haltestelle »Brannthäuser«. **Auto:** Über die A 3, Ausfahrt Passau-Mitte, weiter auf die B 12, von dort nach Waldkirchen, weiter auf der St 2130 über Altreichnau Richtung Haidmühle, dort den Schildern folgen.

Informationen Husky-Hof Dreisessel Kilyan Klotsch, Branntweinhäuser 46, 94089 Altreichenau, Tel. 08583/979 18 86; www.huskyhof-dreisessel.de.

Öffnungszeiten Nur nach Voranmeldung! Es gibt das ganze Jahr über verschiedene Programme, je nach Wochentag.

Preise Programme kosten unterschiedlich. Besuch der Huskys: Erwachsene ab 17 Jahren 20 €, Kinder 15 €; Schlittenhunde-Workshop: Erwachsene 119 €, Kinder bis 14 Jahre 89 €.

Altersbeschränkung Keine für den Besuch bei den Huskys; Hundeschlittentour als »Mitfahrer« ab 6 Jahren, Hundeschlitten selbst lenken ab 14 Jahren.

Schlittenhundeführer: fast wie in Alaska

Eine unvergleichlich erlebnisreiche Schlittenhundefahrt gibt's nicht nur in Skandinavien oder Alaska! Nein, auch hier bei uns in Bayern – im Dreiländereck des Bayerischen Waldes. An der Grenze zu Tschechien und Österreich durchquert ihr die Wildnis in einem echten Malamute-Husky-Schlittengespann …

Winter im Bayerischen Wald. Der Schnee hat die Landschaft verzaubert, Eiskristalle hängen in der Luft … und die Spannung steigt. Ein aufregendes, beispielloses Tiererlebnis in freier Natur lockt euch. Gemeinsam mit Kilyan, dem Besitzer des Husky-Hofs Dreisessel, verbringt ihr heute ein paar Stunden. Dabei setzt ihr euch nicht einfach nur gemütlich in einen Schlitten und lasst euch durch die Landschaft ziehen. Nein, ihr selbst taucht in das Leben eines Musher, eines Schlittenhundeführers, ein.

Erst einmal begrüßt ihr ausgiebig die Hunde. Das ganze Rudel, bestehend aus Huskys und Alaskan Malamutes, freut sich schon auf euch. Kilyan erzählt euch alles Wichtige über seine Schützlinge. Dabei lernt ihr gleich einige Befehle und Kommandos. Danach probt er das Lenken der Schlitten mit euch, und schließlich dürft ihr selbst eine Runde mit den Hunden drehen.

Schaut euch aber auch die anderen Angebote des Husky-Hofs an. So dürft ihr beim »Hunde-Besuch« die Tiere kennenlernen und die Vierbeiner so richtig knuddeln. Oder wählt die Hundewanderung – im Sommer seid ihr zu Fuß, im Winter auf Schneeschuhen unterwegs. Da macht das Wandern gleich doppelt so viel Spaß. Besonderes Highlight im Sommer ist der Abenteuernachmittag: Nach dem Hundebesuch probiert ihr Bogenschießen und lasst den Tag am prasselnden Lagerfeuer bei einer Brotzeit ausklingen.

> **ANTENNE BAYERN TIPP**
>
> Unweit des Husky-Hofs führt die schmale Dreisesselstraße hinauf bis zum Parkplatz Dreisesselhaus. Von dort wandert ihr in wenigen Minuten zum Berggasthof Dreisessel. Unmittelbar davor liegt der sagenumwobene Felsaufbau Dreisessel. Erklettert ihn, um die gewaltige Aussicht über die Wälder und Hügel des Bayerischen Waldes und des Böhmerwaldes zu genießen.

Anfahrt
Öffentlich: Mit dem Zug nach Dingolfing, von Mai–Anfang Okt. gibt es dort einen kostenlosen Pendelbus zum Park. **Auto:** Über die A 92, Ausfahrt Dingolfing-Ost, Richtung Reisbach/Bayern-Park.

Informationen
Bayern-Park, Fellbach 1, 94419 Reisbach, Tel. 08734/929 80; www.bayern-park.de.

Öffnungszeiten
Ende März–Mitte C tgl. 9–17 Uhr (unter der Woche auch kürzer), Juli/Aug. bis 18 Uhr.

Preise
Ab 140 cm 22 €, Kinder von 100–140 cm 19,50 €, darunter frei.

Altersbeschränkung
Die Fahrgeschäfte unterliegen unterschiedlichen Alte bzw. Körpergrößenbeschränkungen.

Kommt mit in das Abenteuerland Bayern-Park! Hier findet ihr vor allem wilde Achterbahnen, steile (Wasser-)Rutschen, bunte Karussells und unzählige weitere spannungsgeladene und/oder lustige Fahrgeschäfte. Fast alle sind im Eintrittspreis inbegriffen – damit könnt ihr fahren bis zum Abwinken …

Der Park ist wirklich für Familien gemacht: nicht zu groß, nicht zu laut, nicht zu wild. Für jedes Alter ist etwas dabei: Die Kleinsten unter euch jubeln laut in der Schweinchenbahn, am Rutschenturm, im Schwanenkarussell, auf den Elektro-Motorrädern oder im Raupenexpress. Probiert auch den Raddampfer und die Rundbootfahrt aus. Wer dann noch nicht genug hat, tobt im Anschluss über den Spielplatz oder in der Hüpfburg. Bei über 17 Kinderattraktionen finden bestimmt auch die jüngsten Familienmitglieder ihren Lieblingsplatz!

Wer schon größer ist, mag es sicherlich wilder! Für den richtigen Adrenalinkick sorgen rasante Achterbahnen. Auf zum »Freischütz«! Hier geht's langsam in die Höhe, um dann im freien Fall gen Abgrund zu rauschen. Mit 80 Sachen in die Kurven, links, rechts, ein paar Loopings und schnelle Richtungswechsel – das ist sicher nichts für Angsthasen! Etwas ruhiger verläuft die Wildwasserbahn. In Baumstämmen fahrt ihr bergab durch die Flusslandschaft. Feuchtfröhlich, aber ein Riesenspaß, den ihr gleich an der Wildwasser-Raftingbahn fortsetzen könnt. Testet auch die Rodelbahnen, das Piraten-Schaukelschiff und die Steilrutschen.

Eine Besonderheit des Bayern-Parks sind die Wildtiere auf dem Gelände. Schaut euch in den Gehegen an, wie Ziegen, Schafe, Rotwild, Ponys, Affen und Luchse leben! Der Bayern-Park kombiniert Tierpark und Action perfekt.

ANTENNE BAYERN TIPP

Zweimal täglich außer Freitag um 11 und 15 Uhr gibt es eine Greifvogel-Flugschau mit einem Falkner. Zusätzlich warten verteilt über das Jahr abwechslungsreiche Events auf euch, z. B. das jährlich stattfindende Star-Wars-Spektakel. Wann habt ihr Darth Vader oder Luke Skywalker schon jemals so hautnah erlebt?

Anfahrt **Öffentlich:** Bahnlinie München–
Passau. **Auto:** A 92/A 3 München–Landshut–
Deggendorf–Passau.

Informationen Tourist-Information
Passau, Rathausplatz 2, 94032 Passau,
Tel. 0851/95 59 80; www.passau.de.

*Tradition und Moderne treffen in Passau aufeinander und verleihen
der Stadt einen ganz besonderen Charakter. Die jüngste Uni in Bayern
und die legendären »Scharfrichter« gehören ebenso hierher wie die
älteste Domorgel der Welt und eine über 1200-jährige Vergangenheit
als Bischofssitz.*

Passau gilt als Hauptstadt des politischen Kabaretts – Widerspruchsgeist
scheint in der Stadt Tradition zu haben. Ihm verdankt Passau eines seiner
Wahrzeichen, die mächtige Veste Oberhaus. Die Burg wurde Anfang des
13. Jahrhunderts auf einem Felsen zwischen Donau und Ilz erbaut, zum
Schutz vor Feinden, zu denen auch die Passauer Bürger (!) gehörten, die
gegen die bischöfliche Macht aufbegehrten.

Der Aufstieg zur Burg lohnt sich. Von dort habt ihr einen großartigen Blick auf die Altstadt mit ihrer Flusslandschaft. Auf dem Rückweg
kommt ihr an der Salvatorkirche vorbei und
gelangt über die Prinzregent-Luitpold-Brücke
in die Altstadt. Am nahen Dreiflüsse-Eck fließen
Donau, Inn und Ilz zusammen. Über die Bräu-
gasse geht ihr zum Museum Moderner Kunst,
das regelmäßig Ausstellungen zeitgenössi-
scher Künstler zeigt. Weiter geht es zum Kloster Niedernburg in der Jesuitengasse. Direkt
am Innufer erwartet euch die Jesuitenkirche
St. Michael im italienischen Barockstil. Schräg
gegenüber liegt das Alte Rathaus.

In Richtung Inn kommt ihr zur Neuen Bi-
schöflichen Residenz mit prächtiger Barockfas-
sade und beeindruckendem Treppenhaus mit
Deckenfresko. Ein weiteres Wahrzeichen ist der
Dom St. Stephan, den italienische Barockkünst-
ler Ende des 17. Jahrhunderts errichteten.

169 Mit der Seilfähre über die Donau

Ganz ohne Technik und Strom, nur mithilfe der Flussströmung und des Fährmanns die Donau auf einer Querseil-Fähre überqueren – wie vor 700 Jahren! Auch heute noch ist es ein außergewöhnliches Erlebnis, auf der romantischen Fähre von Eining nach Hienheim oder andersrum zu fahren.

Einheimische, Radfahrer, Wanderer, Motorrad- und Autofahrer, alle genießen dieses umweltbewusste Vergnügen und lassen sich gern ein Stück mit der Strömung treiben. Die Eininger Fähre wurde erstmals im Jahr 1270 erwähnt, blickt also auf eine lange und bewegte Vergangenheit zurück. Mehrmals wurde sie durch kriegerische Auseinandersetzungen, aber auch durch Naturgewalten zerstört, aber immer wieder in Gang gesetzt. Und was die Sicherheit angeht, braucht ihr euch keine Gedanken zu machen: Die Fähre war erst unlängst beim TÜV.

Am Eininger Donauufer erwartet euch ein weiterer Geheimtipp: der kleine Biergarten direkt am Wasser. Es ist einfach zu schön, hier zu sitzen und auf die vorbeifließende Donau zu schauen – besonders am Abend, wenn die Sonne über der Donau untergeht. Romantik pur! Die Atmosphäre ist locker und ungezwungen, die Wirtsfamilie sehr nett und das Weltenburger Bier schmeckt einfach köstlich!

ANTENNE BAYERN TIPP

Wenn ihr zusätzlich ein Kulturprogramm sucht, werdet ihr in der näheren Umgebung fündig: Das berühmte Kloster Weltenburg ist nur wenige Kilometer entfernt (www.weltenburg.de). Ebenfalls nahe Eining, im Naturpark Altmühltal, befindet sich das teilweise rekonstruierte Römerkastell Abusina (www.tourismus-landkreiskelheim.de).

Anfahrt Öffentlich: Zug nach Ingolstadt, Regionalbahn nach Abensberg, Bus 6018 nach Eining. **Auto:** A 93 Ausfahrt Siegenburg, B 299 Richtung Neustadt, dort Richtung Kelheim bis Eining.

Informationen Nikolaus Werner, Tel. 09445/16 13 bzw. 0151/23 31 39 96.

Preise Kinder 0,50 €, Erwachsene 1 €; Pkw 2 €, Motorrad 1 €.

Antikes Wochenende
mit echten Römern

»Römische« Bauern bestellen mit Ochsen das Feld und führen ihre Werkzeuge vor, Händler bieten auf dem Markt ihre Waren an, Pferde werden vor die Quadriga gespannt und Kinder dürfen eine Runde auf dem Streitwagen fahren – am ersten Augustwochenende ist in Möckenlohe alles wie vor 2000 Jahren!

Einmal im Jahr ist der römische Gutshof in Möckenlohe Schauplatz regen historischen Treibens: Jeweils am ersten Wochenende im August wird hier das Erntedankfest zu Ehren der Wachstums- und Fruchtbarkeitsgöttinnen Ceres und Epona gefeiert – und Gäste sind herzlich eingeladen, dem fröhlichen Spektakel beizuwohnen. Zwei Tage lang herrscht jetzt römisches Lagerleben und Markttreiben mit allem, was dazugehört: römisch-germanische Küche, Lagerfeuer, Brot backen und Münzen prägen.

Entdeckt wurde der Gutshof zufällig, als der Landwirt Michael Donabauer im Jahr 1963 auf Mauerreste stieß. Zwanzig Jahre später lieferte die Luftbildarchäologie dann erste Grundrisse von Gebäuderesten unter dem bebauten Ackerboden. 1993 wurde der römische Gutshof schließlich ausgegraben und über den originalen Grundmauern rekonstruiert. Die gefundenen Gegenstände sind in der sogenannten Villa Rustica ausgestellt, sodass sich ein Besuch auch das ganze Jahr über lohnt.

Anfahrt **Öffentlich:** Zug nach Ingolstadt, Regionalbahn nach Adelschlag, danach 25 Minuten Fußweg. **Auto:** A 9 Ausfahrt Ingolstadt, Richtung Eichstätt, weiter auf B 13, im Kreisverkehr zweite Abfahrt auf EI 8, links auf EI 15, rechts auf St 2035 bis Möckenlohe.

Informationen Öffnungszeiten außerhalb des Römerfestes: Di–Fr 15–16 Uhr, Sa/So/feiertags 13–17 Uhr; nach telefonischer Voranmeldung Führungen auch zu anderen Zeiten möglich.
Verein Römervilla Möckenlohe e. V., Tauberfelder Weg 1, 85111 Möckenlohe, Tel. 08424/277; www.roemervilla-moeckenlohe.de.

Preise Kinder 1,50 €, Gruppen und Schulklassen 1 €, Erwachsene 2,50 €, Gruppen (ab 7 Erwachsene) 2 €; das Römerfest am ersten Augustwochenende ist kostenlos.

Anfahrt **Öffentlich:** Bahnlinie München–
Mühldorf, ab Mühldorf Regionalzug nach Burg-
hausen. **Auto:** A 94 München–Passau, Ausfahrt
Altötting, nach Burghausen fahren.

Informationen Burghauser Touris-
tik GmbH, Stadtplatz 99, 84489 Burghausen,
Tel. 08677/88 71 40; www.visit-burghausen.de

Öffnungszeiten Mai–Sept. Mo–Fr
9–18 Uhr, Okt.–April 9–17 Uhr, Sa 10–14 Uhr;
Nov.–März Sa geschlossen.

Die bayerische Burg der Superlative

»Schon wieder ein Ausflug«, meckert der Nachwuchs. Doch das wird sich schnell ändern, wenn ihr das Ziel verkündet: die Burg zu Burghausen – mit 1051 Metern die längste Burg der Welt! Das bestätigt das »Guinness-Buch der Rekorde«. Worauf also noch warten? Taucht ein in die Welt des Mittelalters. Wetten, dass auch die Kids Spaß haben?

Die mächtige, gut erhaltene Burganlage zieht sich auf einem Bergrücken oberhalb der Altstadt von Burghausen zwischen zwei Flussarmen entlang. Die Hauptburg mit dem inneren Burghof ist noch heute von fünf abgeschlossenen Höfen umgeben, die durch Tore, Gräben und Zugbrücken gesichert waren. Dort befanden sich Wirtschaftsgebäude und Wohnbauten für Beamte und Handwerker. Wollten Feinde zur Burg vordringen, mussten sie diese erst überwinden – ein schwieriges Unterfangen.

Eine Blütezeit erlebte die Burg zwischen 1255 und 1503, als sie Zweitresidenz der niederbayerischen Herzöge war. Sie diente als Hofhaltung der Herzoginnen und der Kinder, als Wohnsitz des Erbprinzenpaares und als Witwensitz. Außerdem verwahrten die Herzöge ihren Gold- und Silberschatz in der mächtigen Trutzburg. Bekannteste Bewohnerin der Burg war die Gemahlin Herzog Georgs des Reichen, die polnische Königstochter Hedwig. An die Eheschließung mit dem bayerischen Herzog erinnert noch heute die »Landshuter Hochzeit«.

Bei einer Themenführung erfahrt ihr Wissenswertes über die wechselvolle Geschichte der Burg. Lasst euch überraschen! Natürlich könnt ihr die Burg aber auch auf eigene Faust besichtigen. Ein besonderes Erlebnis ist das alljährlich im Juli stattfindende Burgfest. Drei Tage tauchen Burg und Besucher in das Jahr 1516 ein, als Herzog Wilhelm IV. mit Kaiser Maximilian I. hier zu Besuch war. Eröffnet wird das Fest mit einem historischen Festzug zur Burg. Dort erwarten die Besucher Genüsse aus vergangener Zeit.

ANTENNE BAYERN TIPP

Macht einen gemütlichen Bummel durch die Altstadt von Burghausen und bewundert ihre farbenfrohen Bürgerhäuser.

Anfahrt **Öffentlich:** Bahnlinie München–Berchtesgaden, ab Berchtesgaden Bus zum Obersalzberg. **Auto:** A 8 München–Salzburg, Ausfahrt Bad Reichenhall, B 20 nach Berchtesgaden, über die Obersalzbergstraße bis Parkplatz Obersalzberg, Bus zum Kehlsteinhaus.

Informationen Bergrestaurant Kehlsteinhaus »Eagles Nest«, Tel. 08652/29 69; www.kehlsteinhaus.de.

Öffnungszeiten 5. Mai–Ende Okt. (wetterabhängig), tgl. 8.20–17 Uhr.

Trotz seiner dunklen Vergangenheit fasziniert das Kehlsteinhaus vor allem durch seine gigantische Panoramaaussicht. Ihr schaut direkt auf den Watzmann, den Königssee und bei gutem Wetter sogar bis nach Salzburg. Doch es ist nicht nur der einzigartige Blick, der uns hierherführt, sondern auch die Geschichte dieses besonderen Ortes.

Das wuchtige Kehlsteinhaus, auf einem Bergsporn in 1820 Meter Höhe gelegen, war ein Geschenk der NSDAP für Hitler zum 50. Geburtstag. Seit 1952 ist es öffentlich zugänglich und bietet neben dem grandiosen Ausblick auch die Gelegenheit, sich über dieses düstere Kapitel der deutschen Geschichte zu informieren. In nur einem Jahr Bauzeit, von 1937 bis 1938, wurde das Kehlsteinhaus im Auftrag von Martin Bormann über der schroffen Steilwand erbaut. Es war als Prestigeobjekt für offizielle Gäste gedacht. Noch heute offenbart das Kehlsteinhaus den Größenwahn der Nazis. Der Zugang führt durch einen 124 Meter langen, mit Naturstein ausgeschlagenen Tunnel. Dann steht man vor einem mit polierten Messingplatten und Spiegeln verkleideten Aufzug. In 41 Sekunden fährt er weitere 124 Meter aufwärts zum »Gipfel der Macht«. Hitler selbst war nicht oft im Kehlsteinhaus. Er hielt sich meist in seinem »Berghof« am Obersalzberg auf.

Wie durch ein Wunder wurde das Kehlsteinhaus im Zweiten Weltkrieg nicht zerstört, blieb danach aber jahrelang den Alliierten vorbehalten. Seit 1960 wird es von der Tourismusregion Berchtesgaden-Königssee verwaltet und von privaten Pächtern als Berggaststätte geführt. Eine informative Fotoausstellung erläutert die Geschichte des »Adlerhorstes«, wie das Kehlsteinhaus auch genannt wird.

ANTENNE BAYERN TIPP

Der Obersalzberg, seit 1923 Hitlers Feriendomizil, wurde nach 1933 neben Berlin zum zweiten Regierungssitz ausgebaut. Unbedingt sehenswert ist die Dokumentation Obersalzberg in Berchtesgaden, eine ständige Ausstellung des Instituts für Zeitgeschichte über die Geschichte des Obersalzbergs und die NS-Diktatur.
Dokumentation Obersalzberg, Salzbergstraße 41, 83471 Berchtesgaden, Tel. 08652/94 79 60; www.obersalzberg.de.

173

3000 Jahre altes Eis erobern

Ein unvergesslicher Ausflug in die bizarre Welt des Eises, das an die 3000 Jahre alt ist! Ausgerüstet mit einer echten Karbidlampe, fühlen sich nicht nur Kids wie in einem Abenteuerfilm. Es geht ins Innere der größten deutschen Eishöhle – vorbei an glatten Eiswänden und Felsen, über Steigleitern, durch Tunnel und Hallen.

Mit jedem Schritt hinunter in die geheimnisvolle Eishöhle wird es kälter – unten angekommen, hat es nur noch etwa null Grad Celsius! Der Temperaturunterschied ist deutlich spürbar, schließlich liegt die Höhle auf 1570 Meter Höhe im Untersbergmassiv bei Marktschellenberg.

Um ihr geheimnisvolles Innenleben zu erkunden, braucht man sich nur der spannenden, etwa 45-minütigen Führung anzuschließen. Zur besseren Orientierung bekommst du vom Höhlenführer eine Karbidlampe, darfst diese mit klammen Fingern anzünden und dich weiter ins Höhleninnere wagen. Der Weg führt über Steigen bergab und ist auch für (Schul-)Kinder gut begehbar. Es erwarten dich mehrere Gänge und unterschiedlich große Eishallen, spektakuläre Eisfälle und fantastische »Eismandln«. Unterwegs erfährst du vom Höhlenführer Wissenswertes über die Entstehung der Eishöhle und ihre Erforschung.

Zurück im Tageslicht, taut man in der Sonne langsam wieder auf und steigt zur gemütlichen Toni-Lenz-Hütte ab. Die Hütte ist meist gut besucht, und die Plätze auf der Sonnenterrasse sind begehrt …

Anfahrt **Öffentlich:** Zug nach Berchtesgaden, Bus 840 und 836 bis zur Eishöhle. **Auto:** B 305 Richtung Salzburg bis Marktschellenberg, ca. 2 km nach Ortsende rechts Parkplätze, gegenüber Aufstieg zur Höhle.

Informationen Touristinformation Marktschellenberg, Tel. 08650/98 88 30;

www.marktschellenberg.de; www.eishoehle.net.

Öffnungszeiten Pfingsten–Ende Okt. 10–16 Uhr, Führungen (ca. 45 Min.) stdl.

Preise Kinder (6–16 Jahre) 4 €, Erwachsene 8 €, Familienpass 18 €.

Beim Schnapsbrennen zuschauen auf der Alm

»Schmeckt erst süß, dann bitter – wie das Leben«, meint der sympathische Brennmeister Hubert Ilsanker, der auf der Priesbergalm Enzian, einen aromatischen, bitteren Schnaps, brennt. Auf den Wiesen rund um die Alm wächst die begehrte Pflanze, deren Wurzeln noch heute wie anno dazumal per Hand und Hacke ausgegraben werden.

»Hubsi«, wie der Brennmeister genannt wird, hat schon mit 15 Jahren für die Brennerei Grassl nach Enzianwurzeln gegraben. Die Wurzeln des Gelben Enzians werden für den Schnaps verwendet, nicht die Blüten des Blauen Enzians, wie viele glauben. Aus dem Ferienjob wurde eine Berufung, Ilsanker hat das Schnapsbrennen richtig gelernt und heute wirkt er so, als könnte er sich keinen schöneren Beruf vorstellen. Kein Wunder: Die Zeit zwischen Juni und Oktober verbringt er auf der Priesbergalm oder einer der weiteren vier Almen, die der Brennerei gehören.

Bereits die aussichtsreiche Wanderung zur Priesbergalm am Jenner lohnt sich. Vielleicht habt ihr Glück und könnt dem Brennmeister oder einem seiner Mitarbeiter bei der Arbeit zuschauen? Wenn der »Hubsi« gerade Zeit hat, wird er euch erzählen, dass die kostbaren Wurzeln unter Naturschutz stehen. Und dass nur die Brennerei Grassl sie im Berchtesgadener Raum seit dem Jahr 1692 ausgraben darf – allerdings nur alle sieben Jahre. Und dass der Schnaps nach dem Brennen noch sieben Jahre im Eichenfass lagern muss. Ansonsten probiert ein Stamperl Enzian, setzt euch in die Sonne und genießt das Leben …

ANTENNE BAYERN TIPP

Ausgangspunkt der Wanderung ist entweder die Jennerbahn-Mittelstation oder der Parkplatz Hinterbrand. Der Weg führt zunächst Richtung Königsbachalm, später zur gut ausgeschilderten Priesbergalm, die man nach eineinhalb bis zwei Stunden erreicht hat. Der Rückweg ist derselbe.

Anfahrt Öffentlich: Zug nach Berchtesgaden. **Auto:** Auf B 305, dann auf St 2097 bis Berchtesgaden.

Informationen Enzianbrennerei Grassl, Salzburger Straße 105, 83471 Berchtesgaden, Tel. 08652/953 60; www.grassl.com.

175 Königssee – zu schön, um wahr zu sein

Ein See, so schön wie ein Fjord, und das mitten in Bayern: der Königssee. Streng genommen ist ein Fjord ein ins Festland reichender Meeresarm. Das ist der Königssee natürlich nicht, dafür aber der eindrucksvollste Gletschersee der deutschen Alpen mit entsprechend kühlem, smaragdgrünem Wasser.

Der Königssee im Berchtesgadener Land, der sich zwischen Hagengebirge und Watzmannmassiv erstreckt, ist einer der bayerischen Vorzeigeseen. Seine Landschaftskulisse ist fantastisch: Der smaragdgrüne Gletschersee ist umgeben von steil aufragenden Bergen, darunter der Jenner, der legendäre Hausberg in diesem Gebiet.

Seit 1909 fahren ganzjährig fast täglich geräuschlose Elektromotorboote über den See. Ein Höhepunkt der Bootsfahrt ist das einzigartige Echo der umliegenden Gebirgshänge, das der Bootsführer mit einem Horn oder einer Trompete vorführt.

Das Ziel der Fahrt ist die Halbinsel St. Bartholomä. Sie ist nur mit dem Schiff erreichbar. Dort steht die gleichnamige Wallfahrtskirche, deren älteste Bauteile aus dem 12. Jahrhundert stammen. Daneben befindet sich das ehemalige Jagdschlösschen der Wittelsbacher, heute eine historische Gaststätte. St. Bartholomä ist auch Ausgangspunkt für eine schöne Wanderung zur Eiskapelle, einem markanten Eisgewölbe, von dem sogar in den Sommermonaten noch Schneereste zu sehen sind. Die Weiterfahrt nach Salet ist nur während der Sommermonate möglich. Von dort erreicht man in gut 15 Minuten den romantischen Obersee.

Anfahrt Öffentlich: Bahnlinie München–Berchtesgaden, ab Berchtesgaden Bus nach Königssee und Schönau. **Auto:** A 8 München–Salzburg, Ausfahrt Bad Reichenhall, B 20 bis Königssee.

Informationen Tourist-Information am Parkplatz Königssee, Seestraße 3, 83471 Schönau am Königssee, Tel. 08652/65 59 80; www.koenigssee.com.

Ein Gipfelkreuz auf der Sonnenterrasse eines Berggasthofes? Wir konnten es nicht glauben. Aber auf der 1189 Meter hohen Kneifelspitze ist das so. Nach rund eineinhalb Stunden Wanderung erreichst du den Gipfel und gleichzeitig die Paulshütte, wo du dich bei traumhafter Aussicht und deftiger Brotzeit für den Rückweg stärken kannst.

Die familienfreundliche und landschaftlich sehr reizvolle Wanderung beginnt bei der Wallfahrtskirche Maria Gern in Berchtesgaden. Doch bevor es losgeht, solltest du unbedingt einen Blick in die prächtige Wallfahrtskirche, die ab 1708 erbaut wurde, werfen. Besonders sehenswert ist das Gnadenbild aus dem Jahr 1666 im Hochaltar. Es zeigt eine Madonna mit Kind, die im Laufe des Kirchenjahrs mit unterschiedlichen prächtigen Barockgewändern bekleidet wird. Auch die Decke der Wallfahrtskirche beeindruckt durch ihre reichen Stuckarbeiten und Fresken.

Nach der Besichtigung der Kirche folgst du den Wegweisern zur Kneifelspitze und Marxenhöhe. Der Weg zur Kneifelspitze ist zwar kurz, steigt aber gleichmäßig steil an. Besonders schön ist er im Frühjahr. Kurz nach der Schneeschmelze blühen hier Tausende schneeweiße Christrosen. Vom Gipfel der Kneifelspitze genießt du dank der freistehenden Lage der Kneifelspitze einen grandiosen Rundumblick auf den Berchtesgadener Talkessel und alle neun Gebirgsstöcke der Berchtesgadener Alpen.

Anfahrt Öffentlich: Bahnlinie München–Freilassing, ab Freilassing Regionalbahn nach Berchtesgaden. **Auto:** A 8 München–Salzburg, Ausfahrt Bad Reichenhall, B 20 nach Berchtesgaden.

Informationen Berchtesgadener Land Tourismus GmbH, Maximilianstraße 9, 83471 Berchtesgaden, Tel. 08652/656 50 50;

www.berchtesgaden.de. Berggaststätte Kneifelspitze , Kneifelspitzweg, 83471 Berchtesgaden/Maria Gern, Tel. 08652/623 38; www.kneifelspitze-berchtesgaden.de.

Öffnungszeiten Mitte März–Anfang Nov. und 25. Dez.–6. Jan. tgl. 9–18 Uhr, Nov./Dez. nur Sa/So, Jan./Feb. geschlossen.

Anfahrt Öffentlich: Bahnlinie München–Prien, zu Fuß nach Stock. **Auto:** A 8 München–Salzburg, Ausfahrt Bernau, B 305 nach Prien, Ortsteil Stock.

Informationen Tourismusbüro Prien, Alte Rathausstraße11, 83209 Prien am Chiemsee, Tel. 08051/690 50, Ticketbüro Tel. 08051/96 56 60; www.tourismus.prien.de; www.chiemsee-schifffahrt.de; www.herrenchiemsee.de; www.chiemsee-inseln.de.

Öffnungszeiten Königsschloss Herr chiemsee (nur mit Führung, Dauer 30 Minuten April–Okt. 9–18 Uhr (Einlass bis 17.30 Uhr), Nov.–März: 9.40–16.15 Uhr (Einlass bis 15.45 Uhr); Kinderführungen tgl. 11.05 und 15.05 Uhr im Sommer auch um 13.05 Uhr.

Klassiker: Fraueninsel und Herrenchiemsee

In Bayerns größtem See, dem Chiemsee, liegen zwei Inseln mit zwei völlig unterschiedlichen Gesichtern: die weitläufige Herreninsel mit dem prachtvollen Königsschloss und Schlossgarten im Versailler Stil und die kleine, stimmungsvolle Fraueninsel mit ihrem ehrwürdigen Kloster und den schlichten Fischerhäusern.

Startpunkt des abwechslungsreichen Tagesausflugs ist die Anlegestelle in Prien. Von dort schippert ihr mit dem Dampfer zur Herren- und Fraueninsel. Auf beiden Inseln könnt ihr beliebig lange Station machen.

Auf der Herreninsel erreicht ihr nach einem etwa 20-minütigen Spaziergang das »bayerische Versailles«, wie Schloss Herrenchiemsee genannt wird. König Ludwig II. ließ 1873 diesen »Tempel des Ruhmes« für König Ludwig XIV. erbauen, den er sehr verehrte. Nach langen Planungen wurde 1878 mit dem Bau begonnen. Wegen finanzieller Probleme musste ihn Ludwig II. allerdings im Jahre 1885 abbrechen. Nach seinem Tod 1886 wurde das Schloss niemals vollendet. So ist es bis heute teilweise ein Torso geblieben – ein frappierender Gegensatz zum Luxus der fertigen Räumlichkeiten. Vielleicht habt ihr Lust auf eine Führung durch das Schloss? Einen Spaziergang lohnt der symmetrisch angelegte Schlossgarten mit seinen prächtigen Brunnen.

Nach so viel Prunk ist die ländliche Fraueninsel ein angenehmer Kontrast. Auf dem schönen Uferweg habt ihr die zwölf Hektar große Insel mit ihren rund 50 Häusern und etwa 300 Einwohnern in etwa einer halben Stunde umrundet. Den südlichen Inselteil dominiert das Kloster Frauenwörth. Es wurde um 860 gegründet und blieb bis heute eine Benediktinerinnen-Abtei. Dem Kloster vorgelagert ist eine Torhalle, das einzige erhaltene Gebäude aus der Karolingerzeit. Werft einen Blick in die Michaelskapelle mit ihren byzantinisch wirkenden Fresken. Der freistehende Glockenturm aus dem 13./14. Jahrhundert ist das Wahrzeichen des Chiemgaus. Achtet im Marienmünster, einer ursprünglich romanischen Basilika, auf die Fresken von 1130.

178 Das Schokoland in Rott am Inn

Die ganze Zeit habt ihr diesen süßen Duft in der Nase ... Schokolade! Im tollen Besucherpark der Confiserie Dengel in Rott am Inn gibt es mehr Schokolade und Pralinen, als ihr euch je erträumt habt. Ihr dürft probieren und erfahrt, wie aus einer kleinen Kakaobohne all diese Köstlichkeiten entstehen.

Für Schokoladenfans ist der Ausflug zur Confiserie Dengel eine kulinarische Reise ins Schlaraffenland. Denn hier, am Firmensitz, wurden ein Genießer-Laden samt Kaffeehaus und ein extrafeiner Besucherpark gebaut.

Besichtigt doch zuerst das Schokoland. Hier erfahrt ihr alles vom weiten Weg der Kakaobohne, ihrer Verarbeitung zur Schokoladentafel und der großen Kunst der Chocolatiers.

Kinder lieben den Abenteuerspielplatz. Dort können sie toben, spielen, rutschen und schaukeln. Größere spielen eine Runde Badminton oder Basketball oder versuchen sich an dem großen Schachfigurenbrett. Bälle und Schläger leiht ihr euch gegen Pfand im Café. Überdies gibt es eine große Trampolinanlage sowie Dreiräder und Roller.

Vielleicht schafft ihr es, euch einer Werksbesichtigung anzuschließen. Die Führungen gibt es fast täglich für Gruppen, zu denen ihr dazustoßen könnt. Egal wann, ihr solltet euch immer vorher anmelden! Und falls ihr das nicht schafft, könnt ihr euch immer noch eure eigene Schokoladentafel im Genießerladen selbst zusammenstellen.

Anfahrt Öffentlich: Mit der Bahn nach Rott am Inn, dann 10 Minuten zu Fuß. **Auto:** Über die A 8, Ausfahrt Rosenheim, weiter auf der B 15 Richtung Wasserburg, direkt an der B 15 gelegen.

Informationen Confiserie Dengel, Zainach 15–17, 83543 Rott am Inn,

Tel. 08039/901 50 60; www.confiserie-dengel.de.

Öffnungszeiten Mo–Sa 8–18 Uhr, So 9–18 Uhr.

Preise Besucherpark: Erwachsene, Kindern ab 2 Jahren je 4 €; Schokoland: 2,50 €.

Versetzt euch in die fesselnde und geheimnisvolle Welt der Steinzeit! Werdet selbst zum richtigen Steinzeitmenschen, der für sein tägliches Überleben sorgt – beim Brotbacken, Herstellen von Tongefäßen oder auch Schürfen nach Bodenschätzen. Aber besucht unbedingt auch »Rudi« – im Naturkundemuseum in Siegsdorf!

Wer ist denn Rudi? Rudi ist das Maskottchen des Naturkunde- und Mammut-Museums Siegsdorf … und er ist ein riesiges Mammut. Sogar ein echt bayerisches Mammut! Seinen Namen verdankt er dem Fundort bei Rudhart. Ihr findet Rudi gleich vor dem Museum. Dort ist er aber nur nachgebaut – allerdings in Originalgröße.

Den echten Rudi schaut ihr euch auf dem spannenden Rundgang durch das Museum an. Hier dreht sich alles um die geologischen Besonderheiten des Chiemgaus und um seine Fossilien, zum Teil aus der Eiszeit. Was sich wie staubtrockener Museumsstoff anhört, ist hier packend, interaktiv und lebendig präsentiert.

Der beste Tag, um Rudi zu besuchen, ist der Donnerstag. Da ist dann im angeschlossenen »SteinZeitGarten« viel los. Das Feuer brennt und das »Steinzeit-Personal« kümmert sich um »Ice Age«-Aktionen.

Anfahrt **Öffentlich:** Mit der Bahn nach Siegsdorf. **Auto:** Über die A 8, Ausfahrt Siegsdorf; viele Parkplätze am Bahnhof.

Informationen Südostbayerisches Naturkunde- und Mammut-Museum Siegsdorf, Auenstraße 2, 83313 Siegsdorf, Tel. 08662/133 16; www.museum-siegsdorf.de.

Öffnungszeiten Ostern–Allerheiligen tgl. 10–18 Uhr, Nov.–Weihnachten nur So 10–17 Uhr, Weihnachts-/Faschingsferien 10–17 Uhr, in der Zeit dazwischen Mi/So 10–17 Uhr; Mitte Mai–Mitte Okt. jeden Do Programm im SteinZeitGarten, im Juli/Aug. auch Di Nachmittag Familien-Aktionstage.

Preise Erwachsene 7 €, Kinder von 6–18 Jahren 4 €.

Anfahrt **Öffentlich:** Zug nach Traunstein, Bus9442 nach Stein a. d. Traun. **Auto:** A8 Ausfahrt Siegsdorf, B304 Richtung Altenmarkt bis Stein a. d. Traun, im Ort Richtung Tittmoning/Palling.

Informationen Verein der Freunde der Burg Stein e. V., Herzog-Nikolaus-Straße 15, 83371 Stein a. d. Traun, Tel. 08621/627 76; www.steiner-burg.de.

Öffnungszeiten Besichtigung nur m Führung (60 Minuten); bitte Taschenlampe mit bringen; immer Di–So, ab den Osterferien–3. S im Okt. 14 Uhr, Mitte Juli–Ende Aug. 16 Uhr.

Preise Kinder und Jugendliche 2 €, Erwachsene 3 €.

Gruseln in größter Felsenburg Deutschlands

Gänsehaut ist garantiert – beim Rundgang durch die dunklen Burgverliese mit ihren »blutverschmierten« Wänden und den grausamen Geschichten über die jungen Mädchen, die hier als Gefangene geschmachtet haben sollen – in der trutzig-düsteren Felsenburg in Stein an der Traun, der ältesten in Deutschland.

Genau das Richtige für alle Fans von düsteren Rittergeschichten! Hier also, im tiefen Fels, soll der grimmige Raubritter Heinz von Stein mit seinen wüsten Gesellen gehaust haben. Und selbst heute noch wird dir beim Rundgang durch die Gruselburg ein kalter Schauer über den Rücken laufen – vor allem, wenn du an der Nachtführung am Freitag- oder Samstagabend teilnimmst!

Treffpunkt für die etwa einstündige Tour ist das Schlosstor hinter dem Brauereigasthof. Wirf vorher einen Blick auf den Wehrturm am Fuße der Felsenwand: Er wird im Volksmund »Leichenturm« oder »Blutturm« genannt – warum, kannst du dir selbst ausmalen … Doch schon drückt dir der Burgführer eine Kerze in die Hand und führt dich über eine steinerne Wendeltreppe hinauf in den Wehrgang und zu den Wohnräumen des Ritters und seiner Männer. Dabei erzählt er so manch gruselige Geschichte über den wilden Heinz. Er soll von herkulischer Gestalt und furchterregendem Äußeren gewesen sein und so schlimm gesündigt haben, dass er nach seinem gewaltsamen Tod nicht begraben werden durfte. Seitdem treibt er als Geist auf der Burg sein Unwesen – mehr soll an dieser Stelle nicht verraten werden …

Dass die Burg Stein zu den ungewöhnlichsten in Deutschland gehört, liegt nicht nur an ihrem ehemaligen Bewohner, sondern auch daran, dass sie sich aus drei verschiedenen Burgen zusammensetzt: dem Hochschloss, das sich majestätisch über der steilen Felswand erhebt, dem Unteren Schloss am Fuße der Felswand, in dem sich heute ein Gymnasium sowie eine Brauerei befinden, und – dazwischenliegend – aus der Höhlenburg, in welcher der Raubritter gehaust haben soll.

Anfahrt **Öffentlich:** Zug nach Bergen. **Auto:**
A 8 Ausfahrt Bergen, immer der Ausschilderung
folgen.

weg 11, 83346 Bergen, Tel. 08662/41 95 29;
www.jodelseminar.de.

Preise Pro Person 56 €, inkl. Arbeitsmateri
und Jodeldiplom.

Informationen Josef Ecker, Kapellen-

Jodeln wie ein Almbauer

Die Almbauern wussten schon, warum sie sich früher ihr einsames Dasein auf der Alm mit Jodeln versüßten: Beim Jodeln werden – wie beim Sex – jede Menge Glückshormone ausgeschüttet. Lasst es euch von »Jodelkaiser« Josef Ecker inmitten schönster Bergkulisse beibringen – und wartet, was passiert …

Vor mehr als zehn Jahren hatte der Musiklehrer Josef Ecker die lohnende Idee, in seiner schönen oberbayerischen Heimat eintägige Jodelkurse abzuhalten. Zunächst kamen nur ganz wenige Interessierte, heute hingegen tourt Ecker durch ganz Deutschland, und seine Kunden sind längst nicht mehr nur Privatleute, auch Firmen wissen die wohltuenden Wirkungen des alpenländischen »Holadaro« und »Joldraehodulio« auf ihre Mitarbeiter zu schätzen.

Einer der schönsten Orte, um von Josef Ecker die Kunst des Jodelns zu erlernen, ist der Hochfelln, ein traumhafter Aussichtsberg im Chiemgau. Bei der Auffahrt mit der Bergbahn beruhigt Ecker seine Schüler: Jeder könne jodeln lernen, man müsse nicht einmal besonders musikalisch sein. Oben angekommen, legt der »Jodelkaiser« gleich los, mit Atem- und Stimmübungen. Ein wenig komisch kommt man sich schon vor, ist aber gleichzeitig fasziniert, wenn man lautstark »Ju-hu-hu-hui« ins Tal ruft und schüchtern dem Echo lauscht. Dann geht es an die Lockerung von Atmung und Stimme: Zunge rausstrecken, dem Nachbarn auf den Rücken klopfen und das Geräusch einer Biene nachahmen! Und wenn das klappt, ist man reif für kleine Rollenspiele, zum Beispiel das vom Jäger und der Sennerin, die einander zujodeln.

Keine Angst, im Laufe des Tages verlieren sich die Hemmungen … Ihr werdet erstaunt sein, welche Töne ihr eurer Kehle entlockt! Und am Ende des Tages gehst du stolz mit deinem wohlverdienten Jodeldiplom nach Hause. Dann braucht es nur noch eine passende Gelegenheit, um die neu erworbene Kunst vorzuführen: Wie wäre es während der nächsten Bergtour mit Freunden?

Anfahrt **Öffentlich:** Bahnlinie München–Wasserburg, vom Bahnhof mit dem Bus in die Altstadt. **Auto:** A 94 München–Passau, Ausfahrt Forstinning, weiter Richtung Ebersberg, dort auf der B 304 nach Wasserburg.

Informationen Gäste-Information Wasserburg a. Inn, Marienplatz 2 (Rathaus), 83512 Wasserburg a. Inn, Tel. 08071/105 22; www.wasserburg.de; www.arbeitskreis68.de.

Wasserburg – klein, aber fein!

Das charmante Wasserburg begeistert auf Anhieb durch seine reizvolle Lage auf einer Halbinsel inmitten einer Innschleife. Und beim Bummel durch die Altstadt staunt man, wie lebendig und weltoffen das Städtchen ist. Dabei hat Wasserburg schon einige Jahre auf dem Buckel, denn es zählt zu den geschichtsträchtigsten Städten Altbayerns.

Die Stadt am Inn beeindruckt nicht nur durch ihre Lage auf einer Halbinsel, die farbenfrohen Bürgerhäuser, die mächtige Burg und die schmalen Gassen. Vielmehr ist es die besondere Atmosphäre, die jeden Besucher in ihren Bann zieht: Die Stadt ist weltoffen und lebendig, kulturbegeistert und historisch, lebenslustig und natürlich. In der historischen Altstadt mit den prunkvollen Häuserzeilen im typischen Inn-Salzach-Stil erwarten dich nette Straßencafés und Spaziergänge unter Laubengängen.

Wasserburg blickt auf eine lange Geschichte zurück. Die Stadt ist älter als das etwa 50 Kilometer westlich gelegene München. Die Lage am Kreuzungspunkt einer der wichtigsten Landstraßen mit der Wasserstraße Inn sorgte wohl dafür, dass sich das kleine Fischerdorf bald zum bedeutendsten Handelsort für Waren aus dem Balkan, Österreich und Italien entwickelte. Vom einstigen Wohlstand der Schiffsmeister und Handelsherren zeugen bis heute die prächtigen Bürgerhäuser. Bereits im Mittelalter lebten Handwerker verschiedener Zünfte im Brucktor-Ensemble. Seit April 2010 ist das zu den wichtigsten Bauwerken der Altstadt zählende Brucktor wieder belebt. In den restaurierten Räumen haben zehn Künstler und Künstlerinnen ihre Ateliers.

ANTENNE BAYERN TIPP

Nach dem Bummel durch die Altstadt und der obligatorischen Einkehr in einem der zahlreichen Straßencafés würden wir dich gerne ins Grüne entführen. Und zwar auf den Hochwasserdamm, der die Innschleife um Wasserburg säumt. Vom Brucktor aus folgst du einfach dem Inn um die Stadt. Auf dem etwa eineinhalb Kilometer langen Spaziergang begleiten dich moderne Skulpturen und Kunstobjekte. Sie stammen von Künstlern des hiesigen »Arbeitskreises 68«, die hier über 30 ihrer Werke ausstellen. Der Eintritt ist frei.

Anfahrt **Öffentlich:** Bahnlinie München–Prien, ab Prien Bus nach Eggstätt. **Auto:** A 8 München–Salzburg, Ausfahrt Bernau, B 305 nach Eggstätt.

Informationen Tourist-Information, Obinger Straße 7, 83125 Eggstätt, Tel. 08056/90 46 19; www.urlaub-eggstaett.de.

Nicht weitersagen: romantische Moorseen

Wenn es dir am Chiemsee zu trubelig ist, dann wird dir bestimmt dieser Ausflug an die romantischen Moorseen der Eggstätt-Hemhofer-Seenplatte gefallen. Hier findet man immer ein stilles Plätzchen. Diese zauberhafte Seenlandschaft zwischen Eggstätt und Seeon ist eines der größten und ältesten Naturschutzgebiete Bayerns.

Um diese reizvolle Naturlandschaft in Ruhe kennenzulernen, empfehlen wir dir folgende, etwa eineinhalbstündige gemütliche Rundwanderung. Ausgangs- und Endpunkt ist der auf einem flachen Höhenrücken gelegene Ort Eggstätt. Vor dem Ortsausgang weist ein Schild auf mehrere Wanderwege hin. Folge dem Rundweg Nr. 1. Am Minigolfplatz vorbei geht es zum Hartsee. Dort hältst du dich links und spazierst gemütlich auf einem schattigen Waldweg. Immer wieder eröffnen sich reizvolle Blicke zum Ufer des Hartsees, das mit Schilf bewachsen ist. Mit fast 40 Metern ist er der tiefste See des Schutzgebiets. Ein Schild weist darauf hin, dass du dich auf geschichtsträchtigem Boden bewegst, auf der ehemaligen römischen »Via Julia«.

Neben dem Hartsee passiert der Rundweg noch weitere kleine Seen. So bekommst du einen lebhaften Eindruck von dieser ökologisch einzigartigen Naturlandschaft. In Eggstätt lohnt die erstmals im Jahr 926 erwähnte Pfarrkirche St. Georg einen Besuch. Der neugotische Bau geht auf das Jahr 1866 zurück. Danach hast du noch die Gelegenheit, im Biergarten des »Unterwirt« einzukehren. Die Gaststätte liegt am Kirchplatz mitten in Eggstätt.

ANTENNE BAYERN TIPP

Lust auf ein Wochenende im Chiemgau? Dann fahr doch zum nahen Kloster Seeon am gleichnamigen See und triff auf einen der schönsten Plätze weit und breit! Der idyllische See lädt zum romantischen Spaziergang ein, das wunderschön restaurierte ehemalige Kloster zum Übernachten und das Restaurant mit Seeblick zu gepflegter Jahreszeiten-Küche. Mit etwas Glück findet an diesem Abend im Kloster auch ein Konzert statt. Und versäume nicht, die Klosterkirche mit ihrer berühmten Madonna zu besuchen! Kloster Seeon, Kultur- und Bildungszentrum des Bezirks Oberbayern, Klosterweg 1, 83370 Seeon, Tel. 08624/89 70; www.kloster-seeon.de.

Anfahrt **Öffentlich:** Bahnlinie München–Prien, ab Prien Regionalzug nach Aschau, ab Aschau Bus nach Söllhuben. **Auto:** A 8 München–Salzburg, Ausfahrt Frasdorf, Ausschilderung Söllhuben folgen.

Informationen Gasthof zur Post in Hirzing, Endorfer Straße 13, 83083 Söllhuben, Tel. 08036/12 66; www.hirzinger.eu.

Logenplatz: Aussichts-kapelle Söllhuben

Es gibt in Bayern nur wenige Gotteshäuser in einer derart schönen Lage. Die kleine Kapelle in Söllhuben ist einer der schönsten Aussichtsplätze weit und breit. Hier kann man den Herrgott einen guten Mann sein lassen, sich aufs »Bankerl« bei der alten Linde setzen, einen Gang runterschalten und die traumhafte Aussicht genießen.

Seit 1675 ragt die 650 Meter hoch gelegene Kapelle stolz über das Rosenheimer Land und krönt das Pfarrdorf Söllhuben. Von hier oben hast du ein fantastisches Panorama – deshalb wird die Kapelle auch kurz »die Aussichtskapelle« genannt. Im Süden blickst du auf die Alpen von den Chiemgauer bis zu den Schlierseer Bergen, im Westen und Norden schaust du auf das Rosenheimer Land.

Das barocke Kirchlein trägt den Namen »Zur Schmerzhaften Muttergottes«, den es seiner wertvollen Pietàgruppe verdankt. Seit einem Einbruch wird dieses Schmuckstück allerdings anderswo aufbewahrt und nur bei festlichen Anlässen hierher gebracht.

Von der Kirche gleich ins Wirtshaus – so mag es der Bayer. Ein paar Hundert Meter von der Kapelle entfernt erwartet dich im Dorf Söllhuben ein uriger Dorfgasthof, der »Hirzinger«. Bereits 1477 wurde ein »Wirth von Söllhuben« urkundlich erwähnt. Das jetzige Wirtsgebäude entstand jedoch überwiegend im 19. Jahrhundert. Es ist ein für das Chiemgau typischer »Itaker-Hof«. So nennt man im Volksmund besonders stattliche Höfe. Früher war hier die Poststation untergebracht, daher der alte Name »Zur Post«. Heute ist die über 100 Jahre alte Gaststube mit dem großen Kachelofen der Stolz der Wirtsleute. Im Sommer zieht es die Gäste hinaus in den Biergarten zu einer kühlen Maß unter Kastanien. Serviert wird traditionell bayerische Küche, die von Einheimischen und Auswärtigen gleichermaßen geschätzt wird.

ANTENNE BAYERN TIPP

Verbinde doch den Besuch der Kapelle mit einem Spaziergang oder Badetag am nahen Simssee und kehre dann im »Hirzinger« ein. Was braucht man mehr zum Glücklichsein?

185 Kulinarisches am Spitzingsee

Die Region Schliersee-Spitzingsee zählt zu den beliebtesten und malerischsten Freizeitzielen in den Bayerischen Alpen – und das schon seit über 100 Jahren. Das Besondere ist nicht nur die landschaftliche Schönheit, sondern auch die Vielfalt: Ihr könnt wandern, segeln, Wintersport betreiben oder auch einfach nur schauen.

Manche Schmankerl der Albert-Link-Hütte könnt ihr auch mitnehmen. Albert-Link-Hütte, Valepper Straße 8, 83727 Schliersee-Spitzingsee, Tel. 08026/712 64; www.albert-link-huette.de
Im Schlierseer Ortsteil Neuhaus gibt es eine weitere Spezialität. Dort wird bayerischer Single Malt Whisky »gemacht«. Eine Besichtigung der Destillerie ist täglich möglich, Führung nach Voranmeldung.
Slyrs Bavarian Single Malt Whisky Destillerie, Bayerischzeller Straße 13, 83727 Schliersee, Tel. 08026/395 90 04, www.slyrs.com/de.

Im Sommerhalbjahr entdeckt ihr den Schliersee am schönsten vom Wasser aus. Entweder selbst als Steuermann in einem Elektro-, Tret- oder Ruderboot oder genüsslich auf dem Sonnendeck der Schliersee III. Nach der Bootstour möchten wir euch an den Spitzingsee entführen, den ihr mit dem Auto oder Bus schnell erreicht. In der Valepp am Südrand des Sees erwartet euch die Albert-Link-Hütte mit ihrer ausgezeichneten Gastronomie. Im Ort Spitzingsee folgt ihr, vom Kirchparkplatz ausgehend, der Valepper Straße und erreicht nach etwa 20 Minuten euer Ziel. Mit etwas Glück steht der Wirt gerade auf der Terrasse und zieht kleine Holzofenbrote aus dem Backofen. Nicht minder aromatisch duftet der würzige Bergkäse, der im Räucherhaus nebenan geräuchert wird.

Anfahrt Öffentlich: Bahnlinie/BOB München–Schliersee. Auto: A8 München–Salzburg, Ausfahrt Weyarn, auf B307 nach Schliersee.

Informationen Gäste-Information Schliersee, Perfallstraße 4, 83727 Schliersee, Tel. 08026/606 50; www.schliersee.de; www.schlierseeschifffahrt.de.

Action auf der Schliersbergalm

In brillanter Aussichtslage thront die Schliersbergalm hoch über dem Schliersee. Sie ist ein hervorragendes Wanderziel für Familien mit Kindern. Viele lockende »Zuckerl« wie die Sommerrodelbahn oder die zahlreichen Spielmöglichkeiten am Berg haben noch jeden Sprössling zur Bergziege gemacht.

Die Wanderung zur Schliersbergalm mit Freizeit-Eldorado lohnt sich. Falls es einmal schnell gehen muss, führt eine Seilbahn bequem nach oben. Zu Fuß wandert ihr zunächst auf dem Dekan-Maier-Weg und dann über die breite Almstraße nach oben. Ab der Talstation der Seilbahn braucht ihr eine gute Stunde.

An der Schliersbergalm stürzt ihr zur Erfrischung auf die Sonnenterrasse oder auf den Waldspielplatz: Gegen eine Gebühr gibt es einen Pool, Trampolins oder den Alpenroller, eine von zwei Sommerrodelbahnen. Mit der Längeren saust ihr über viele Kurven ins Tal.

ANTENNE BAYERN TIPP

Ebenfalls am Schliersee liegt das familienfreundliche Markus Wasmeier Museum. Das kleine Freilichtmuseum ist einem altbayerischen Dorf nachempfunden. Dort reist ihr vergnüglich in die Vergangenheit.

Anfahrt **Öffentlich:** Mit der Bahn nach München, weiter mit der BOB-Bahn bis Bahnhof Schliersee, dann 10 Minuten Fußweg zur Talstation. **Auto:** Über die A 8, Ausfahrt Weyarn, weiter über Miesbach zum Schliersee; Parken an der Bahn oder am Bahnhof.

Informationen Schliersbergalm, 83727 Schliersee, Tel. 08026/67 23; www.schliersbergalm.de.

Öffnungszeiten Schliersbergbahn jede Viertelstunde 8.30–22 Uhr, im Winter nur bis 18 Uhr; Sommerrodelbahn nur bei trockener Witterung.

Preise Einzelfahrt Seilbahn oder Sommerrodelbahn: Erwachsene 5 €, Kinder 2–7 Jahre 3 €, Jugendliche 8–14 Jahre 4 €, im Kombi günstiger. Schwimmbad Kinder 3 €, Trampolin 1 €, Alpenroller 2 €.

Altersbeschränkung Kinder unter 8 Jahren dürfen nur in Begleitung eines Erwachsenen rodeln.

187 Dem Himmel so nah: Berggottesdienst

Eher unbekannt ist der 882 Meter hohe Nußlberg gleich hinter Oberaudorf. Auf seinem Gipfelplateau erwartet dich eine Alm, eine Klause und die kleine Wallfahrtskirche St. Maria. Hier findet in den Sommermonaten einmal pro Woche ein stimmungsvoller Berggottesdienst statt – wunderbar, um zur Ruhe und Besinnung zu kommen.

Das beginnt schon beim Aufstieg: Wer rasch mit dem Vierradantrieb zum Berggottesdienst hinaufhetzt, wird dort kaum richtig ankommen – ganz anders bei der etwa einstündigen Bergwanderung auf den Nußlberg.

Los geht's an der Gfallsee-Staumauer oberhalb von Oberaudorf. Du überquerst diese und wanderst ein kurzes Stück auf der Forststraße bergauf, bis wenig später links der Wanderweg zum Nußlberg abzweigt. In Serpentinen geht es durch den Wald, vorbei an Stationen eines Kreuzwegs. Nach einer knappen Stunde hast du dein Ziel erreicht, das Almplateau mit der kleinen Wallfahrtskirche St. Maria und der ehemaligen Eremitenklause. Normalerweise ist die Kapelle geschlossen, aber im Sommerhalbjahr findet hier immer dienstags um 15 Uhr ein feierlicher Berggottesdienst statt. Lass dich auf den einfachen Holzbänken nieder. Du spürst bald, dass ein Berggottesdienst eine besondere Erfahrung ist: Das Leise bekommt Raum, die Uhr geht langsamer. Auch die Menschen um dich herum sind von dieser Stille, dieser Heiterkeit umfangen …

ANTENNE BAYERN TIPP

Der Höhepunkt des Kirchenjahres auf dem Nußlberg ist das St.-Anna-Fest (2018 am 22. Juli) – dann wandert neben den festlich gekleideten Trachtlern auch die einheimische Musikkapelle auf den Nußlberg.

Anfahrt **Öffentlich:** Zug nach Oberaudorf, Bus bis Mühlbach/Kiefersfelden. **Auto:** A 93 Ausfahrt Oberaudorf, im Ort nach der Bahnunterführung links Richtung Kiefersfelden. Am südlichen Ortsrand rechts Richtung Luegsteinsee/Mühlau, am Luegsteinsee vorbei hinauf zum Gfall-Stausee.

Informationen Tourist Information Oberaudorf, Kufsteiner Straße 6, 83080 Oberaudorf, Tel. 08033/301 20; www.oberaudorf.de.

Fliegen bis zum höchsten Berg

Abflug in Richtung Wolken. Start mit dem Motor, dann Motor einziehen. Thermik suchen, einige Meter raufgleiten. Vögel beobachten, anderen Segelfliegern beim Starten und Landen zusehen. Ammersee und Starnberger See von oben bestaunen, einen gigantischen Blick auf die Zugspitze erleben – und nie mehr landen …

Er ist so alt wie die Menschheit: der Traum vom Fliegen. Die Welt von oben zu sehen, über den Wolken unterwegs zu sein, die herrliche Landschaft zu genießen, die sanften Hügel des Alpenvorlandes, die blau-grünen Seen, und als Krönung den Blick auf die Zugspitze zu haben.

Wirklichkeit wird dieser Traum im Segelflugzentrum Ohlstadt, dem 2011 eröffneten und modernsten Segelflugplatz am Alpenrand. Hier könnt ihr mit erfahrenen Piloten fliegen und entspannt dieses fantastische Abenteuer auskosten. Doch Vorsicht! So manchen »Gastflieger« hat der Virus des Segelfliegens gepackt und er hat sich nach der Landung sofort beim Verein der Werdenfelser Segelflieger zum »Führerschein für die Luft« angemeldet!

ANTENNE BAYERN TIPP

Der Besuch des Segelflugplatzes lässt sich wunderbar mit einer leichten, etwa zehn Kilometer langen Rundwanderung verbinden. Los geht's am nördlichen Ortsausgang von Ohlstadt, zunächst nach links, dann über saftige Wiesen sanft bergauf zum Segelflugplatz. Der Rückweg führt am Gut Pömetsried vorbei durch unberührte Landschaft nach Achrain, danach an der Loisach entlang bis zur Brücke, dort links und über Weichs nach Ohlstadt zurück.

Anfahrt **Öffentlich:** Zug nach Murnau, Bus 9611 nach Ohlstadt, ca. 20 Min. Fußweg nach Pömetsried. **Auto:** Von Murnau über die Schwaigangerstraße und die Professor-Küntscher-Straße nach Pömetsried; von Ohlstadt auf der St 2562 nach Pömetsried.

Informationen Segelflugzentrum Ohlstadt, Pömetsried 1, 82441 Ohlstadt, Tel. 08841/75 66; www.flugplatz-ohlstadt.com.

Preise Einmal Mitfliegen 50 € (Dauer: ca. 1 Std., abhängig von der Thermik); telefonische Voranmeldung erforderlich.

189 Nachts tauchen im tiefsten See

Ein Tauchgang im geheimnisvollen, dunklen Walchensee, seine faszinierende Atmosphäre und eindrucksvolle Stille genießen – das ist ein ganz besonderes Highlight, auch für erfahrene Taucher! Und im Schein der Unterwasserlampen erlebt man die Unterwasserpflanzen und die unter Wasser lebenden Tiere von einer völlig neuen Seite.

Der Walchensee ist mit bis zu 192 Metern Bayerns tiefster See! Und einer, unter dessen Wasseroberfläche sich im Dunkeln so einiges abspielt. Zahlreiche Seebewohner, die sich tagsüber in Höhlen und Spalten verstecken, werden munter und gehen auf die Jagd. Mit etwas Glück begegnet euch beim Tauchen ein Aal, vielleicht auch ein Hecht oder eine Quappe. Im Kegel des Unterwasserscheinwerfers halten die Fische meist für einen kurzen Moment inne, sodass man sie viel besser als am Tag betrachten kann. Auch die alpine Unterwasserwelt zeigt sich in neuem Licht, mit bizarren Felsformationen, dichten Pflanzenregionen und Abbruchkanten.

»Besonders gut geeignet für das Nachttauchen ist die ›Katzeninsel‹«, erklärt Michi Heller, Leiter der einzigen Tauchschule am Walchensee, die neben »normalen« Tauchgängen auch das spektakuläre Nachttauchen anbietet. Daneben gibt es noch andere spannende Tauchplätze, zum Beispiel die »Einsiedlbucht« gleich an der Tauchbasis; am bekanntesten ist sicher die »Galerie« mit ihrer beeindruckenden Steilwand und dem dort »geparkten« VW-Käfer aus der Nachkriegszeit. Außerdem erzählt man sich, dass ein riesiger Waller auf dem Grund des Walchensees haust. Allerdings lässt der sich so gut wie nie blicken …

Anfahrt **Öffentlich:** Zug nach Kochel, Bus 9608 bis Einsiedl/Kochel am See. **Auto:** Über Kochel nach Walchensee, im Ort am See entlang bis Einsiedl.

Informationen Michis Tauchertreff, Michael Hell, Mittenwaldstraße 18, 82499 Wallgau, Tel. 0175/278 65 01; www.michis-tauchertreff.de.

Preise Schnuppertauchen 50 €, Nachttauchen mit Equipment ca. 65 €.

König Ludwig II. war oft hier, um sich von der Welt zurückzuziehen. Sogar seinen 21. Geburtstag feierte er in der Bergeinsamkeit. Richard Wagner schrieb in der königlichen Jagdhütte auf dem Altlacher Hochkopf an seinem »Parsifal«. Und selbst heute noch findet man auf dem recht unbekannten Gipfel und seiner Hütte Stille und Einsamkeit.

Ludwig II. hatte die Jagdhütte auf dem Altlacher Hochkopf nach dem Tod seines Vaters Max II. im Jahr 1864 übernommen. In dem schlichten Berghaus kehrte er besonders gerne ein. Im Juni 1867 schrieb er an Richard Wagner, diese einfache Hütte sei ihm »werther als alle Schlösser mit ihrem Glanz und hohlen Prunk«. Da ihm der Aufstieg zu Fuß jedoch zu mühsam war, ließ sich Ludwig II. in einem eigens dafür erbauten Bergwägelchen von einem Pony ziehen. Heute erinnern nur noch ein schwarzer Kachelofen sowie Wandverkleidungen mit Edelweiß- und Rosenornamenten an diese Vergangenheit. Königlich ist hingegen immer noch der Ausblick, den man schon beim Aufstieg auf den Jochberg und andere Gipfel hat. Und erst recht die Aussicht von der Hütte auf das Wettersteingebirge!

Ausgangspunkt der sehr leichten Bergwanderung durch überwiegend bewaldetes Gelände ist die Richard-Wagner-Gedenktafel westlich des Parkplatzes am Walchensee. Zunächst wandert ihr auf einer Forststraße und später auf einigen Stufen bergauf, bis ihr auf eine weitere Forststraße stoßt. Dort geht ihr nach links, anfangs leicht bergab, später wieder bergauf, bis erneut links ein schöner Bergweg abgeht. Dieser bringt euch in ca. 20 Minuten zur Hochkopfhütte auf 1299 Meter Höhe. Hier lasst euch gemütlich nieder. Genießt die Aussicht und eure Brotzeit!

Anfahrt   **Öffentlich:** Zug nach Mittenwald, Bus nach Walchensee, dann Fußweg. **Auto:** B 13 über Bad Tölz und Lenggries in die Jachenau, dort zur Mautstraße am Walchensee. Am Südufer, östlich von Altlach, an der Brücke parken.

Informationen   Aufstieg 1,5–2 Std.; Abstieg (auf gleichem Weg) ca. 1 Std.

Anfahrt **Öffentlich:** S-Bahnline S 7 ab Marienplatz/Hauptbahnhof nach Wolfrats-hausen. **Auto:** B 2 nach Wolfratshausen, bis Weidach fahren.

Informationen Flößerei Josef Seitner, Lindenweg 1, 82515 Wolfratshausen, Tel. 08171/ 785 18; www.flossfahrt.de.

Termine Mai–Mitte Sept. tgl. ab Wolfratshausen.

Was für eine Gaudi: Floßfahrt auf der Isar

»O'zapft is!«, so heißt es zu Beginn jeder Isar-Floßfahrt. Dieses unvergessliche Erlebnis solltet ihr euch mindestens einmal im Leben gönnen! Allerdings müsst ihr euch frühzeitig anmelden, denn die – im doppelten Wortsinn – feuchtfröhlichen Fahrten sind äußerst beliebt und deshalb schnell ausgebucht.

Jede Floßfahrt beginnt in Wolfratshausen an der Floßlände. Früh morgens bauen dort die Flößer ihre Flöße aus Baumstämmen, bevor sie mit ihren Gästen zur abwechslungsreichen Floßfahrt aufbrechen. Diese dauert zwischen fünf und sieben Stunden. An Bord sorgen fetzige Livemusik, eine urige Brotzeit und frisch gezapftes Bier für gute Stimmung.

Zu Beginn der Fahrt gleitet das Floß gemütlich durch die Pupplinger Au, einen Auwald, der unter Naturschutz steht. Weiter geht es am Isarspitz vorbei, wo die Loisach in die Isar mündet, zum Ickinger Wehr. Hier biegt das Floß auf den Isarkanal ab. Wer möchte, kann sich bei einem erfrischenden Bad abkühlen. Über die Aumühle geht es vorbei am Kloster Schäftlarn ins Mühltal bei Straßlach. Viele Flöße legen hier am »Gasthaus zur Mühle« an.

Nach der Mittagspause erwartet euch die längste Floßrutsche Europas. Auf einer Länge von 365 Metern saust das Floß mit bis zu 40 Stundenkilometern 18 Meter in die Tiefe. Nichts für schwache Nerven! Gleich danach folgt schon das nächste Abenteuer: Der Georgenstein, ein neun Meter hoher Felsen in der Isar. Die Flößer müssen präzise Arbeit leisten, um das Floß sicher vorbeizumanövrieren. Nächste Station ist die (kleinere) Rutsche am Baierbrunner Wehr. An der Burg Grünwald vorbei erwartet euch in Großhesselohe die letzte Rutsche. Am späten Nachmittag ist das Ziel erreicht: die Floßlände im Münchner Stadtteil Thalkirchen.

Die Geschichte der Floßfahrt in Bayern begann im 12. Jahrhundert, der Zeit der Stadtgründungen. Ursprünglich wurden Holz oder Waren transportiert, meist von Kleinbauern. Im 15. Jahrhundert schlossen sich dann gewerbsmäßige Flößer zusammen und gründeten die Flößerzunft.

192 Heimat des FC Bayern: Allianz Arena

Ein Bürgerentscheid für ein Fußballstadion. Wo gibt's denn das? In München, Deutschlands heimlicher Fußballhauptstadt. Am 21. Oktober 2001 stand fest: Die Münchner bekommen ein »richtiges« Stadion für ihre Bundesligavereine. Ein Hingucker mit aufblasbaren Luftkissen, die in drei Farben – Weiß, Rot und Blau – leuchten können.

Im Finale um den besten Entwurf für das neue Fußballstadion im Münchner Norden siegten die Schweizer Architekten Herzog und de Meuron. Ihre futuristisch anmutende Fußballarena überzeugte die Fachwelt. Weil auf Ecken und Kanten verzichtet wurde, sieht sie aus wie ein bauchiger Zeppelin. Das Stadion wird auf einer Fläche von rund 64 000 Quadratmetern von einer gigantischen Membranhülle aus federleichter ETFE-Folie bedeckt. Ihr Clou: Sie besteht aus 2760 trapezförmigen, aufblasbaren Luftkissen – eine moderne Anspielung an die bayerische Raute und eine geschickte Tarnung für die darunter liegende massive Konstruktion. In weniger als drei Jahren Bauzeit entstand die 365 Millionen teure Allianz Arena, benannt nach ihrem Sponsor. Das rautenförmige Stadion in München-Fröttmaning fasst 69 901 Zuschauer auf Sitz- und Stehplätzen, allesamt überdacht und auf drei Ränge verteilt. Seit der Eröffnung der Allianz Arena füllen die Spiele des FC Bayern das Stadion. Kleiner Wermutstropfen: Um ein Spiel live sehen zu können, müsst ihr beim Rekordmeister recht tief in die Tasche greifen.

Anfahrt **Öffentlich:** U-Bahnline U 6 bis Fröttmaning, ca. 15 Minuten Fußweg. **Auto:** A 99, Ausfahrt Fröttmanning-Nord; oder A 9, Ausfahrt Fröttmanning-Süd.

Informationen Allianz Arena, Werner-Heisenberg-Allee 25, 80939 München; Ticket-Hotline Tel. 089/69 93 13 33; www.allianz-arena.com.

Öffnungszeiten An spielfreien Tagen: tgl. 10–19 Uhr, Juli–Mitte Aug. 9–19 Uhr; Arena-Touren/FC Bayern Erlebniswelt tgl. 10–18 Uhr.

Grüne Oase: der Englische Garten

193

Wisst ihr eigentlich, warum Münchens schönster und zugleich ältester Park »Englischer Garten« heißt? Die Erklärung ist schnell gefunden: Der bayerische Kurfürst Karl Theodor ließ im Jahr 1789 vom späteren Grafen Rumford am Isarufer einen »Militärgarten« nach dem Vorbild eines englischen Landschaftsgartens anlegen.

Und schon bald wurde der riesige Park auch für die Öffentlichkeit zugänglich gemacht. Die Münchner waren sofort begeistert von ihrem neuen Park – und daran hat sich bis heute nichts geändert. Vor allem bei schönem Wetter ist der Englische Garten ein überaus beliebter Treffpunkt. Einer der reizvollsten Plätze im Park ist der Kleinhesseloher See mit dem Biergarten-Restaurant »Seehaus«. Sobald die Sonne scheint, sind die Bänke dort schnell belegt. Denn das »Seehaus« ist mehr als ein »Biergarten«, es steht für das typisch münchnerische Lebensgefühl.

Wenn es dir im »Seehaus« zu trubelig ist, steigst du am besten aufs »Radl« und fährst in den nördlichen Teil des Englischen Gartens. Dieser ist deutlich weniger besucht als der südliche. Hier finden sich viele romantische Plätzchen an idyllischen Bächen oder auf stillen Wiesen. Im Sommer weiden hier sogar manchmal Schafe.

Wenn später der Magen knurrt und die Kehle trocken ist, radelst du zum »Aumeister«, einem beliebten Biergarten mit schönem Spielplatz. Sollte der Weg zu weit sein, wartet auf halber Strecke die »Hirschau«, ein weiterer gemütlicher Biergarten mit Live-Jazzmusik. Wer die Wahl hat …

Anfahrt Öffentlich: U-Bahnlinien U3/U6 bis Universität oder Münchner Freiheit, jeweils ca. 5 Minuten Fußweg; Buslinie 54 ab Münchner Freiheit bis zum Chinesischen Turm. **Auto:** Isarring, Ausfahrt Hirschau.

Informationen Englischer Garten, 80538 München; Tourist-Information am Hauptbahnhof, Bahnhofsplatz 2, 80335 München; www.muenchen.de.

Öffnungszeiten Ganzjährig frei zugänglich.

Für H. König

Informationen »Valentin Karlstadt

Musäum«: Anfahrt: S-Bahn Haltestelle »Isartorplatz«. Adresse: Tal 50, 80331 München, Tel. 089/22 32 66; www.valentin-musaeum.de. Öffnungszeiten: Mo/Di/Do 11.01–17.29 Uhr, Fr/Sa 11.01–17.59 Uhr, So 10.01–17.59 Uhr.

Bier- und Oktoberfestmuseum: Anfahrt: U-/ S-Bahn Haltestelle »Marienplatz« oder S-Bahn Haltestelle »Isartorplatz«. Adresse: Sternecker-

straße 2, 80331 München, Tel. 089/24 23 16 07; www.bier-und-oktoberfestmuseum.de. Öffnungszeiten: Di–Sa 13–18 Uhr, Museumsstüberl Mo–Sa 18–24 Uhr.

Münchner Feuerwehrmuseum: Anfahrt: U-Bahn Haltestelle »Sendlinger Tor«. Adresse: An der Hauptfeuerwache 8, 80331 München, Tel. 089/23 53 41 25; www.feuerwehr-museen.d Öffnungszeiten: Sa 9–16 und nach Voranmeldu

Mal keine Kunst? Museen der anderen Art 194

Wer sagt denn, dass ein Museumsbesuch immer anstrengend oder sogar langweilig sein muss? Wir haben für dich weltweit einzigartige Museen in München ausgesucht, die ganz anders sind als die meisten »normalen« Museen: das »Valentin Karlstadt Musäum«, das Münchner Feuerwehrmuseum und das Bier- und Oktoberfestmuseum.

Vor Erfindung des Fernsehens und der Comedy-Shows gab es in München die sogenannten Volkssänger. Sie traten regelmäßig in Lokalen der Altstadt auf und unterhielten das Publikum mit Liedern und komischen Einlagen. Der berühmteste Volkssänger war Karl Valentin. Er fing als Musikclown und Solokomiker an und schaffte es sogar mit einem eigenen Stück bis zu den Münchner Kammerspielen.

Zu Ehren Valentins und seiner Partnerin Liesl Karlstadt wurde 1959 ein Museum eingerichtet, das so außergewöhnlich ist wie sein Namensgeber. Ausgestellt sind viele skurrile Objekte, beispielsweise der berühmte Nagel, an den Karl Valentin seinen Schreinerberuf »hängte«, der mit Pelz besetzte »Winterzahnstocher« oder der Vesuv, der nicht raucht, weil er weiß, dass Rauchen im »Musäum«, wie es »korrekt« heißt, nicht erlaubt ist. Sollte dir der »Valentin«-Humor zu schräg sein, trifft vielleicht eines der beiden nachfolgenden Museen eher deinen Geschmack:

Im Bier- und Oktoberfestmuseum erfährst du alles über die Geschichte des beliebten Gerstensaftes, seine Herstellung und das weltweit einzigartige bayerische Reinheitsgebot. Außerdem geht es um die Entstehung und Entwicklung des Oktoberfests. Das heute größte Volksfest der Welt fand erstmals im Jahr 1810 anlässlich der Hochzeit von König Ludwig I. mit Prinzessin Therese von Sachsen-Hildburghausen statt.

Ein Museum der besonderen Art ist auch das Münchner Feuerwehrmuseum: Es informiert nicht nur über die geschichtliche Entwicklung des Feuerlöschwesens oder die Historie der Münchner Feuerwehr, sondern auch über spektakuläre Einsätze wie das Feuer am U-Bahnhof Königsplatz am 5. September 1983.

195 Erlebnisbauernhof und Ponyreiten

»Schneewittchen«, »Hanuta«, »Luigi«, »Raphaelo« und viele andere Ponys begrüßen euch auf dem Reitsberger Erlebnishof in Vaterstetten bei München. Schon die kleinsten Kinder ab drei Jahren können hier völlig unkompliziert reiten. Durchkämmt dazu das weitläufige Bauernhofgelände und lasst euch im Wirtshaus Landlust verwöhnen.

Einen ausgesprochenen Wohlfühltag für Eltern und Kinder im Grünen, das bietet der Erlebnisbauernhof Reitsberger Hof. Bummelt doch zunächst einmal über das Gelände. Hier leben viele Tiere und ihr könnt sie alle besuchen. Kühe, Kälbchen, Schafe, Ziegen, Enten, Hühner und Gänse. Dazu viele Ponys, Esel und das nette Maultier »Esmeralda«. Alle Ställe stehen offen und natürlich dürft ihr die Tiere, wenn sie mögen, streicheln. Am besten nehmt ihr an einer Führung teil, die ihr vorher vereinbart. Außerdem gibt es einen großzügigen Spielplatz mit Rutschen, Schaukeln und einem großen Sandkasten.

Wenn ihr Hunger und Durst habt, könnt ihr im Wirtshaus »Landlust« einkehren. Die Wartezeit auf das Essen wird gerade für Kinder in dieser spannenden Umgebung zum Kinderspiel.

Danach macht ihr euch auf zum Ponyreiten. Das heißt, die Kinder reiten und die Erwachsenen führen das Pferd. Viel Spaß mit den liebenswerten Vierbeinern!

Anfahrt **Öffentlich:** Mit der Bahn nach München, weiter mit der S-Bahn S 4, Haltestelle »Vaterstetten«, 10 Minuten Fußweg. **Auto:** Über die A 99, Ausfahrt Vaterstetten, weiter nach Vaterstetten.

Informationen Reitsberger Erlebnishof, Baldhamer Straße 99, 85591 Vaterstetten, Tel. 08106/999 18 12; www.reitsberger-hof.de.

Öffnungszeiten Erlebnisbauernhof: tgl. 10–19 Uhr, Di Ruhetag; Gaststätte: tgl. 10–23 Uhr, Di/Mi Ruhetag; Ponyreiten: Fr 15–17 Uhr, Sa/So/feiertags 10.30–11.30 Uhr und 15–17 Uhr.

Preise Runde 2 €; wenn das klappt, kann man das Pony für 30 Minuten zu 20 € mieten; Anmeldung erforderlich.

Blätterdach über dem Waldspielplatz Pöring

In Pöring, einem Stadtteil der Gemeinde Zorneding bei München, liegt dieser wunderbare Waldspielplatz mitten im Grünen. Genau richtig für abenteuerlustige Kinder, die gerne im Freien toben und spielen – während die Eltern grillen und das Picknick vorbereiten. Und das Beste: Das Ganze ist völlig kostenlos.

Unter dem herrlichen Blätterdach des Pöringer Waldes wurde dieser traumhafte Spielplatz mit vielen Spielmöglichkeiten für große und kleine Kinder errichtet. Es ist ein optimaler Platz für alle naturverbundenen Familien, die gerne im Grünen unterwegs sind. Gerade an heißen Tagen im Sommer ist es hier, mitten im Wald, angenehm kühl.

Auf die Kinder warten Kletternetze, Baumhaus, Röhrenrutschen, Reifenschaukeln, Tischtennisplatte, Seilbahn und Sandkasten. Erkundet all die tollen Angebote. Fürs Tischtennisspielen müsst ihr allerdings selbst Ball und Tischtennisschläger mitbringen.

Neben den Spiel- und Klettermöglichkeiten gibt es jede Menge hölzerne Bänke und Tische, sodass auch einem richtigen Waldpicknick nichts im Wege steht. Überdies steht euch dort ein großer Grillplatz zur Verfügung. Bringt doch einfach etwas Grillkohle und euer Lieblingsgrillgut mit, dann könnt ihr euch nach einem aufregenden Tag stärken. Solltet ihr vom Regen überrascht werden, steht sogar eine kleine Schutzhütte bereit. Für die Eltern eine »Warnung« vorneweg: Ihr könnt das Navi im Auto schon mal programmieren, weil sicherlich alle wiederkommen wollen.

Anfahrt **Öffentlich:** Mit der Bahn nach München, weiter mit der S-Bahn S 4 nach Zorneding, dann 15 Minuten Fußweg. **Auto:** Über die A 99, Ausfahrt Haar/Vaterstetten, weiter auf der B 304 nach Zorneding, dort links in den Ortsteil Pöring nördlich der S-Bahn-Linie, Parkplätze vorhanden.

Informationen Waldspielplatz Pöring, am Ende der Hubertusstraße, 85604 Zorneding; www.zorneding.de.

Öffnungszeiten Täglich von Sonnenauf- bis Sonnenuntergang.

Anfahrt

Öffentlich: Mit der Bahn nach München, weiter mit der S-Bahn S 2 nach Altenerding, weiter mit dem Bus. **Auto:** Über die A 9, Ausfahrt Garching-Süd, weiter über Ismaning auf die B 388 nach Erding; oder über die A 92, Ausfahrt Erding.

Informationen

Therme Erding, Thermenallee 2, 85435 Erding, Tel. 08122/550 50 00; www.therme-erding.de.

Öffnungszeiten

Thermenparadies: Mo–Fr 10–23 Uhr, Galaxy Mo–Fr 13–21 Uhr, am Wochenende auch früher und länger (weitere Bereiche siehe Homepage).

Preise

Kinder bis 3 Jahre kostenlos, sonst verschiedene Tarife, z. B. 4-Std.-Ticket ab 24 €, Tageskarte ab 33 €; am Wochenende Aufschlag, Rabatte für Früh- oder Spätkommer, Kombitickets mit dem MVV.

Europas größtes Rutschenparadies

Wenn es ein Badeparadies auf Erden gibt, dann liegt es in Erding. Die moderne und riesengroße Erdinger Therme erfüllt einfach alle Familienwünsche. Ob Action oder ausgiebige Erholung – für alle Wasserratten und Meerjungfrauen ist ganz sicher genug dabei, um einen phänomenalen Tag zu verbringen.

Die Erdinger Therme ist ein Bade- und Wellness-Paradies der Superlative. Hier gibt es das größte Saunaparadies der Welt und die größte Wasserrutschen-Anlage in Europa. Und das Schönste ist: Die Überdachungen lassen sich im Sommer teilweise öffnen.

Wer das erste Mal die Therme besucht, wird überwältigt sein angesichts der vielen Besucherbereiche: Es gibt das Wellenparadies, das Galaxy Erding, das Thermenparadies, die Vitaloase, das Royal Spa und das Saunaparadies. Aber für Familien ist es ganz einfach. Mit einer Tageskarte löst ihr automatisch den Zugang zum Wellen- und Thermenparadies und für das Galaxy Erding. Dann seid ihr auch schon mittendrin in der Südsee!

Ihr startet am besten im coolen »Galaxy«. 26 Wasserrutschen warten auf euch. Manche davon sind so wild, dass sie Altersbeschränkungen unterliegen. Doch das Galaxy ist nicht nur etwas für Extremsportler. Auch ohne wahnwitzige Manöver habt ihr irrsinnig viel Spaß. Stürzt euch in die verschiedenen Röhren. Alleine, in Dreierreifen, durch einen Wildwasserstrom oder nur auf der kurzen Wackelrutsche. Für kleinere Kinder gibt es sogar Familienrutschen. Danach geht ihr ins Wellenparadies. Dort schaukelt ihr wild auf und ab zwischen künstlichen Wellenbergen.

Wenn ihr genug Action hattet, marschiert weiter ins Thermenparadies. Dort badet ihr in lichtdurchfluteten Hallen unter Palmen oder in warmen Außenbecken. Viele separate Pools mit Blubber-, Sole- oder Schwefelwasser dienen der Gesundheit, ebenso das Dampfbad oder die Farblichttherapie. Spätestens wenn sich die Mütter in den 38 Grad warmen Jungbrunnen legen und die Väter sich den ersten Drink im Wasser an der Poolbar gönnen, sind alle Familienmitglieder restlos glücklich.

Anfahrt **Öffentlich:** Zug nach Ingolstadt.
Auto: A 9 Ausfahrt Ingolstadt.

Informationen Dr. Frankensteins Mystery-Tery Tour, Jesuitenstraße 9, 85049 Ingolstadt, Tel.

0841/95 19 99 61; www.ingolstadt-tourismus.de.

Preise Pro Person 11 € (ca. 85 Minuten).

Altersbeschränkung Ab 14 Jahre

Mit Frankenstein durch Ingolstadt

Seit Jahren geht das schon so: Immer wieder spukt der Geist von Dr. Frankenstein durch die Gassen der Ingolstädter Altstadt. Kein Wunder, hat er doch vor fast 200 Jahren hier als Student der Ana-tomie Leichenteile von Friedhöfen und Gebeinhäusern zusammengetragen … und daraus eine menschenähnliche Gestalt geschaffen.

Wenn du starke Nerven hast – aber bitte wirklich nur dann! –, begleite Dr. Frankenstein und seinen Gehilfen Igor bei ihrem nächtlichen Spaziergang. Doch Vorsicht, du kannst nie sicher sein, wer oder was dich hinter der nächsten Ecke erwartet … Möglicherweise begegnet dir im düsteren Schein der Fackeln so manch gefährliche Gestalt und geheimnisvolle Kreatur. Und sicher weiß Frankenstein Schauriges von seinem Monster, von Hexenverbrennungen, Hinrichtungen und dergleichen mehr zu erzählen. Also sei gewappnet!

Denn ob du es glaubst oder nicht: Frankenstein hat tatsächlich hier studiert – so steht es zumindest im Roman »Frankenstein oder Der moderne Prometheus« zu lesen, den die damals erst neunzehnjährige Engländerin Mary Shelley 1816 geschrieben hat. Vermutlich war die junge Schriftstellerin zwar selbst nie da, kannte die Stadt aber dank ihrer langen Medizingeschichte: Schließlich wurde im Jahr 1472 in Ingolstadt die erste bayerische Landesuniversität für Medizin gegründet, die spätere Medizinische Fakultät.

Entstanden ist die »Mystery Tour« im Jahr 1995 eher durch einen Zufall: Damals überlegten die Ingolstädter, wie sie Jugendlichen aus den Partnerstädten die Geschichte ihrer Heimatstadt auf unterhaltsame Art und Weise näherbringen könnten. Dann hatten sie plötzlich die zündende Idee: Wer wäre dafür besser geeignet als der berühmteste Student der Universität von Ingolstadt?

ANTENNE BAYERN TIPP

Auch jenseits von Dr. Frankenstein lohnt Ingolstadt mit seiner mittelalterlichen Befestigungsmauer und den Wehranlagen einen Besuch. In der Altstadt gibt es zahlreiche schöne historische Gebäude wie das Münster, das Kreuztor und das Franziskanerkloster.

199

Für Jung und Alt:
der Barthelmarkt

Es ist eines der ältesten Volksfeste Deutschlands und noch mehr. Auch heute noch ein Fest mit viel altem Charme, gleichzeitig aber jung und angesagt. Mit Pferderennen am Samstag und Rossmarkt als Höhepunkt am Montag früh. Festlich wird's immer am letzten Augustwochenende und nur für vier Tage.

Am Freitag vor dem letzten Augustwochenende macht in Oberstimm jeder schon mittags Feierabend. Dann geht's heim, rein in die Lederhos'n oder ins Dirndl und auf zum Kirchplatz. Wenn um drei Uhr das Standkonzert beginnt, ist kein Platz mehr frei. Danach ziehen alle geschlossen zum Bieranstich – der Barthelmarkt ist offiziell eröffnet. Bis Mitternacht sitzt man gemütlich beieinander, feiert, isst und trinkt. Und spätestens beim Barthelmarkt-Lied tanzen alle auf den Bänken und singen lautstark mit!

Doch der Barthelmarkt ist mehr als ein »normales« Volksfest. Das zeigt sich bereits am Samstag beim traditionellen Pferderennen mit feierlicher Preisverleihung. Der Höhepunkt aber ist der große Rossmarkt am Montagmorgen, wenn sich um sechs Uhr früh Händler, Käufer, Bauern und Schaulustige treffen, um Pferde und andere Tiere zu verkaufen und zu kaufen. Dieser Markt war der Ursprung des Barthelmarkts, schriftlich erwähnt bereits 1354. Wer hätte damals gedacht, dass der Markt ins 21. Jahrhundert überdauern würde?

Anfahrt **Öffentlich:** Zug nach Ingolstadt, Bus 16 nach Oberstimm. **Auto:** A 9, Ausfahrt Manching bzw. Neuburg, zunächst Richtung Regensburg/Neustadt a. d. Donau/Neuburg, dann Richtung Manching/Ingolstadt/Neuburg a. d. Donau auf B 16 abbiegen und bis Oberstimm fahren.

Informationen Tourismus Markt Manching, Ingolstädter Straße 2, 85077 Manching, Tel. 08459/85 52; www.manching.de; www.barthelmarkt.de.
2018 findet der Barthelmarkt vom 24.–27. Aug. statt.

Auf den Spuren eines sechsfachen Mordes

Nebel wabert übers Land, Laternen flackern, der Ruf eines Käuzchens ertönt aus dem Wald. Total gruselig. Vor 90 Jahren passierte hier ein grausames Verbrechen, bis heute eines der größten Rätsel der bayerischen Kriminalgeschichte: In der Nacht zum 1. April 1922 wurden alle sechs Bewohner des Einödhofs Hinterkaifeck brutal getötet …

… und du kannst an den Originalschauplätzen auf Spurensuche gehen! Seit mehreren Jahren bietet Gästeführerin Maria Weibl geführte Wanderungen rund um die Hinterkaifecker Morde an – und die Gäste sind begeistert. Schließlich hat man schon einiges über die rätselhaften Morde gehört, mehrere Filme wurden gedreht, die bekannteste Verarbeitung ist der Krimi »Tannöd« von Andrea Maria Schenkel.

Vor der Spurensuche gibt es erst einmal ein delikates Vier-Gänge-Menü im Gasthaus Bogenrieder in Waidkofen. Danach geht's mit Laternen durch die dunkle Landschaft, und Maria Weibl erzählt vom Ehepaar Gruber, der verheirateten Tochter Frau Gabriel, ihren Kindern Cilli und Josef und der Magd Maria Baumgartner, vom Inzestverhältnis zwischen Vater und Tochter und natürlich von den brutalen Morden.

Trotz umfangreicher Recherchen und mehrerer Verdächtiger wurde der Mörder nie gefasst, auch das Motiv ist bis heute ungeklärt: Raubmord? Beziehungstat? Welche Rolle spielte die neue Magd? War die Tat eine Rache für den Inzest? »Das wird nie mehr geklärt werden«, meint Maria Weibl auf dem Waidhofener Friedhof, wo die Opfer begraben liegen. »Die Morde werden immer ein Mythos bleiben.«

Anfahrt   **Auto:** A 9 Ausfahrt Langenbruck Richtung Augsburg, links auf St 2049, dann links auf B 300 bis Ausfahrt Richtung Waidhofen-Ost/Brunnen/Koppenbach, links auf ND 22 fahren bis Waidhofen.

Informationen   Maria Weibl, Rettenbacher Straße 13, 86529 Schrobenhausen, Tel. 08252/34 22; Maria_Weibl@gmx.de.

Preise   Laternenwanderung mit 4-Gänge-Menü und Punsch pro Person 37 €.

201 Hier machen Kinder den Führerschein

Der Helm wird aufgesetzt, der Motor brummt, der Adrenalinspiegel steigt. Jetzt dürfen die Kids ganz allein ans Steuer. Das Verkehrstraining von Kiddi-Car in Fürstenfeldbruck eignet sich bestens, um hier so ganz nebenbei mit riesig viel Spaß eine ganze Menge für den Straßenverkehr zu lernen.

17 flotte Elektro-Quads und fünf Mini-Autos stehen für Kinder bei Kiddi-Car in Fürstenfeldbruck bereit. Bevor ihr euch aber auf die Straße wagt, müsst ihr zunächst, wie bei einer echten Führerscheinprüfung, in den Theorieunterricht gehen. Das Team von Kiddi-Car lernt euch ein paar Verkehrszeichen und einige wichtige Verkehrsregeln. Dann bekommt ihr eine gründliche praktische Einweisung, damit ihr wisst, wie die Fahrzeuge zu steuern und vor allem zu bremsen sind. Die Quad-Fahrer erhalten noch einen Helm und die Autofahrer legen den Sicherheitsgurt an. Dann kann es schon losgehen!

Ihr fahrt natürlich nicht auf einer echten Straße, sondern auf dem eigens angelegten, aber sehr realistischen Verkehrsübungsplatz. Trotzdem gibt es auch hier Kreuzungen, Vorfahrtstraßen, Ampeln, Stopp-Schilder, Zebrastreifen und Einbahnstraßen. Eine Fahrt dauert etwa fünf Minuten. Dabei vergeht die Zeit wie im Flug.

Anfahrt **Öffentlich:** Mit der Bahn nach München, weiter mit der S-Bahn S 4, Haltestelle »Fürstenfeldbruck«, weiter mit dem Bus oder ca. 2 km Fußweg. **Auto:** Über die B 2 oder B 471, Ausfahrt Füstenfeldbruck Mitte, Parkplätze vorhanden.

Informationen Kiddi-Car, Theodor-Heuß-Straße 7, 82256 Fürstenfeldbruck, Tel. 08141/422 38; www.kiddicar.de.

Öffnungszeiten April–Okt. Sa/So/feiertags/Ferien 14–18 Uhr.

Preise Einzelfahrt 4,50 €, 6er-Fahrt 25 €.

Altersbeschränkung Nur für Kinder von 6–12 Jahren, jüngere nur als Beifahrer.

Mit dem Raddampfer ins Labyrinth

Kennt ihr Tom Sawyer und Huckleberry Finn? Die sind zwar nicht auf dem Ammersee, sondern auf dem Mississippi unterwegs, aber auch bei uns gibt es Raddampfer. Und durch die Wildnis schlagen wie die beiden jungen Abenteurer könnt ihr euch ebenfalls – im bizarren Pflanzenlabyrinth »Ex Ornamentis«.

Zum Start für die nostalgische Raddampferfahrt gibt es mehrere Anlegestellen. Am besten sucht ihr euch vorher schon die Fahrzeiten der Raddampfer aus dem Internet. Dann auf zum Steg und rauf auf das Schiff. Fans historischer Schiffe bevorzugen die 1908 erbaute »Dießen«, den ältesten bayerischen Raddampfer.

Um das Pflanzenlabyrinth zu besuchen, steigt ihr in Utting aus. Ein kurzer Fußmarsch entlang des Seeufers bringt euch zum Labyrinth »Ex Ornamentis«. Es besteht aus Mais, Hanf, Strohballen und verschiedenen Blumen. Jedes Jahr wechseln die Themenmotive, die aber erst aus der Luft gut erkennbar sind. Im Labyrinth löst ihr verzwickte Suchspiele. Findet den richtigen Weg durch die grünen Stängel – dieses amüsante Abenteuer ist wirklich immer einen Zwischenstopp auf eurer Dampferfahrt wert!

Anfahrt   **Öffentlich:** Mit der Bahn nach Dießen oder mit der S-Bahn ab München nach Herrsching. **Auto:** Über die A 96, für den Startplatz Herrsching die Ausfahrt Inning und für den Startplatz Dießen die Ausfahrt Greifenberg nehmen, dann jeweils am Ufer entlang Richtung Süden.

Informationen   Bayerische Seenschifffahrt, Tel. 08143/94021; www.seenschifffahrt.de.

Ex Ornamentis, Freizeitgelände Fahrmannsbachstraße, 86919 Utting, Tel. 08192/93 46 83; www.exornamentis.de.

Öffnungszeiten   Schifffahrt: Ostern–Mitte Okt.; Labyrinth: Ende Juli–Ende Sept.

Preise   Große Rundfahrt: Erwachsene 18,50 €; kleine südl. Rundfahrt: Erwachsene 11,50 €, Kinder 6–17 Jahre die Hälfte; Labyrinth: Erwachsene 6 €, Kinder 5–11 Jahre 5 €.

203 Fischerstechen am Starnberger See

Nur alle fünf Jahre wird es ausgerichtet, das traditionelle Fischerstechen am Starnberger See – und am 19. Juli 2022 ist es endlich wieder so weit! Dann finden diese spannenden Gladiatorenkämpfe auf dem See statt – und Tausende begeisterter Zuschauer sind mit dabei! Wasserscheu dürfen sie aber nicht sein …

Punkt 12.30 Uhr ist Startschuss: Kampflustige, maskierte Männer mit furchterregenden Lanzen sind auf dem See unterwegs. Ihre Mission: den Gegner mit einem gezielten Lanzenstoß vom Ausleger seines Flachbootes ins Wasser zu stoßen. Da geht's oft ganz schön heiß her! Es steht die Fischerehre auf dem Spiel. Der letzte »Stecher«, der es schafft, auf seinem Boot stehen zu bleiben, ist Sieger und kann Fischerkönig werden.

Eigentlich ist das Fischerstechen schon über 500 Jahre alt, in München wurden bereits 1536 Fischerstechen auf der Isar abgehalten. Wann diese Tradition zu Ende ging, ist nicht bekannt. Wiederbelebt wurde sie von Prinzregent Luitpold zur 1000-jährigen Erinnerung an den Tod des Markgrafen Luitpold. Aus diesem Anlass ließ er 1907 unerschrockene Starnberger Fischer beim Fischerstechen gegeneinander antreten und stiftete dafür einen Wanderpokal aus Gold. Ihm zu Ehren heißt das Starnberger Fischerstechen seitdem Prinzregent-Luitpold-Fischerstechen. Am Ablauf hat sich bis heute wenig geändert.

ANTENNE BAYERN TIPP

Falls du nicht bis zum Fischerstechen 2022 in Starnberg warten möchtest: In Dießen am Ammersee und in Seehausen am Staffelsee kannst du das Fischerstechen jedes Jahr am 15. August live erleben.

Anfahrt Öffentlich: S-Bahn/Zug nach Starnberg. **Auto:** A 95 Ausfahrt Starnberg.

Informationen Heimat- und Volkstrachtenverein Starnberg e. V., Hans-Zellner-Weg 10, 82319 Starnberg; www.trachtenverein-starnberg.de.

Preise Eintritt mit Fischerstechen-Festzeichen 6 €.

Einmal dein eigenes Bier brauen!

Bier von der Pike auf: Wie aus Hopfen, Wasser und Malz Bier wird, das lernst du bei einem Braukurs in der kleinen Privatbrauerei »Stadlbräu« in Oberhaching. Braumeister Sepp bringt dir alles bei, was du zur Herstellung »deines« Biers brauchst. Zum krönenden Abschluss gibt's ein Bierdiplom – und natürlich das Selbstgebraute …

Schon die urige Umgebung macht gute Laune, der Braukurs findet nämlich in einem umgebauten Kuhstall statt. Die Atmosphäre ist entspannt, alle duzen sich. Und schon geht es los mit der Theorie … Doch keine Angst, es macht viel Spaß, dem urbayerischen Braumeister zuzuhören, der immer einen Scherz auf den Lippen hat und es schafft, auch die trockenste Theorie so zu verpacken, dass sie hängen bleibt.

Dann folgt die Praxis: Als Erstes erhitzt du Wasser im Topf auf 62 Grad, dann rührst du die gekeimte Gerste, das Malz, ein. Nun heißt es, geduldig zu sein und eine Stunde lang rühren, damit die Enzyme angeregt werden, die Getreidestärke in Zucker umzuwandeln.

Wann genug gerührt ist, entscheidet der »Jod-Test«: Ein Tröpfchen Brauwasser wird mit Jod gemischt. Färbt sich das Jod violett, ist noch zu viel Stärke im Topf – also weiterrühren! Behält die Jodlösung ihre helle Farbe, stimmt die Mischung. Als Nächstes kommt der Hopfen dazu, und die Malzmischung muss mindestens eine Stunde lang kochen. Riechst du den typisch süßlich-schweren Geruch? Dann wird es spannend: Du darfst das selbst gebraute Bier testen. Zufrieden? Zum krönenden Abschluss erhält jeder ein Bierdiplom. Prost, wohl bekomm's!

Anfahrt **Öffentlich:** S 3 nach Deisenhofen. **Auto:** A 995 Ausfahrt Oberhaching, Richtung Grünwald/Taufkirchen-Süd auf St 2368 fahren, auf Lanzenhaarer Straße abbiegen, dann in die Kybergstraße.

Informationen Stadlbräu, Kybergstraße 19, 82041 Oberhaching, Tel. 089/95 44 75 65; www.biervonmir.com.

Preise Pro Person ab 69 €.

Anfahrt **Öffentlich:** Bahnlinie München–Kochel, ab Kochel Bus nach Walchensee. **Auto:** A 95 München–Garmisch-Partenkirchen, Ausfahrt Murnau/Kochel, nach Walchensee fahren.

Informationen Herzogstandbahn GmbH, Am Tanneneck 6, 82432 Walchensee, Tel. 08858/236; www.herzogstandbahn.de.

Münchner Hausberg: der Herzogstand

König Ludwig II. erkor ihn zu seinem Lieblingsberg, den er oft zu Pferde erklomm – den Herzogstand oberhalb von Walchensee. Weil sich der »Kini« so gerne hierher zurückzog, ließ er unterhalb des Gipfels ein schlichtes Jagdhaus erbauen. Damit war der Grundstein für das moderne Herzogstand-Berggasthaus gelegt.

Die Begeisterung des Monarchen für den Hausberg von Walchensee teilen inzwischen viele Bergwanderer. Seit Generationen gehört der 1731 Meter hohe Herzogstand zu den Klassikern der Münchner Hausberge. Wen wundert's angesichts des unglaublichen Gipfelblicks auf die umliegenden Berge und die oberbayerischen Seen im Tal? Dass man hier an schönen Tagen nicht ganz alleine ist, versteht sich von selbst.

Der Aufstieg zum Herzogstand ist einfach und ideal für Familien mit Kindern. Nach etwa zwei Stunden erreicht man den Berggasthof Herzogstand und nach weiteren 45 Minuten den Gipfel.

Ausgangspunkt der Bergtour ist die Talstation der Herzogstandbahn in Walchensee. Anfangs ist der schattige Waldweg recht steil. Er wird aber bald angenehmer und zieht sich in Serpentinen stetig bergauf. Nach einer guten Stunde erreicht ihr eine ausgesetzte Felspassage, die mit Drahtseilen gut gesichert ist. Wenig später sorgt ein Wasserfall für Erfrischung. Weiter geht es durch Lärchen- und Kiefernwald in Kehren hinauf zum Berggasthaus Herzogstand. Hier treffen Wanderer und Gondelfahrer aufeinander. Es folgt das letzte Wegstück zum Gipfelpavillon. Bei gutem Wetter bietet sich eine überwältigende Fernsicht: Im Norden die oberbayerischen Seen und München, im Osten die Benediktenwand, Tegernseer Berge, Wilder Kaiser und Rofan, im Süden der Großglockner, Venediger und Karwendel, im Südwesten das Wettersteingebirge mit Zugspitze und im Westen der Heimgarten sowie die Ammergauer und Allgäuer Berge.

ANTENNE BAYERN TIPP

Wenn ihr mit kleinen Kindern unterwegs oder nicht so gut zu Fuß seid, bringt euch die Seilbahn in wenigen Minuten direkt zum Herzogstandhaus.

Anfahrt **Öffentlich:** Bahnlinie München–Kochel, ab Kochel Bus nach Walchensee. **Auto:** A 95 München–Garmisch-Partenkirchen, Ausfahrt Murnau/Kochel, nach Walchensee.

Informationen E.ON Wasserkraft GmbH, Kraftwerksgruppe Walchensee,

Altjoch 21, 82431 Kochel, Tel. 08851/772 25; www.walchensee.de.

Öffnungszeiten Mai–Okt. tgl. 9–17 Uhr, Nov./Feb.–April 10–16 Uhr, Dez./Jan. geschlossen; Juni–Okt. Di 16 Uhr kostenlose Füllrung, für Gruppenführungen bitte voranmelder

Erlebniskraftwerk Walchensee

Wie funktioniert eigentlich Wasserkraft? Und wie gewinnt man Energie daraus? Nach dem Besuch des Erlebniskraftwerks Walchensee wissen wir mehr über diese Themen. Das zum Industriedenkmal ernannte Wasserkraftwerk ist bis heute eines der größten seiner Art in Deutschland und ein beliebtes Ziel auch für Familien.

Das Walchensee-Kraftwerk leistet einen wichtigen Beitrag zur Energieversorgung Oberbayerns. Es erzeugt jährlich etwa 320 Millionen Kilowattstunden umweltfreundliche Energie – das entspricht mehr als dem Jahresbedarf von 60 000 Vier-Personen-Haushalten.

Das Besondere am Walchensee-Kraftwerk: Zur Gewinnung elektrischer Energie nutzt es die 200 Meter Höhenunterschied zwischen den beiden natürlichen Becken des Walchen- und Kochelsees. Dazwischen wurde eine Rohrverbindung angelegt, an deren Ende sich die Generatoren eines Wasserkraftwerks befinden.

Das unter Denkmalschutz stehende Industriebauwerk ist eine beliebte Touristenattraktion. Alljährlich kommen über 100 000 Besucher, um die Erzeugung von Wasserenergie zu erleben. Im multimedialen und interaktiven Informationszentrum des Kraftwerks lernt ihr spielerisch jede Menge über die Energiegewinnung aus Wasserkraft, beispielsweise im »Wasserkraftraum« mit Turbinenmodellen, Touch-Screen-Terminals, Internet-Stationen und Kommunikationstafeln. Der »Walchensee-Raum« dokumentiert anschaulich die Idee und Geschichte des Kraftwerks und im »E.ON-Raum« präsentiert sich sein Betreiber.

ANTENNE BAYERN TIPP

Genug von der Technik und Lust auf Kunst? Dann könnt ihr noch einen Abstecher zum Franz Marc Museum am Kochelsee machen. Schon die Lage am See ist traumhaft, erst recht die Ausstellungsräume. Der moderne Erweiterungsbau ermöglicht eine Gegenüberstellung des Werks von Franz Marc mit den Werken einiger seiner Zeitgenossen, etwa den »Brücke«-Künstlern, aber auch modernen Nachkriegskünstlern – ein ungewöhnlicher und reizvoller Ansatz.
Kunst im 20. Jahrhundert, Franz Marc Park 8–10, 82431 Kochel am See, Tel. 08851/92 48 80; www.franz-marc-museum.de.

Anfahrt Öffentlich: Bahnlinie München–
Mittenwald, ca. 10 Minuten Fußweg zur Talsta-
tion der Karwendelbahn. **Auto:** A 95 München–
Garmisch-Partenkirchen bis Autobahnende, B 2
nach Garmisch-Partenkirchen, am Ortseingang
Richtung Mittenwald.

Informationen Bergwelt Karwendel,
Alpenkorpsstraße 1, 82481 Mittenwald,
Tel. 08823/937 67 60;
www.bergwelt-karwendel.de.

Öffnungszeiten Tgl. 9–16.30 Uhr.

Riesenfernrohr in Mittenwald

Quizfrage: Was ist 34 Meter lang, über acht Meter breit und ragt rund sieben Meter über den Abgrund ins Tal hinaus? Na, gewusst? Es ist das gigantische Riesenfernrohr an der Bergstation der Karwendelbahn, das rund 1300 Meter über den Dächern von Mittenwald thront und Deutschlands höchstgelegene Umweltausstellung beherbergt.

Du kannst dir die Dimensionen des riesigen Fernrohrs nicht vorstellen? Dann komm doch zum Naturinformationszentrum »Bergwelt Karwendel«, das in der Form eines riesigen Fernrohrs gebaut wurde. In seinem Inneren erlebst du eine spannende Zeitreise durch die empfindliche Hochgebirgswelt des Karwendels, seine Pflanzen und Tiere sowie das Leben der Menschen in dieser Region. Und dann erwartet dich natürlich noch der Schwindel erregende Blick durch das Riesenfernrohr. Es erfordert schon etwas Mut, über den Abgrund zu treten und durch das Panoramafenster zu schauen. Doch es lohnt sich! Das gesamte Karwendelgebirge liegt vor dir, auch der Blick ins Isartal ist fantastisch. Und das Beste daran: Es kostet nichts, denn der Eintritt ist frei.

Du erreichst das Naturinformationszentrum bequem mit der Karwendelbahn von Mittenwald aus. Eröffnet wurde es im Juli 2008. Seitdem lassen sich Familien und Schulklassen, Wanderer und Urlauber von der Ausstellung und vom fantastischen Panorama beeindrucken. Wegen seiner besonderen Konzeption und Anlage wurde die »Bergwelt Karwendel« deutscher Preisträger im »Wettbewerb der Alpenkonferenz für nachhaltige und innovative Tourismusprojekte in den Alpen«.

ANTENNE BAYERN TIPP

Vor oder nach dem Blick durch das Riesenfernrohr empfehlen wir euch einen Bummel durch den historischen Ortskern von Mittenwald mit seinen schönen alten Häusern mit »Lüftlmalereien«. Im kleinen Geigenbaumuseum erfahrt ihr, dass in Mittenwald bereits seit 1684 das Handwerk des Geigenbaus gepflegt wird. Mit der Jahrhundertwende entwickelte sich Mittenwald zu einem touristisch bedeutsamen Höhenluftkurort.

Geigenbaumuseum Mittenwald, Ballenhausgasse 3, 82481 Mittenwald, Tel. 08823/25 11; www.geigenbaumuseum-mittenwald.de.

Anfahrt **Öffentlich:** Bahnlinie München–
Garmisch-Partenkirchen, ab Garmisch-Partenkir-
chen mit dem Bus zum Olympiastadion. **Auto:**
A 95 München–Garmisch bis Autobahnende,
auf der B 2 nach Garmisch, Richtung Mittenwald,
Ausschilderung zum Olympiastadion und zur
Partnachklamm folgen.

Information   Tourist Information,
Richard-Strauss-Platz 2, 82467 Garmisch-Partenkirchen, Tel. 08821/18 07 00; www.gapa.de;
www.partnachklamm.eu.

Öffnungszeiten   Während der Schneeschmelze kann die Partnachklamm kurzfristig
gesperrt sein, ansonsten tgl. geöffnet, Mai/Okt.
8–18 Uhr, Juni–Sept. 6–22 Uhr, Nov.–April
9–18 Uhr.

Immer ein Erlebnis: die Partnachklamm

208

Die 700 Meter lange Partnachklamm bei Garmisch-Partenkirchen zählt zu den schönsten Naturdenkmälern Bayerns. Ihre Durchwanderung ist zu jeder Jahreszeit ein beeindruckendes Erlebnis: Im Sommer stürzen gewaltige Wasserfälle von bis zu 80 Meter hohen Felshängen, im Winter geben bizarre Eisgebilde der Klamm einen besonderen Reiz.

Um dieses wunderschöne Naturschauspiel zu erleben, geht ihr vom Parkplatz am Olympia-Skistadion auf einer breiten Fahrstraße in etwa 25 Minuten zur Partnachklamm. Wer müde Beine hat, kann sich auch mit einer Pferdekutsche zur Klamm fahren lassen.

Entstanden ist die Partnachklamm durch den Ferchenbach und die Partnach. Im Laufe von Jahrmillionen haben sie sich in mühsamer Arbeit ihren Weg durchs Gestein gegraben. Ab dem 18. Jahrhundert wurde die Klamm wirtschaftlich genutzt, zum »Triften« von Holz, wie man den Transport von Holz nannte. Im Frühjahr wurde das Holz gekennzeichnet und in die Partnach und den Ferchenbach geworfen, wo es vom Schmelzwasser talabwärts transportiert wurde. Oftmals verkeilten sich die Baumstämme und mutige Männer mussten sie lösen. Seit Ende des 19. Jahrhunderts ist die Partnachklamm öffentlich zugänglich, zu Beginn allerdings nur auf schmalen und nicht ungefährlichen Steigen. Heute durchquert man sie auf gesicherten Wegen und über eine 68 Meter über dem Fluss gelegene eiserne Brücke, die 1914 angelegt wurde.

Habt ihr nach der Durchquerung der Klamm noch Lust auf eine schöne Wanderung? Die Partnachklamm ist Ausgangspunkt für zahlreiche Wanderungen im Reintal-, Hausberg-, Kreuzeck- und Ferchenbachtalgebiet.

ANTENNE BAYERN TIPP

Damit ihr für die Klammdurchquerung gut gerüstet seid, solltet ihr festes Schuhwerk und regenfeste Kleidung tragen. Denn das Wasser tropft und rieselt auch nach längeren Zeiten ohne Niederschlag von den Decken und Wänden. Der Weg durch die Klamm verläuft zum größten Teil in Tunnels und Galerien. An manchen Stellen ist er niedriger als zwei Meter. Deshalb bitte keine Schirme und auch keinen Kinderwagen mitnehmen.

Anfahrt **Öffentlich:** Bahnlinie München–
Garmisch-Partenkirchen, ab Garmisch-Parten-
kirchen Bus nach Burgrain. **Auto:** A95 München–
Garmisch bis Autobahnende, auf B 2 Richtung
Garmisch-Partenkirchen, durch Farchanter
Tunnel nach Burgrain.

Informationen Burg Werdenfels,
Ortsteil Burgrain, 82467 Garmisch-Partenkirche
www.burgenseite.de; www.gapa.de.

Öffnungszeiten Ganzjährig frei
zugänglich.

Das Geheimnis der »Weißen Frau«

Wie bei den meisten Ruinen ranken sich auch um die Burgruine Werdenfels so manche Sagen. Angeblich hatten Hirten und Wanderer noch vor einigen Jahrzehnten immer wieder eine Begegnung mit der »Weißen Frau«. Außerdem soll hier ein Schatz vergraben sein, der bis heute nicht gehoben ist. Möchtest du das Geheimnis lüften?

Wahr oder nicht – eines ist sicher: Bei gutem Wetter hast du von der Burgruine, die etwa 80 Meter über dem Loisachtal zwischen Garmisch und Farchant liegt, einen fantastischen Blick auf das Wettersteingebirge, die Alpspitze, Garmisch und die Sprungschanze. Pack dein Fernglas ein. Es lohnt sich!

Heute ist die ehemals stolze Burg nur mehr als Ruine erhalten. Ihre einstige Größe lässt sich aber noch erahnen. Erbaut wurde die Burg Werdenfels um das Jahr 1219. Als Bauherr gilt Otto VII., Graf von Andechs. Erstmals urkundlich erwähnt wurde die Burg im Jahre 1294, als einer der Nachkommen von Otto VII. einen Teil der Grafschaft – und damit auch die Burg – an Graf Berthold III. von Eschenlohe verkaufte. Der Preis waren eine jährliche Leibrente von 4800 (!) Liter guten Bozener Weins und 20 Pfund Münchner Pfennige. Auf Grundlage dieser Abtretung entstand wenig später die Grafschaft Werdenfels, die der Burg ihren Namen verlieh.

Anders als auf den meisten Burgen haben auf Burg Werdenfels nie Ritter und Landsknechte gekämpft. Die Burg war vielmehr der Verwaltungs- und Gerichtsort der gleichnamigen Grafschaft. Es wurden Mörder, Diebe und Wilderer ins Bergverlies eingesperrt, Todesurteile verhängt und um 1600 sollen hier sogar Hexenprozesse stattgefunden haben.

Mit der Säkularisation fiel die Burgruine 1802 an das Königreich Bayern. Seit 1822 ist sie in Privatbesitz, aber trotzdem öffentlich zugänglich.

ANTENNE BAYERN TIPP

Das gefällt auch Kindern: Eine leichte, kurze Wanderung führt von Burgrain (Ortsteil von Garmisch-Partenkirchen) zur Burg Werdenfels. Los geht es am Wanderparkplatz in Burgrain. Die Wanderung dauert ca. 45 Minuten und ist ausgeschildert.

Anfahrt Öffentlich: Bahnlinie München–Garmisch-Partenkirchen. **Auto:** A 95 München–Garmisch, bis Zugspitzbahnhof.

Informationen Tourist Information, Richard-Strauss-Platz 2, 82467 Garmisch-Partenkirchen, Tel. 08821/18 07 00; www.gapa.de; www.zugspitze.de.

Rauf auf Deutschlands höchsten Gipfel!

Mehrere Wege führen auf die Zugspitze, den höchsten Berg Deutschlands: Doch man muss kein geübter Bergsteiger sein, um den genau 2962 Meter hohen Gipfel zu erklimmen. Hinauf geht es auch per Gletscherbahn oder mit der neuen Seilbahn, die – nach mehrjährigen Bauarbeiten – im Dezember 2017 in Betrieb genommen wurde.

Wenn ihr euch für die Auffahrt per Bahn entscheidet, gibt es zwei Alternativen: zum einen die Zahnradbahn ab Garmisch-Partenkirchen. Dort heißt es »Bitte alle einsteigen« – und schon geht's los. Auf einer Länge von 7,5 Kilometern geht es zunächst nach Grainau, wo die eigentliche Bergstrecke beginnt. Der Zug fährt steil bergauf, am Eibsee vorbei bis zum Zugspitzplatt. Dort steigt ihr noch einmal um, um wenig später das Gipfelplateau zu erreichen.

Die andere Variante ist der direkte Weg auf das Gipfelplateau, der am Eibsee startet. Hier befindet sich die Talstation der neuen Zugspitzbahn, die nach drei Jahren Planung und zweieinhalb Jahren Bauarbeiten im Winter 2017 eröffnet wurde. Die Seilbahn löst auf fast derselben Trasse die alte Eibsee-Seilbahn ab. Während die alte Bahn maximal 240 Gäste pro Stunde befördern konnte, schafft die neue bis zu 580.

Die neue Zugspitzbahn bietet auch sonst einige Rekorde: Der Abstand von der einzigen Stütze bis zur Bergstation ist mit 3213 Metern so groß wie bei keiner anderen Seilbahn. Einzigartig ist auch der Höhenunterschied von 1945 Metern zwischen Tal- und Bergstation. Und die bodentief verglasten Kabinen sorgen für ein großartiges Erlebnis. Unterwegs ist die Aussicht auf Zugspitzplatt, Waxenstein, Alpspitze und Eibsee spektakulär und kurz vor dem Ziel staunt man über die 25 Meter über die Felswand herausragende Bergstation. Dort angekommen, sind es nur noch wenige Schritte bis zum Gipfelkreuz.

Eines ist sicher: Wie auch immer ihr den Gipfel erreicht, es erwartet euch – bei entsprechendem Wetter – ein Rundum-Panorama mit Blick auf über 400 Gipfel in Österreich, Italien, der Schweiz und Deutschland.

Anfahrt   **Öffentlich:** Bahnlinie München–Garmisch-Partenkirchen, ab Garmisch-Partenkirchen Bus zum Eibsee.   **Auto:** A 95 München–Garmisch, auf der B 2 Beschilderung zum Eibsee folgen.

Informationen   Zugspitze–Eibsee; www.eibsee.de.
Natur-Hochseilgarten an der Eibseealm – Peter K.-H. Rieppel KG, Am Eibsee 1–3, 82491 Grainau Infos im Eibsee-Hotel, Tel. 08821/988 10.

Südsee auf Bayerisch: der Eibsee

Türkisblau leuchtet das Wasser des Eibsees. Eingebettet zwischen Felsen und Wald liegt er malerisch auf 1000 Meter Höhe unterhalb der Zugspitze. Kein Wunder, dass er als einer der schönsten Seen der Bayerischen Alpen gilt. Traumhaft präsentiert er sich auch von oben, aus der Gondel der neuen Zugspitzbahn, die hier ihre Talstation hat.

Wenn ihr den Eibsee lieber aus ebenerdiger Perspektive kennenlernen möchtet, empfehlen wir euch den schönen Wanderweg rund um den See. In etwa zwei Stunden führt euch die Route teils direkt am Ufer, teils durch romantischen Wald einmal um den See. Unterwegs genießt ihr einen Traumblick auf den Waxensteinkamm und die Zugspitze. Je nach Jahreszeit laden malerische Buchten zum Picknick, Sonnenbad oder erfrischenden Wasserbad ein. Wer's schnell mag, kann sich einer Motorbootfahrt anschließen. Romantische bevorzugen wohl eher ein Ruderboot. Auch im Winter ist der Eibsee überaus reizvoll. Dann kann man auf der zugefrorenen Seefläche Schlittschuh laufen oder spazieren gehen.

Seinen Namen verdankt der See übrigens der Eibe, die früher sehr zahlreich um den See wuchs. Solltet ihr mit (größeren) Kindern unterwegs sein, könntet ihr den Ausflug an den Eibsee mit einem Abstecher in den nahe gelegenen Hochseilgarten verbinden. Dafür wird dann aber bitte, ohne zu meckern, um den See gelaufen! Der Naturhochseilgarten »Eibsee-Zugspitze« liegt zwischen »Eibsee-Hotel« und »Eibsee-Alm« und ist bequem zu Fuß zu erreichen. Ausgerüstet mit Helm, Klettergurt, Sicherungsschienen und Karabinern, erwarten die Kids dort über 18 verschiedene Übungen wie »Spiderman«, »T-Bone« oder die »Burmabrücke«. Mut und Schwindelfreiheit sind gefragt, denn es geht bis auf 17 Meter Höhe.

ANTENNE BAYERN TIPP

Solltet ihr zufälligerweise gerade heiraten wollen: Wie wäre es mit einer Trauung auf der größten der acht Eibseeinseln? Das »Reserl«, ein kleines Motorboot, bringt verliebte Paare dorthin zum »Ja-Sagen«. Eibsee-Hotel, Am Eibsee 1–3, 82491 Grainau/Garmisch-Partenkirchen, Tel. 08821/988 10; www.eibsee-hotel.de.

212 Der Alatsee: Bayerns geheimnisvollster See

Spätestens seit dem Kluftinger-Roman »Seegrund« von Volker Klüpfel und Michael Kobr ist der Alatsee bei Füssen überregional bekannt. Um diesen idyllisch gelegenen See ranken sich allerlei geheimnisvolle Geschichten. Tatsache ist, dass er sich alle paar Jahre rot färbt und dann wie ein »Blutsee« aussieht. Sind da geheimnisvolle Mächte am Werk?

Seit alters her gibt es allerlei Sagen, Gerüchte und Geschichten um diesen rätselhaften See. So sollen auf seinem Grund drei verwünschte Schwestern leben, die wohl bis heute umhergeistern. Angeblich versuchen sie manchmal sogar, junge Taucher anzulocken, um sich mit diesen zu vermählen und so endlich Ruhe zu finden …

Nicht minder sagenumwoben war lange Zeit die Tatsache, dass sich der über 30 Meter tiefe Alatsee immer wieder rot färbt – »blutet«, wie die Einheimischen sagen. Mittlerweile fanden Forscher allerdings heraus, dass dafür große Mengen Purpurschwefelbakterien verantwortlich sind, die sonst in einer Tiefe von 15 Metern unter Wasser leben. Wenn sich das Wasser stark umwälzt, kommen diese Bakterien nach oben und verfärben den See. Unterhalb dieser Bakterienschicht gibt es keinen Sauerstoff und kein Leben im Alatsee.

Sicher ist, dass bereits mehrere Taucher beim Versuch, diese Schätze zu bergen, ums Leben gekommen sind. Dennoch – oder vielleicht gerade deshalb? – hat sich der Alatsee seine mysteriöse Aura bewahrt. Wen wundert es also, dass der geheimnisvollste See Bayerns schließlich auch die Fantasie von Krimiautoren anregte …

Anfahrt **Öffentlich:** Zug nach Pfronten, weiter mit Bus 71, Haltestelle Geometerweg, von dort 2 km Fußweg zum Alatsee. **Auto:** Auf der B 310 bis zum Weißensee, von dort der Ausschilderung zum Alatsee folgen.

Informationen Füssen Tourismus und Marketing, Kaiser-Maximilian-Platz 1, 87629 Füssen, Tel. 08362/938 50; www.fuessen.de.

Bei Füssen: auf dem alten Schmugglerpfad

In den Grenzgebieten zu Österreich blühte früher der Schmuggel. Auf geheimen und gefährlichen Wegen wurden Tabak, Stroh-Rum und andere Güter nach Bayern eingeschleust. Möchtet ihr wissen, wie es sich als Schmuggler anfühlt? Dann wandelt auf dem Schwärzerweg im Faulenbacher Tal, einem der letzten Schmugglerpfade im Allgäu.

Vor 30 Jahren ist Hans Waibel, der letzte »große« Schmuggler aus Bad Faulenbach, gestorben. Um bei ihren gefährlichen Wanderungen nicht erkannt zu werden, färbten die Schmuggler ihre Gesichter schwarz – daher der Name Schwärzerweg. Heute wird auf dem Schwärzerweg natürlich nicht mehr geschmuggelt. Dennoch macht es Spaß, dem versteckten Weg oberhalb des Lechs zu folgen. Am besten parkt ihr auf dem großen Parkplatz am Ortsende von Bad Faulenbach und geht vom »Badecafe« links am Waldrand entlang, bis ein Weg über fast zugewachsene Stufen auf den Rücken des Schwarzenbergs führt. Hier beginnt der alte Schmugglerweg, ein Trampelpfad durch den Hochwald. Zunächst geht es ein Stück über den Sattel in Richtung Ländeweg. Wenig später trefft ihr auf den in Serpentinen angelegten Abstieg. Ihr haltet euch jedoch auf dem zunächst auf der Höhe verlaufenden, dann leicht abfallenden Weg. Hier mündet der Schwärzerweg in den Ländeweg. Die nächste Möglichkeit, den Schwarzenberg wieder zu überqueren, ist die Ländescharte. Von dort geht ihr wieder zum Badecafé und nach Bad Faulenbach zurück.

Anfahrt **Öffentlich:** Bahnlinie München–Füssen, ab Füssen Bus nach Bad Faulenbach. **Auto:** A 96 München–Lindau, Ausfahrt Jengen/Kaufbeuren, B 12 Richtung Jengen/Kaufbeuren/Kempten/Marktoberdorf, B 16 nach Füssen/Marktoberdorf-Ost/Biessenhofen, nach Bad Faulenbach.

Informationen Füssen Tourismus und Marketing, Kaiser-Maximilian-Platz 1, 87629 Füssen, Tel. 08362/938 50; www.fuessen.de. Anmeldung für eine geführte Tour auf dem Schmugglerpfad (ca. 1½ Stunden): Hotel Jakob, Faulenbacher Tal, Tel. 08362/913 20.

Anfahrt **Öffentlich:** Mit der Bahn bis Füssen, weiter mit dem Bus Richtung Reutte/Tirol, Haltestelle »Ziegelwies«. **Auto:** Über die A 7, B 310 oder B 17 nach Füssen, dort weiter auf der B 17 Richtung Reutte. Ziegelwies liegt direkt an der Grenze, der größere Parkplatz dazu bereits auf österreichischer Seite.

Informationen Walderlebniszentrum Ziegelwies, Tiroler Straße 10, 87629 Füssen, Tel. 08362/938 75 50; www.walderlebniszentrum.eu.

Öffnungszeiten Das Außengelände kann täglich besucht werden, im Winter werden die Wege nicht geräumt, bei Hochwasser ist der Auwaldpfad nicht zugänglich. Ausstellungsräume: Mai–Okt. tgl.10–17 Uhr, April/Nov 10–16 Uhr, Dez.–März auf Anfrage.

Preise Baumkronenweg: 5 € ab 16 Jahren Kinder frei; alles andere ist kostenlos.

Natur pur: Matsch-pfad und Seilnetz

Spannender können Naturlehrpfade kaum sein. Am Walderlebnis-zentrum Ziegelwies könnt ihr gleich zwischen zweien wählen: dem Auwaldpfad und dem Bergwaldpfad. Am besten nehmt ihr euch Zeit für beide. Definitiv ein herausragendes Naturerlebnis, das die ganze Familie nicht vergisst.

Das Walderlebniszentrum liegt direkt an der bayerisch-tirolerischen Grenze unweit von Füssen. In den letzten 15 Jahren wurde hier ein ein-maliges, kinderwagentaugliches und obendrein kostenloses Angebot für Familien entwickelt. Nur der neue Baumkronenweg, der den Parkplatz mit dem Walderlebniszentrum verbindet, kostet eine kleine Gebühr, die es aber wert ist. Denn gerade diesen solltet ihr auf keinen Fall verpassen! Die 480 Meter langen und bis zu 21 Meter hohen, leicht schwankenden Stege kitzeln die Nerven.

Vom Zentrum, wo sehr interessante Ausstellungen zur umgebenden Natur gezeigt werden, macht ihr euch zum Auwaldpfad auf. Oder ihr be-ginnt mit dem Bergwaldpfad, der sich östlich der B 17 erstreckt.

Der Auwaldpfad führt über eine Länge von 1,5 Kilometern an neun Stationen entlang des türkisfarbenen Lechs: Tastboxen, Kletterbäume, ein Floß, Matschpfad und Hängematten liegen entlang des Weges. The-men wie Hochwasser, Flussbegradigung und die Bedeutung des Auwal-des werden erklärt. Im Sommer unbedingt Badesachen mitnehmen, am Lechufer gibt es herrliche Stellen zum Planschen! Vom Rundweg zweigt ein kurzer Abstecher zum nahen Naturwunder Lechfall ab. Der fällt direkt vor Füssen über mehrere Stufen abwärts, um sich dann durch eine enge Felsenschlucht zu zwängen.

Zum Bergwaldpfad kommt ihr durch einen Tunnel. Es sind ein paar Höhenmeter mehr zu bewältigen, aber das schaffen auch kleinere Kinder. Toll erklärt wird hier die Bedeutung des Schutzwaldes. Daneben könnt ihr auf Seil-Spinnennetze klettern oder um die Wette hüpfen. Knackt einer von euch die Weitsprungmarken des Hasen oder Rehbockes?

215

Alpspitze – der Nesselwanger Allzweckberg

Ein perfektes Ziel für den Familienausflug: die Alpspitze bei Nesselwang. Der Nachwuchs freut sich über die längste Sommerrodelbahn im Allgäu. Die Eltern genießen die traumhafte Landschaft und den herrlichen Blick bis zum Schloss Neuschwanstein und zur Zugspitze. Und allen schmecken die Kässpatzen in der Kronenhütte.

Wir empfehlen euch eine der schönsten Wanderungen rund um die Alpspitze: den Wasserfallweg bei Nesselwang. Diese abenteuerliche Route am Wildbach macht auch Kindern Spaß, zumal nach etwa einer Stunde Gehzeit das Ziel erreicht ist: die Sommerrodelbahn.

Los geht's am Parkplatz der Alpspitzbahn am Gebirgsbach entlang. Schon der erste Wassergumpen ist für die Kinder ein wunderbarer Abenteuerspielplatz. Auch Erwachsene lädt er zu einem kühlen Fußbad ein. Beim weiteren Aufstieg werdet ihr bestimmt des Öfteren stehen bleiben und die traumhafte Sicht genießen. Über Treppen und Pfade führt der Weg dann bis zur Wasserfallkrone. Von hier schaut ihr etwa 50 Meter in die Tiefe. Und schon ist es nicht mehr allzu weit zur Sommerrodelbahn in der Nähe der Kronenhütte bei der Mittelstation. Eine wunderbare Gelegenheit, sich vor dem Rodeln mit den berühmten Allgäuer Kässpätzle zu stärken. Danach geht's mit »Juchee« auf dem Rodel 1000 Meter bergab, über dreizehn Kurven und sogar durch einen Tunnel!

Anfahrt Öffentlich: Bahnlinie München–Kempten, ab Kempten Regionalbahn nach Nesselwang. **Auto:** A 96 München–Lindau, Ausfahrt Jengen/Kaufbeuren, auf B 12 Richtung Jengen/Kaufbeuren/Kempten/Marktoberdorf, Auffahrt B 472 nach Marktoberdorf-West/Unterthingau/Geisenried, Ausschilderung nach Nesselwang folgen.

Informationen Sommerrodelbahn Alpspitzbahn, Alpspitzweg 5, 87484 Nesselwang, Tel. 08361/12 70; für Kinder geeignet, Rodelverleih möglich, Kinder von 3–7 Jahren nur auf Zweisitzer in Begleitung eines Erwachsenen; www.alpspitzbahn.de.

Öffnungszeiten Ab Mai tgl. 10–17 Uhr.

Zwei gut erhaltene mittelalterliche Burgen in traumhafter Voralpenlandschaft, dazu eine geheimnisvolle Höhle, die den Entdeckergeist weckt – ein idealer Familienausflug. Denn nicht nur Kindern macht das Wandeln auf ritterlichen Pfaden und das Schleichen durch die enge Drachenkopfhöhle mächtig Spaß.

Die imposante Burg Eisenberg wurde im 14. Jahrhundert erbaut. Im Laufe ihrer Geschichte wechselte sie mehrmals die Besitzer. 1525 wurde sie im Bauernkrieg besetzt. 1646, kurz vor Ende des Dreißigjährigen Krieges, brannten die Tiroler Landesherren die Burg ab. Seitdem blieb sie eine Ruine. In den 1980er-Jahren rettete sie der Burgenverein »Eisenberg e. V.« vor dem Verfall.

Um zur Burgruine Hohenfreyberg aus dem 15. Jahrhundert zu gelangen, müsst ihr ein Stück des Weges, den ihr zur Burg Eisenberg gewandert seid, zurückgehen, bis ein Schild den Weg weist. 1646 erlitt Hohenfreyberg das gleiche Schicksal wie die benachbarte Burg Eisenberg. Sie wurde in Brand gesteckt, damit sie der Feind nicht als militärischen Stützpunkt aktivieren konnte. Seit 1995 wird die Burgruine erforscht, erhalten und erschlossen.

ANTENNE BAYERN TIPP

Ganz in der Nähe von Pfronten liegt auf 1267 Metern, mächtig auf einem exponierten Berggipfel thronend, die Burgruine Falkenstein – Deutschlands höchste Burgruine. König Ludwig II. wollte hier seinen letzten Traum verwirklichen. Burgruine Falkenstein, Am Schlossanger, 87459 Pfronten.

Anfahrt Öffentlich: Bahnlinie München–Kaufbeuren, ab Kaufbeuren Regionalbahn nach Weizern-Hopferau, von dort Bus 56 Richtung Ried Bahnhof, Pfronten bis Eisenberg.

Informationen Touristikbüro Eisenberg, Pröbstenerstraße 9, 87637 Eisenberg, Tel. 08364/1237; www.burgenmuseum-eisenberg.de; www.allgaeu.de.

Öffnungszeiten Ganzjährig geöffnet.

Anfahrt **Öffentlich:** Bahnlinie München–Oberstdorf. **Auto:** A 96 München–Lindau, Ausfahrt Jengen/Kaufbeuren, A 7 Richtung Füssen/Autobahndreieck Allgäu, A 980 Richtung Oberstdorf, Ausfahrt Waltenhofen, bis Oberstdorf.

Informationen Breitachklammverein, Klammstraße 47, 87561 Tiefenbach, Tel. 08322/98 76 70; www.breitachklamm.com; www.oberstdorf.de.

Öffnungszeiten Sommer tgl. 9–18 Uhr (letzter Einlass 17 Uhr), Winter 9–17 U (letzter Einlass 16 Uhr).

Oberstdorf und Breitachklamm

Bei diesem Ausflug ins Allgäu erlebst du gleich zwei attraktive Ziele auf einmal: den hübschen Luftkurort Oberstdorf mit seinen schönen alten Bauernhäusern und die beeindruckende Wanderung durch die romantische Breitachklamm. Dabei handelt es sich übrigens um die tiefste Felsenschlucht Mitteleuropas.

Die Breitachklamm ist (fast) rund ums Jahr ein eindrucksvolles Erlebnis – sogar bei Regen und im Winter. Nur zur Schneeschmelze und im Spätherbst ist die Klamm geschlossen. Aber bitte beachte: Stabiles Schuhwerk ist nötig und kleinere Kinder gehören an die Hand.

Der Eingang zur Breitachklamm liegt im Oberstdorfer Ortsteil Tiefenbach. Bevor du dich an ihre Durchquerung machst, wirf einen Blick in das naturkundliche Informationszentrum, das über die Entstehung der Klamm informiert. Danach geht es ab in die Klamm. Auf gut ausgebauten Wanderwegen wanderst du zum Felssturz – ein tolles Naturerlebnis! An die 100 Meter hohe, teils überhängende Wände ragen zu beiden Seiten des Flussbettes auf. Beeindruckend, welche Wege sich das Wasser in Jahrtausenden geschaffen hat. Ständig tun sich neue Perspektiven auf. Je nach Standort donnert das Wasser über Felsbänke, führt Äste mit sich, sprudelt durch Gumpen oder versprüht Tröpfchen.

Nach dem Felssturz kommst du über Treppen zum sogenannten Zwingsteg. Beim Blick nach unten staunst du, wie tief die Schlucht ist. Jetzt drehst du um und gehst auf gleichem Weg wieder zurück – oder du unternimmst eine längere Wanderung, zum Beispiel zur Dornalpe.

Nach der Klammwanderung machst du dich auf nach Oberstdorf, der südlichsten Gemeinde Deutschlands. Dank seiner traumhaften Lage am Ende des Illertals, von hohen Gipfeln umgeben, ist Oberstdorf ein beliebter Urlaubsort, der seinen Gästen vielfältige Sport- und Wellnessmöglichkeiten anbietet. Das autofreie Zentrum mit alten Bauernhäusern und Geschäften lädt zum Bummeln ein. Ein Besuch in der Therme mit Wellenbad und Sauna darf nicht fehlen. Urlauber, was willst du mehr?

Anfahrt **Öffentlich:** Zug nach Oberstdorf, weiter mit dem Bus zur Oybelehalle/Nebelhornbahn. **Auto:** A 980 Richtung Oberstdorf, Ausfahrt Waltenhofen; in Oberstdorf am Ortseingang der Ausschilderung zur Nebelhornbahn folgen und dort parken.

Informationen Berggasthof Gerstruben, Gerstruben 1, 87561 Oberstdorf, Tel. 08322/95 92 90; www.oberstdorf.de.

Wildromantisch: durch den Hölltobel

Eine herrliche Wanderung – und dann erlebt ihr ein Bergdorf, das komplett unter Denkmalschutz steht: Gerstruben auf 1145 Meter Höhe in den Allgäuer Alpen! Seine bis zu 500 Jahre alten Holzhäuser bieten einen fantastischen Kontrast zu den grünen Wiesen, den schroffen Gipfeln der Alpen und dem blauen Himmel.

Geübte Bergsteiger und jugendliche Kraxler werden vom leicht abenteuerlichen Aufstieg nach Gerstruben begeistert seit, denn er führt durch den wildromantischen Hölltobel, die Durchbruchsschlucht des Dietersbaches. Anfangs ist die Wanderung gemütlich, im zweiten Teil folgt ein ziemlich knackiger Aufstieg, der Trittsicherheit voraussetzt. Höhepunkt ist die je nach Wasserstand mehr oder weniger feuchte Überquerung des rauschenden Wildbachs.

Wenig später habt ihr die vier dunklen Holzhäuser und die kleine Kapelle erreicht, das, was von dem alten Bauerndorf Gerstruben übrig geblieben ist. Einst lebten hier elf Familien von Viehwirtschaft und dem Wenigen, was das schwer zu bebauende Land abwarf. Strom gab es nicht, im Winter war man oft eingeschneit. 1892 verkauften die Bauern Land und Häuser und gingen fort.

Eines der Häuser, das »Jakobe-Haus«, zeugt heute als kleines Museum vom harten Leben seiner früheren Bewohner: Küche, Ställe, Heuboden und Tenne wurden renoviert, ein Bauerngarten angelegt. Leider hat es nur samstags von 13 bis 16 Uhr geöffnet. Täglich geöffnet hat dagegen der Berggasthof Gerstruben, wo ihr euch nach der Wanderung stärken könnt – am schönsten auf der Terrasse mit gigantischem Bergpanorama!

ANTENNE BAYERN TIPP

Eine weitere malerische, etwa dreistündige Wanderung führt ab Oberstdorf ins Trettachtal zum Christlessee. Früher erzählte man sich so manche Geschichte über diesen geheimnisvollen See, weil er niemals zufriert, auch im kältesten Winter nicht. Seine Wassertemperatur beträgt das ganze Jahr über drei bis sechs Grad Celsius. Heute weiß man, dass unterirdische Quellen den See speisen und dieses Phänomen verursachen.

219

Auf dem Sagenweg zur Sturmannshöhle

Den vier wilden Fräulein, dem Venedigermännle, fahrendem Volk, sogar einem Drachen und dem Schatz im Sturmannsloch begegnet ihr auf eurer entdeckungsreichen Wanderung bei Obermaiselstein. Sie bringt euch zur Sturmannshöhle, der einzigen Spaltenhöhle im Allgäu, die ihr per Führung besichtigen könnt. Kommt ihren Geheimnissen auf die Spur!

Südlich von Obermaiselstein liegt der Hirschsprung, eine kleine Engstelle zwischen zwei Felsen. Hier startet ihr eure Wanderung zur Sturmannshöhle. Der Weg ist als Sagenweg sehr unterhaltsam für Familien mit Kindern angelegt. So kommt ihr schnurstracks zum Kiosk neben der Höhle. Dort zahlt ihr euren Eintritt und steigt die Sturmannshöhle hinab, eine Spaltenhöhle, die vor etwa 120 Millionen Jahren entstanden ist. Für die ca. 40 Minuten lange Besichtigung müsst ihr euch auch im Sommer warm anziehen. Und denkt an feste Schuhe, die braucht ihr für die feuchten Stufen. Von Mai bis September wird in Obermaiselstein jeden Mittwoch ab 18 Uhr am Schützenheim gegrillt. Grillgut bringt ihr selbst mit, um das Feuer kümmert sich der Tourismusverein. Bis die Kohle glüht, vertreibt ihr euch die Zeit am Boulderfelsen und am Spielplatz.

Anfahrt **Öffentlich:** Mit der Bahn bis Fischen, dann weiter mit dem Bus nach Obermaiselstein. **Auto:** Auf der B 19 Richtung Oberstdorf, bei Fischen abbiegen nach Obermaiselstein.

Informationen Sturmannshöhle Obermaiselstein, Haubenegg, 87538 Obermaiselstein, Tel. 08326/383 09; www.hoernerdoerfer.de.

Öffnungszeiten Mai–Anfang Nov. tgl. Führungen, jeweils stdl. 9.30–16.30 Uhr; ab 26. Dez.–So nach Ostern Führungen jeweils stdl. 11–16 Uhr, Mo/Di geschlossen, außer in den Weihnachts- und Osterferien.

Preise Erwachsene 4 €, Kinder von 6–14 Jahren 2,50 €.

Altersbeschränkung Eigentlich keine, aber Kinderwagen, -tragen oder große Rucksäcke nicht möglich.

Dunkle Erzgruben und Tierparadies

Nicht nur Abenteuer über, sondern auch unter der Erde verspricht der Besuch des Museumsdorfes Erzgruben. Die »Grubis« nehmen euch mit in die Stollen und weihen euch in die Geheimnisse des Bergbaus ein. Danach verbringt ihr im kleinen Tierparadies von Burgberg vergnügliche Stunden.

Das Dorf Burgberg liegt am Fuße des Grünten. Aber dieser Berg birgt ein Geheimnis. Seit dem Mittelalter bis 1856 durchlöcherte man ihn auf der Suche nach wertvollen Erzen. Schaut euch das nachgebaute Museums-Bergdorf hoch über Burgberg an.

Es gibt keine öffentliche Zufahrt. Ihr erreicht das Dorf auf einer zweistündigen Wanderung durch die schöne Starzlachklamm. Leichter ist die Auffahrt gegen Gebühr mit der Erzgrubenbahn. Die kleine Eisenbahn hält an mehreren Stellen im Tal und bringt euch in 30 Minuten zum Museumsdorf. Oben erkundet ihr dann Erzgruben. Dabei erfahrt ihr viel über den Bergbau und die Verarbeitung des Erzes. Zurück im Tal gibt es das Burgberger Tierparadies, das sich vor allem für die Allerkleinsten eignet. Viele Tiere wie Esel, Ponys, Ziegen, Schafe und Hühner freuen sich auf euch. Und einen kleinen Spielplatz und ein Café gibt es auch.

Anfahrt   **Öffentlich:** Mit der Bahn bis Blaichach, weiter mit dem Bus. **Auto:** Über die A 7, am Dreieck Allgäu weiter auf die A 980, Ausfahrt Waltenhofen, weiter auf der B 19 Richtung Oberstdorf, bei Rauhenzell über die St 2006 nach Burgberg.

Informationen   Touristinfo Burgberg, Rettenberger Straße 2, 87545 Burgberg, Tel. 08321/67 22 20; www.alpsee-gruenten.de; www.erzgruben.de.

Öffnungszeiten   Erzgruben: Mitte Mai–Ende Okt. tgl. geöffnet; Museumsdorf: 10.30–17 Uhr, Führungen Hauptsaison stdl. zwischen 10.30–14.30 Uhr, Nebensaison 11.30/14.15 Uhr; Burgberger Tierparadies: Ostern–Anfang Nov. tgl. 10–18 Uhr.

Preise   Erzgruben: Museumsdorf und Grubenführung Erwachsene 8 €, Kinder 6–14 Jahre 5 €; Burgberger Tierparadies: Erwachsene 3 €, Kinder ab 4 Jahren 2 €.

Anfahrt **Öffentlich:** Zug nach Fischen (15 km) oder Oberstdorf (22 km), weiter mit Bus oder Taxi. **Auto:** Autobahnkreuz Allgäu (A 7), Richtung Waltenhofen/Oberstdorf, in Fischen an der zweiten Ampel rechts abbiegen, auf der OA 9 über den Riedbergpass nach Balderschwang.

Informationen Gästeinformation Balderschwang, Dorf 16, 87538 Balderschwang. Tel. 08328/10 56; www.balderschwang.de.

Wer ist die Schönste in Balderschwang?

Mitte September verwandelt sich das kleine Dorf Balderschwang für einen Tag in einen Hexenkessel. Am höchsten Feiertag der Alpbauern, dem Viehscheid, ist der ganze Ort auf den Beinen, und es kommen unzählige Besucher aus nah und fern hierher, um das Spektakel des Alpabtriebs der Rinder mitzuerleben.

Schon in den Tagen davor haben die Älpler, wie die Bergbauern hier heißen, alle Hände voll zu tun: die Zugschellen polieren, unzählige Blumenkränze flechten. Alle Tiere müssen in den Stall getrieben, festgebunden und für ihren großen Auftritt »fein« gemacht werden. Wenn die Herde den Sommer unfallfrei überstanden hat, bekommt das »Kranzrind«, das die Herde anführt, einen aufwendigen Kopfschmuck aus Zweigen, Bergblumen und Bändern. Die Schellen, welche die Rinder den Sommer über auf der Weide getragen haben, werden gegen die frisch geputzten Zugschellen ausgetauscht und allen Rindern Blumenkränze aufgesetzt.

Dann geht der nicht ungefährliche Abstieg los. Schon von Weitem kündigen die über 100 Rinder mit Schellengeläut ihre Ankunft im Tal an. Am Scheidplatz werden die einzelnen Tiere von der Herde getrennt und ihren Besitzern in Balderschwang übergeben.

Dort ist schon alles vorbereitet. Die Männer der Freiwilligen Feuerwehr Balderschwang, die den Viehscheid ausrichtet, haben Tische und Bänke aufgebaut, Bierfässer geschleppt und alles getan, was sonst noch für ein zünftiges Beisammensein nötig ist. Ihre Frauen haben Salate kreiert und Kuchen gebacken, denn schließlich soll an einem solchen Tag ordentlich gegessen und getrunken werden.

Natürlich tragen die Balderschwanger heute ihre schönste Tracht – übrigens zwei verschiedene: zum einen die Allgäuer Tracht und zum anderen die österreichische aus dem Bregenzer Tal. Das ist nur eines von mehreren Kuriosa von Balderschwang, der mit 1044 Metern über dem Meeresspiegel höchsten und mit rund 260 Einwohnern kleinsten selbstständigen Gemeinde Deutschlands!

Anfahrt **Öffentlich:** Mit der Bahn bis
Fischen. **Auto:** Fischen liegt direkt an der B 19
südlich von Sonthofen im Oberallgäu.

Informationen Gästeinformation Fischen, Am Anger 15, 87538 Fischen, Tel. 08326/
364 60; www.eichhoernchenwald-fischen.de.

Öffnungszeiten Frei zugänglich!
Nach einer Schlechtwetterperiode, wenn nicht
so viele Besucher im Wald waren, sind die
Chancen auf gierige Eichhörnchen am größten.
Übrigens: Eichhörnchen halten Winterruhe!

Spaziergang zum Eichhörnchenwald

In Fischen im Allgäu leben zwar keine zahmen Fische, dafür sehr zutrauliche Eichhörnchen. Die putzigen Waldbewohner bevölkern hier den sogenannten Eichhörnchenwald und haben ihre natürliche Scheu vor den Menschen ziemlich verloren. Bleibende Augenblicke, den possierlichen Tieren so nahe zu sein!

Eichhörnchen sind wirklich niedliche Tiere. Mit ihrem buschigen Schwanz und den sagenhaften Kletterkünsten leben sie auf den Bäumen unserer bayerischen Wälder. Normalerweise sind sie sehr scheue Tiere, aber hier in Fischen sind sie seit einigen Jahren sehr zutraulich geworden. Sie haben nämlich gelernt, dass die meisten Besucher Leckereien in Form von Nüssen mitbringen. Deswegen fliehen sie nicht mehr vor uns Menschen, sondern hoffen auf steten Nachschub. Aber ihr solltet wissen, dass es den Eichhörnchen gar nicht so guttut, wenn sie jederzeit an Nahrung kommen, ohne sich anzustrengen. Sie werden fett und träge und springen nicht mehr so schnell durch den Wald. So ist die Gefahr, Opfer von anderen Tieren zu werden, wesentlich größer. Außerdem verderben sie sich durch falsche Nahrung den Magen.

Aber natürlich macht es Spaß, sie mit Futter zu locken. Also bringt gerne etwas mit. Aber es sollten nur Nüsse mit Schale sein. Am besten Hasel- oder Walnüsse, und bitte frei von jeglichen Zusätzen!

Mit diesen Leckereien bewaffnet, wandert ihr dann in den Eichhörnchenwald. Er liegt etwas außerhalb des Ortskerns von Fischen. Dafür überquert ihr den Grundbach und merkt euch den tollen Spielplatz für den Rückweg. Weiter geht's durch den Kurpark in den Wald.

Jetzt heißt es still sein. Setzt euch auf einen Baumstumpf und beobachtet das rege Treiben. Außer den Eichhörnchen haben mittlerweile jede Menge Vögel die ergiebige Nahrungsquelle für sich entdeckt. Wenn ihr füttern wollt, nehmt einfach eine Nuss auf die ausgestreckte Hand. Mit etwas Geduld kommt ein Eichhörnchen und stibitzt sich den Leckerbissen.

Anfahrt **Öffentlich:** Zug nach Blaichach, Bus zur Gunzesrieder Säge (Nr. variiert je nach Schul- oder Ferienzeit, www.blaichach.de). **Auto:** B19 bis Sonthofen-Nord, dort Richtung Gunzesried, durch das Gunzesrieder Tal zur Gunzesrieder Säge fahren.

Informationen purelements GmbH & Co. KG, Burgweg 11 a, 87527 Sonthofen, Tel. 08321/780 47 90; www.purelements.eu. Bitte beachtet, dass ihr die Canyoning Tour vorab reservieren müsst.

Preise 89 € Canyoning für Einsteiger (ab 2 Teilnehmern); Familienkurse (ab 3 Teilnehmern: Kinder (6–14 Jahre) 75 €, Erwachsene 89 €.

Canyoning im Ostertal – Action pur! 223

Nervenkitzel, Adrenalin und jede Menge Spaß – wenn du das Allgäu einmal ganz anders erleben willst, bist du beim Canyoning genau richtig! Was dich bei diesem Outdoor-Sport erwartet? Abseilen und Klettern auf glatten Felsen, Springen in tiefe Gumpen, Rutschen und Schwimmen. Auch für Kids ab sechs Jahren echt cool!

Wie findest du die Vorstellung, an einem Stahlseil hängend einen Wasserfall zu überqueren? Bekommst du Gänsehaut, oder möchtest du sofort loslegen? Das ist nur eine der Aufgaben, die dich bei der Canyoning Tour im Allgäuer Ostertal bei Kempten erwarten. Ziel beim Canyoning ist es, eine Bergschlucht zu überqueren: wandernd, kletternd, springend, schwimmend oder rutschend. Ein genialer Mix aus Bergsteigen und Wassersport! Eine gewisse Grundsportlichkeit solltest du mitbringen, ansonsten eignet sich die geführte Canyoning Tour im Ostertal für (fast) jeden, ob Schulkind, Teenie oder Best Ager. Sie alle werden hier neue Erfahrungen machen, Grenzen überschreiten … und am Ende des Tages stolz auf sich sein!

Doch bevor es ans »Schluchteln« geht, wie man in Österreich so treffend sagt, erhältst du erst einmal eine umfassende Einführung in die Sicherheitsvorkehrungen. Außerdem werden Neoprenanzüge, Klettergurte und Helme ausgegeben. Zum Warmwerden folgt eine etwa halbstündige Wanderung bergauf am Ostertalbach entlang.

Dann geht's los: Mit professioneller Hilfe übst du zunächst das Sichern und Abseilen und steigst im Anschluss daran in die Schlucht hinunter – jetzt allerdings nicht mehr neben dem Bach, sondern direkt im Wasser. An manchen Stellen wanderst du im seichten Wasser, anderswo durchschwimmst du eine tiefe Gumpe. Vielleicht hast du sogar Lust, vom Schluchtrand aus ins Wasser zu springen? Der ausgebildete Guide ist immer an deiner Seite, gibt dir Tipps oder legt auch mal Hand ans Seil. Ein unvergessliches Erlebnis, von dem du sicherlich noch lange schwärmen wirst!

Anfahrt   **Öffentlich:** Mit dem Zug nach Immenstadt, von dort mit dem Bus (Linie Immenstadt–Oberstaufen) bis zur Haltestelle »Ratholz/Jägerhaus«.   **Auto:** B308 bis Immenstadt, dort der Ausschilderung Ratholz/Jägerhaus folgen.

Informationen   Alpsee Bergwelt GmbH & Co. KG, Ratholz 24, 87509 Immenstadt, Tel. 08325/252; www.alpsee-bergwelt.de.

Preise   Kinder (6 bis 13 Jahre): Sesselbahn Bergfahrt und Alpsee-Coaster 9,50 €, Alpsee-Coaster Einzelkarte (ohne Bergfahrt) 5,50 €; Erwachsene: Sesselbahn Bergfahrt und Alpsee-Coaster 11,50 €, Alpsee-Coaster Einzelkarte (ohne Bergfahrt) 6,50 €.

Einfach cool: Achterbahn-Feeling auf dem Alpsee-Coaster, der 2,8 Kilometer langen Ganzjahresrodelbahn am Alpsee bei Immenstadt. Den Rausch der Geschwindigkeit erleben, 68 (!) Kurven, 23 Wellen, sieben Jumps und andere Raffinessen meistern – was für eine Gaudi! Und das rund ums Jahr und bei (fast) jedem Wetter.

Einsteigen, anschnallen, Gas geben und mit Vollgas geht's bergab. In rasantem Tempo folgt Kurve auf Kurve, man kommt kaum zum Luftholen. Auf halber Strecke dann eine grandiose Steilpassage, mehrere Gefällekurven, ein gigantischer 430-Grad-Kreisel; das Tempo am eigenen Körper erleben, wie in der Achterbahn kreischen … Wenn du das Gaspedal durchgedrückt lässt, dauert der Nervenkitzel etwa fünf Minuten. Du kannst natürlich auch bremsen, musst es aber eigentlich nicht – es sei denn, der Vordermann ist ein Schleicher, dann dauert die Abfahrt entsprechend länger. Die Coaster laufen auf Schienen und bremsen bei 40 km/h automatisch herunter.

Ein Spaß für die ganze Familie ist der Alpsee-Coaster: Kinder ab drei Jahren dürfen als Beifahrer mit, ab acht Jahren und einer Mindestgröße von 1,40 Metern auch allein fahren und ab 14 Jahren einen Beifahrer mitnehmen. Mit kleineren Kindern empfiehlt sich die Auffahrt mit der Sesselbahn zum Alpsee-Coaster, mit Schulkindern lohnt sich der sehr schöne, etwa eineinhalbstündige Aufstieg. Wer noch eins obendrauf setzen möchte, rast bei Dunkelheit auf der von Scheinwerfern beleuchteten Strecke bergab! Samstags und mittwochs ist der Alpsee-Coaster dann im Sommer zeitweise bis 22 Uhr, im Winter bis 21 Uhr geöffnet (aktuelle Termine siehe Homepage).

ANTENNE BAYERN TIPP

Wenige Meter vom Alpsee-Coaster entfernt erwartet dich ein weiteres Highlight: Bayerns größter Hochseilgarten, der Kletterwald »Bärenfalle«. Kinder ab sechs Jahren, Jugendliche und Erwachsene können sich hier bis zu drei Stunden verausgaben, auf 18 Parcours in unterschiedlichen Schwierigkeitsstufen von leicht bis schwer. Das Kombiticket inklusive Alpsee-Coaster und Sesselbahn schont den Geldbeutel.

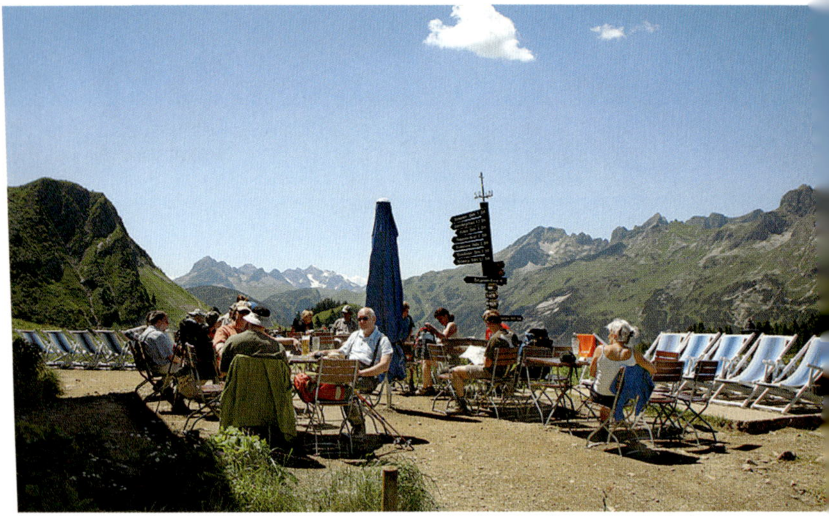

Anfahrt **Öffentlich:** Zug nach Oberstdorf, dann Bus nach Birgsau. **Auto:** A 980 Richtung Oberstdorf, Ausfahrt Waltenhofen, auf der B 19 nach Oberstdorf. Kostenpflichtiger Parkplatz an der Fellhornbahn, weiter mit dem Bus nach Birgsau.

Informationen Enzianhütte, Familie Schwegler, Kirchsteige 6, 87509 Immenstadt/ Bühl, Tel. privat 08323/78 60, Hütte 0170/ 793 16 55; www.enzianhuette-oberstdorf.de. Fragen oder Reservierungen ausschließlich telefonisch.

Preise Wellnessbereich (inkl. Leihhandtuc Kinder (bis 12 Jahre) 7,50 €, Erwachsene 15 €; nu Whirlpool: 5 € bzw. 7,50 €; Teilmassage (25 Min.) 40 €, Vollmassage (40 Min.) 47 €.

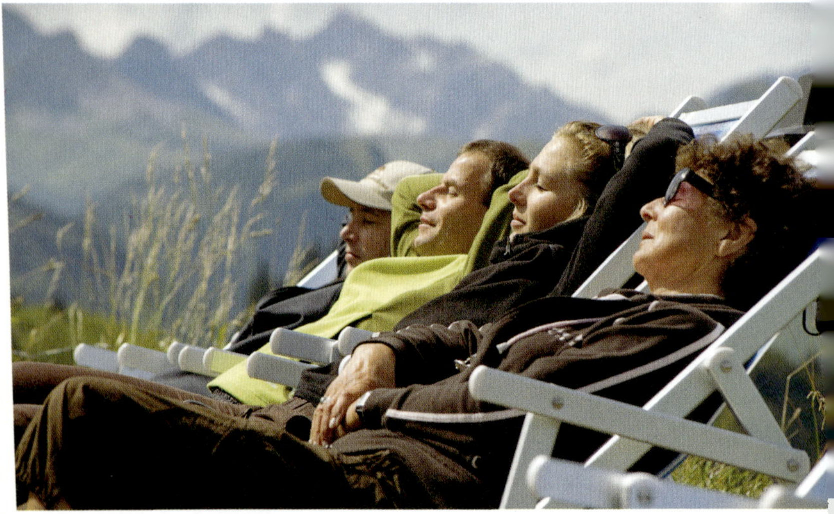

Wellness in 1804 Meter Höhe

So könnte dein Traumwochenende aussehen: eine abwechslungsreiche Bergtour in den Allgäuer Alpen mit schweißtreibendem Aufstieg zur Hütte, dort Entspannung in Whirlpool und Sauna, vielleicht eine Massage. Als Krönung ein 4-Gänge-Feinschmeckermenü, danach vwunderbar schlafen im gemütlichen Doppelzimmer …

Vom Alltag abschalten, die Seele baumeln lassen und neue Kraft tanken – klingt gut, oder? Wenn du dann noch gerne in den Bergen unterwegs bist, dich vor einem etwas knackigen Aufstieg nicht scheust, dann schnüre doch deine Wanderschuhe und mach dich auf den Weg zur Enzianhütte. Hier erwartet dich der höchstgelegene Wellnessbereich im Alpenraum: ein mit Alpenquellwasser gefüllter Massage-Whirlpool, eine klassische Aufguss-Sauna sowie medizinische Massagen. Außerdem eine Küche, die selbst Feinschmecker begeistert!

Zugegeben, der erste Teil des rund zweistündigen Aufstiegs zur Hütte ist nicht allzu spektakulär, er verläuft durch den Wald auf einer für den Verkehr gesperrten Fahrstraße bis zum Gasthof Einödsbach. Doch dafür entschädigt der aussichtsreiche Rest der Tour! Beim Gasthof beginnt der Anstieg zur Hütte gleich recht steil. Danach schlängelt sich der Weg durch idyllische Wald- und Wiesenabschnitte zur Petersalp. Am Wochenende ist sie bewirtschaftet, unter der Woche stellt der Wirt kalte Getränke im Brunnen bereit, die man nach Bezahlung mitnehmen darf. Der weitere Weg führt auf Serpentinen steil bergan, und nach 700 Höhenmetern hast du schließlich die Enzianhütte erreicht. Bei Regenwetter ist der Weg schlammig und kann an Felsstücken glitschig sein, deshalb unbedingt Bergschuhe anziehen und Wanderstöcke mitnehmen.

ANTENNE BAYERN TIPP

Wenn du noch höher hinaus willst, häng eine Stunde Gehzeit dran und wandere bis zur wunderschön gelegenen Rappenseehütte auf über 2000 Meter Höhe – allerdings ist dieser Aufstieg ziemlich zünftig und nur Geübten zu empfehlen. Als Lohn deiner Mühen erwartet dich ein unbeschreiblich guter Schokopudding …

226 Logenplatz inklusive: die Gebhardshöhe

Vom beliebten Aussichtspunkt bei Rettenberg hat man ein grandioses Panorama vom Grünten über die Oberstdorfer Berge und die Hörner-gruppe bis zum Mittag. Ein nostalgischer Holzpavillon verschönert das wunderbare Fleckchen Erde. Ein interessanter Lehrwanderweg macht das Ganze zu einem gelungenen Tagesausflug.

Vom Wanderparkplatz in der Kranzegger Straße in Rettenberg geht ihr zunächst in Richtung Immenstadt bis zum Gästeamt und dann auf der gegenüberliegenden Seite die Bergstraße hinauf. Dort biegt ihr in den Falkensteinweg ein und wandert auf einem ansteigenden Feldweg in Richtung Gebhardshöhe. Über einen schmalen Wiesenpfad kommt ihr direkt zu dem beliebten Aussichtspunkt mit seinem schönen Pavillon. Das erste Ziel des Ausflugs habt ihr jetzt erreicht.

Nach gebührender Pause geht es weiter zum aufschlussreichen Lehr-wanderweg. Vom Pavillon aus wandert ihr bergab zum Weiher. Kurz davor biegt ihr links ab. Am Fußballplatz vorbei überquert ihr wenig später die Hauptstraße und geht in Richtung Rettenberg auf dem Fuß- und Radweg nach Altach. Dort angekommen, haltet ihr euch in Richtung Bichel und biegt wenig später nach Hasengarten ab. Hier findet ihr die erste Tafel des etwa zweieinhalbstündigen Lehrwanderweges, dem ihr nun folgt. Im weiteren Verlauf bekommt ihr allerlei interessante Informationen über die Geschichte und Geografie des Rettenbergs.

Anfahrt **Öffentlich:** Bahnlinie Mün-chen–Immenstadt, ab Immenstadt Bus nach Rettenberg. **Auto:** A 96 München–Lindau, Ausfahrt Jengen/Kaufbeuren, B 12 Richtung Jengen/Kaufbeuren/Kempten/Marktober-dorf, A 7 über Füssen/Lindau/Oberstdorf, Ausfahrt Dreieck Allgäu, A 980 Richtung Lindau/Oberstdorf/B 12, Ausfahrt Walten-hofen, B 19 Richtung Oberstdorf/Immen-stadt, St 2006, St 2007 nach Rettenberg.

Informationen Tourist-Info Ret-tenberg, Bichelweg 2, 87549 Rettenberg, Tel. 08327/920 40; www.rettenberg.de.

Buchenegger Wasser- fälle: ein »Erlebnisbad« 227

Deutschlands ältestes Erlebnisbad liegt zwischen Buchenegg und Stei- bis im Wald versteckt und hat Tausende von Jahren auf dem Buckel: die Buchenegger Wasserfälle. Tosendes Wasser ergießt sich auf zwei Terrassen in Pools, von denen der untere als Swimmingpool genutzt werden kann. Also Badesachen mitnehmen und rein ins Vergnügen!

Du erreichst die Buchenegger Wasserfälle auf einer Wanderung ab Steibis in etwa eineinviertel Stunden. Ausgangspunkt ist die Sennerei in Steibis. Über Achrain kommst du auf den Christl-Cranz-Weg am Waldrand. Wenig später geht es halblinks durch einen Tobel zum nächsten Abzweig. Dort gehst du links bergab zu den Alpen »Neugschwend« und »Neugreuth«, wo du nett einkehren kannst. Der weitere Weg verläuft steil hinunter zu den Wasserfällen. Für den Rückweg gehst du beim Abzweig links berg- auf zum Gasthof »Hirsch«. Dann folgt ein kurzes Stück auf der Straße, bis du links auf den Kiesweg abbiegst. An seinem Ende folgst du der Anlie- gerstraße nach Imberg, hältst rechts und wanderst über den Kirchhang zurück nach Steibis.

Im Laufe von Jahrmillionen hat sich der Gebirgsbach Weissach tief in den Sandstein gegraben und zwischen Nagelfluhfelsen die Buchenneg- ger Wasserfälle geschaffen. Ihr Wasser sammelt sich in zwei Becken oder »Gumpen«, wie man hier sagt. Sie sind beliebte Badeplätze.

Anfahrt **Öffentlich:** Bahnlinie München– Oberstaufen, ab Oberstaufen Bus nach Stei- bis. **Auto:** A 96 München–Lindau, Ausfahrt Jengen/Kaufbeuren, B 12 Richtung Jengen/ Kaufbeuren/Kempten/Marktoberdorf, A 7 Füssen/Lindau/Oberstdorf, Ausfahrt Dreieck Allgäu, A 980 Richtung Lindau/Oberstdorf, Ausfahrt Waltenhofen, B 19 Richtung Oberst- dorf/Immenstadt, B 308 Richtung Oberstau- fen/Aach-Steibis/Balderschwang, bei St 2005 links, bis Steibis fahren.

Informationen Tourist Information Steibis, Im Dorf 22, 87534 Oberstaufen- Steibis, Tel. 08386/81 03; www.steibis.com; www.buchenegger-wasserfaelle.de.

Anfahrt Öffentlich: Mit der Bahn bis Oberstaufen, weiter mit dem Bus Richtung Immenstadt, Haltestelle »Am Hündle«. **Auto:** Die Miniwelt liegt direkt an der B 308, der deutschen Alpenstraße.

Informationen Miniwelt Oberstaufen, Wengen 15, 87534 Oberstaufen, Tel. 08386/ 96 07 11; www.miniwelt-oberstaufen.de.

Öffnungszeiten Apri–Ende der ersten Nov.-Woche und ab 26. Dez. in den Weihnachtsferien tgl. außer Mo 10–18 Uhr.

Preise Erwachsene 6,50 €, Kinder (ab 5 Jahren) 4,40 €.

Modelleisenbahn im Allgäu

Eine der schönsten Zugstrecken in Deutschland führt entlang des Rheins von Koblenz nach Bingen. So weit müsst ihr aber nicht fahren, um diese Route zu sehen, denn in der Miniwelt von Oberstaufen ist genau dieser Streckenabschnitt in Klein nachgebaut. Der perfekte Ausflug für alle Modelleisenbahnfans und begeisterten Zugfahrer.

2400 Meter Gleise, 400 Weichen, 172 Züge, fast 2500 Waggons, 26 000 Bäume, 5000 Figuren, 600 Gebäude und gut 3000 Kilogramm Gips wurden in der Modelleisenbahnanlage der Miniwelt Oberstaufen verbaut. Das ist schon eine beachtliche Menge, meint ihr nicht auch? Die beiden Erbauer brauchten gut sieben Monate Bauzeit, doch das war es wert!

Die Mühe, den Einsatz und die Liebe zum Detail seht ihr der Anlage auch an – und so ist diese wunderbare, analoge Miniaturwelt schließlich entstanden.

Die zwei herrlichen Flusslandschaften sind den deutschen Regionen entlang des Rheins und der Mosel nachempfunden. Aber auch wenn ihr Koblenz oder den Loreleyfelsen nicht kennt, gibt es unendlich viel zu sehen. Überall fahren Züge über Brücken und Viadukte. Sie verschwinden in Tunnels und – zur großen Überraschung – andere tauchen auf.

Unzählige Szenen sind detailreich und liebevoll nachgestellt. Da arbeiten Weinbauern in ihren Hängen, eine Reisegruppe lauscht ihrer Reiseführerin und ein Hochzeitspaar tritt aus der Kirche. Schaut genau hin – was entdeckt ihr noch alles? Lasst euch den verblüffenden Tag-Nacht-Effekt zeigen. Die Nachtatmosphäre taucht die Anlage in ein völlig neues Licht, sodass ihr ganz von vorne mit dem Besichtigen anfangen könnt.

ANTENNE BAYERN TIPP

Falls ihr nach der Besichtigung noch Lust habt, etwas im Freien zu unternehmen, müsst ihr nicht weit gehen. Ganz in der Nähe führt die Hündlebahn hinauf zum Bergasthof Hündlealp. Dort oben, auf dem Oberstaufener Hausberg, gibt es herrliche Wanderwege. Wollt ihr etwas mehr Action? Dann fahrt doch mit der Sommerrodelbahn hinunter. Ein 850 Meter langes Vergnügen mit 16 Steilkurven und lustigen Jumps.

229 Im schönen Allgäu
Käse machen

Wer wissen will, wie aus Milch Käse wird, ist im Allgäu richtig, genauer gesagt in der ersten Käseschule Deutschlands in Thalkirchdorf. Dort führt Käsermeister Georg Gründl höchstpersönlich seine Gäste in die hohe Kunst des Käsens ein – und das überaus kurzweilig und abwechslungsreich … von »Schule« keine Spur!

»Mir macht das einfach Spaß, meine Leidenschaft für den Käse an die Leute weiterzugeben«, erzählt der freundliche Käsermeister. Im gemütlichen Dorfhaus warten bereits Kupferkessel, Thermometer und Kelle auf die »Käselehrlinge«. Und los geht's: Zunächst schüttet man frische Rohmilch in den Kupferkessel, hängt das Thermometer hinein und erwärmt die Milch auf 34 Grad Celsius. Dann gibt man mit Wasser vermischtes Lab dazu und lässt alles etwa eine halbe Stunde lang ruhen. Danach wird mit einem Spezialmesser geprüft, ob die Milch fest geworden ist. Nun die Masse in etwa haselnussgroße Stücke, den Käsebruch, schneiden, mit einer Schöpfkelle abschöpfen, in eine Form füllen und ein Gewicht daraufstellen. Jetzt muss der Käse zehn bis zwölf Stunden ruhen – doch keine Sorge: Du kannst den Käse nach ungefähr eineinhalb Stunden mitnehmen und ihn zu Hause reifen lassen. Zum Abschluss gibt es ein Stamperl Heuschnaps, natürlich ein Käsediplom und das Rezept. Guten Appetit!

Anfahrt **Öffentlich:** Zug nach Immenstadt, Bus 39 nach Oberstaufen-Thalkirchdorf, Haltestelle Hense, ca. 10 Minuten Fußweg. **Auto:** A 7, Allgäuer Dreieck Richtung Lindau, in Waltenhofen Richtung Oberstdorf bis Ausfahrt Immenstadt; weiter Richtung Oberstaufen, kurz vor Oberstaufen nach Thalkirchdorf abbiegen.

Informationen Käseschule Allgäu, Kirchdorfer Straße 7, 87534 Thalkirchdorf bei Oberstaufen, Tel. 0172/890 87 38; www.kaeseschule.de.

Preise Die Käseschule dauert ca. 2,5 Std. und es wird ein Weichkäse hergestellt, den ihr spätestens am nächsten Tag und frühestens nach 1,5 Std. mitnehmen dürft. Pro Teilnehmer 49,50 €, zu zweit (ein Topf Käse) 75 €.

Gänsehaut-Feeling am Skywalk Scheidegg

Eine Wahnsinns-Freizeitattraktion gibt es für euch bei Scheidegg im Westallgäu. Traut ihr euch auf einen luftigen Baumwipfelpfad der Extraklasse? Für die besondere Gänsehaut gibt es eine Hängebrückenkonstruktion, ein Weg wie aus der Vogelperspektive, definitiv nur für Schwindelfreie. Wer probiert ihn aus?

Im Sommer wie im Winter lässt sich der spannende Baumwipfelpfad Skywalk begehen. Geeignet ist der Ausflug für die ganze Familie, denn er ist sogar mit Kinderwagen oder Rollstuhl zu befahren. Im Hauptturm führt deswegen ein Aufzug nach oben.

Alle anderen erklimmen die luftigen Höhen zu Fuß. Am höchsten Punkt, bei 40 Metern, reicht die 360-Grad-Sicht weit über die Allgäuer Berge bis hin zum Bodensee. Genießt es!

Am Ende der Strecke wartet ein abenteuerliches Höhenerlebnis auf euch: Ganz Mutige können, 20 Meter über dem Waldboden, über eine Wackelbrücke und auf Seilen klettern. Wobei ihr natürlich trotzdem ganz sicher seid. Nervenkitzel pur! Der Weg nach unten führt am Ende durch eine steile Röhrenrutsche.

Alle nicht ganz so Unerschrockenen nehmen den »normalen« Weg hinunter. Auch dort wird es nicht langweilig: Im Wald gibt es Natur-Erlebnispfade, einer davon ist ebenfalls barrierefrei.

Anfahrt Öffentlich: Mit der Bahn bis Röthenbach, weiter mit dem Bus nach Scheidegg. Auto: Scheidegg liegt direkt an der B 308, der Skywalk etwas südlich des Ortes. Parkplätze an der Fachklinik Prinzregent Luitpold, 10 Minuten Fußweg.

Informationen Skywalk Allgäu, Oberschwenden 25, 88175 Scheidegg,

Tel. 08381/896 18 00; www.skywalk-allgaeu.de.

Öffnungszeiten Mitte März–Anfang Nov. tgl. 10–18 Uhr, im Winter Do–So 11–17 Uhr, letzter Einlass 1 Std. vor Schließung.

Preise Kinder ab 1 m (bis 17 Jahre) 7,80 €, Erwachsene 9,80 €, im Winter günstiger.

Anfahrt Öffentlich: Zug nach Heimen-kirch, Bus 133 nach Lindenberg, Bus 18 nach Gretenmühle, von dort ca. 20 Minuten Fuß-weg zu den Wasserfällen. **Auto:** B 308 nach Scheidegg, Abzweig zu den Wasserfällen bei Gretenmühle.

Informationen Scheidegg-Tourismus, Rathausplatz 8, 88175 Scheidegg im Allgäu, Tel. 08381/895 55; www.scheidegg.de.

Preise Kinder (5–13 Jahre) 1,50 €, Jugendliche und Erwachsene 2 €.

Spektakulär: Scheidegger Wasserfälle

Was für eine Kulisse: Eine 48 Meter tiefe Waldschlucht, steil aufragende Felswände, mächtige Tannen und das Tosen des Wassers, das über zwei mächtige Gesteinsstufen aus 22 bzw. 18 Meter Höhe in die Tiefe stürzt; das erwartet euch bei eurer Wanderung zu den Scheidegger Wasserfällen, die zu den schönsten Deutschlands gehören.

Und damit nicht genug: Rund um die Wasserfälle wurde eine tolle Erlebniswelt angelegt, die vor allem Kinder begeistert. Schon am Eingang dürfen die Kids Kaninchen, Ziegen und andere Nutztiere eines kleinen Tiergeheges mit bereitgestelltem Heu füttern.

Für den Rundgang zu den Wasserfällen gibt es mehrere Varianten. Nehmt euch Zeit, denn es lohnt sich, die unterschiedlichen Wege zu erkunden, weil sie immer wieder neue Perspektiven auf die versteckt auf einer 800 Meter hohen Terrasse liegenden Wasserfälle bieten. Da ist zum einen der bequeme, eben verlaufende Panoramaweg, auf dem ihr euch den Wasserfällen von oben nähert. Er führt zu den beiden jeweils knapp 20 Meter hohen Wasserfallstufen. Spektakulärer, aber auch etwas beschwerlicher sind die zahlreichen Stufen (festes Schuhwerk anziehen!) hinab in die bis zu 200 Meter tiefe Rohrachschlucht.

Achtet auf die unterschiedliche Vegetation der Schlucht: im oberen Bereich vor allem Mischwald mit Buchen und Tannen, weiter unten Eschen, Grauerlen und Ahorn. Auch seltene Tiere fühlen sich hier wohl, etwa der Schwarzspecht und die Gelbbauchunke. Vor allem für Familien mit Kindern empfehlenswert ist der Rundweg durch das Wildgehege, der zum kleinen Wasserfall führt. Nicht zu vergessen der Wasserspielplatz und das Wasserrad! Nach dem Rundgang könnt ihr euch im Mini-Biergarten am Eingang stärken.

ANTENNE BAYERN TIPP

Wer sich für Schlangen, Leguane und andere Reptilien interessiert, macht den kleinen Abstecher nach Gretenmühle, wo es einen kleinen, aber sehenswerten Reptilienzoo gibt.
Reptilienzoo, Gretenmühle 9, 88175 Scheidegg, Tel. 08381/891 75 38; www.reptilienzoo-scheidegg.com.

Anfahrt **Öffentlich:** Bahnlinie München–
Lindau. **Auto:** A 96 München–Lindau.

Informationen Lindau Tourismus und
Kongress GmbH, Lennart-Bernadotte-Haus,
Alfred-Nobel-Platz 1, 88131 Lindau am Boden-
see, Tel. 08382/26 00 30; www.lindau.de.

»Schwäbisches Meer« und Insel Lindau

Zugegeben, nur ein kleines Stück vom Bodensee gehört zu Bayern – doch dafür hat es diese Region in sich! Mediterranes Flair fast wie in Italien, endlose Uferpromenaden, kulinarische Genüsse, blühende Gärten, prunkvolle Schlösser, romantische Landkirchen. Am »Schwäbischen Meer«, wie man oft sagt, kann jeder glücklich werden.

Strahlender Mittelpunkt ist die Insel Lindau. Bei der Ankunft mit dem Dampfer begrüßt dich der Bayerische Löwe, Wahrzeichen der Stadt. Zu empfehlen ist ein Aufstieg auf den »Neuen Leuchtturm«. Von oben hast du einen atemberaubenden Rundblick. Gegenüber steht der »Alte Leuchtturm«, auch Mangturm genannt. Von hier sind es nur wenige Schritte in die mittelalterliche Altstadt. Zu den wichtigsten Sehenswürdigkeiten zählt das gotische »Alte Rathaus« in der Maximilianstraße, die durch Patrizierhäuser aus dem 16. und 17. Jahrhundert beeindruckt. Geh danach durch das mittelalterliche Zitronengässle. Am Marktplatz liegt das Haus zum Cavazzen mit seinen schönen Fassadenmalereien. Das Lindauer Münster besticht durch seine heitere Rokokoausstattung, die Peterskirche durch Wandmalereien von Hans Holbein d. Ä.

Auf alle Fälle solltest du abseits der Touristenströme die kleinen Orte rund um Lindau besuchen: Bodolz, Wasserburg und Nonnenhorn.

Bodolz zwischen Wasserburg und Lindau erreichst du am schönsten zu Fuß oder mit dem Rad. Im Frühjahr, zur Zeit der Obstblüte, triffst du hier auf ein farbenfrohes Blütenmeer, im Sommer lädt das urige Dorffest zum Mitfeiern ein und im Herbst ist Obst- und Weinernte.

Beim Spaziergang durch das malerische Wasserburg stößt du auf die Spuren seines Ehrenbürgers, des Schriftstellers Martin Walser. Den Nachwuchs interessieren vermutlich mehr das beheizte Freibad oder eine Fahrt mit der Pferdekutsche.

Im Weindorf Nonnendorf kannst du wunderbar ausspannen. Es ist zudem idealer Ausgangspunkt für Schifffahrten und Ausflüge. Wenn du Bodenseeweine schätzt: Juli – Besuch beim Winzer; August – Winzerfest.

Anfahrt Öffentlich: Mit der Bahn bis Mar-
-tinszell, weiter mit dem Bus. **Auto:** Auf der B 19,
Ausfahrt Niedersonthofen/Memhölz, weiter nach
Niedersonthofen, Parkplatz in der Sonnenstraße.

Öffnungszeiten Frei zugänglich.

Altersbeschränkung Nicht für
Kinderwagen geeignet.

Informationen Gemeinde Waltenhofen, Rathausstraße 4, 87448 Waltenhofen,
Tel. 08303/790; www.urlaub-in-waltenhofen.de.

Wilde Tour entlang des Schrattenbachs

Wo wilde Wasser rauschen … dort wandert ihr über Wurzelwege und schmale Steige. Euer Weg führt euch durch einen hinreißend duftenden Wald, vorbei an knorrigen Bäumen hin zum verwunschenen Niedersonthofener Wasserfall. Dafür zieht ihr am besten feste Schuhe an und los geht's von eurem Startplatz in Niedersonthofen im Oberallgäu.

Eure Wanderung startet in der Ortsmitte von Niedersonthofen. Ein wenig Kondition braucht ihr schon, ihr seid 2,5 Stunden zu Fuß unterwegs. Ab der Ortsmitte folgt ihr einfach der Beschilderung zum Wasserfall Richtung Westen. Ihr wandert zunächst durch die Mühlenbergstraße. An ihrem Ende trefft ihr auf den Schrattenbach, dem ihr von nun an folgt.

Gleich zu Beginn geht es erst mal ein Stückchen bergauf. Wie Bergziegen folgt ihr dem wurzeligen Wanderweg. Der windet sich ständig auf und ab, mal näher und mal entfernter am Bach entlang, immer weiter in den Schrattenbach-Tobel. Aber was ist ein Tobel eigentlich? Im Allgäuer Dialekt bedeutet Tobel nichts anderes als Schlucht.

Kurz vor dem Wasserfall wird es dann wild im engen Tal. Knorrige Bäume säumen den Weg und viele Steine sind mit Moos bewachsen. Und endlich hört ihr das Rauschen des Wasserfalls. Nur noch eine Kurve und der Niedersonthofener Wasserfall liegt vor euch. Wie ein weißer Schleier fließt das Wasser über die Felsen hinab.

Nun ist es auch Zeit für eine wohlverdiente Pause. Ein kleines Stück zurück findet ihr eine Bank zum Brotzeitmachen und am nahen Wasser können die Kids spielen.

Für den Rückweg habt ihr die Wahl: Entweder geht ihr den gleichen Weg zurück oder ihr steigt die vielen Stufen am Wasserfall weiter aufwärts. Der Weg führt euch dann links über Gopprechts mit herrlicher Sicht auf die Berge über ein kleines Sträßchen zurück. Diese zweite Variante dauert aber etwas länger. Falls ihr nach eurer Wanderung eine Erfrischung braucht, springt doch in den nahen Niedersonthofener See. Er erreicht im Sommer schnell angenehme Temperaturen.

Anfahrt   **Öffentlich:** Zug nach Kempten, Bus50 Richtung Isny. **Auto:** A96 Ausfahrt Jengen/Kaufbeuren, auf B12 Richtung Kempten, dann auf St2055 bis Buchenberg, rechts Richtung Eschach, links Parkplatz an der Sommerau.

Informationen   Tourist-Info Buchenber Rathaussteige 2, 87474 Buchenberg, Tel. 08378/92 02 22; www.buchenberg.de.

Wunderbar: im Moormatsch spielen

Etwas Überwindung kostet es schon, in die dunkle, dickbreiige Pampe hineinzugleiten. Doch dann kommt die Erinnerung an die Kindheit wieder, wie viel Spaß es damals gemacht hat, mit Schlamm zu spielen ... und schon bist du mittendrin, im Moorloch. Danach geht's zum Abwaschen in den Moorweiher.

Ein unvergessliches Erlebnis für Groß und Klein: das Eintauchen ins Moorloch an der Sommerau in Buchenberg. Normalerweise müsst ihr für Moorpackungen und -bäder teuer bezahlen – hier gibt's das alles gratis. Und zusätzlich zum würzigen Bad im Schlamm jede Menge frische Luft und eine weitgehend naturbelassene Umgebung – das ist Balsam für Körper und Seele. Nicht selten wird der eine oder andere im Moorloch plötzlich wieder zum Kind, und dann heißt es: Vorsicht Wurfgeschoss! Kopf einziehen ... Apropos Geschoss: Napoleons Soldaten brachten das Baden im Moor nach Deutschland, nachdem sie es in Ägypten kennengelernt hatten.

Schlammverschmiert machst du dich danach auf den Weg zum nahen Moorweiher, springst hinein und stellst fest, wie wunderbar weich sich sein Wasser auf der Haut anfühlt. Manche halten das Baden im Moorwasser sogar für einen Jungbrunnen. Doch noch ist das Wellness-Programm nicht zu Ende: Jetzt wartet das Kneipptretbecken auf dich ...

Wer lieber aktiv Sport treibt, hält sich an den attraktiven Freizeitpark gleich beim Moorweiher. Hier kannst du nach Lust und Laune Beachvolleyball spielen, dich auf dem Bolzplatz austoben, auf dem Tennisplatz brillieren oder beim Minigolf Punkte sammeln. Für die Kids gibt es einen großen Spielplatz. Und falls sich Hunger und Durst einstellen, wartet der kleine Kiosk am See auf dich.

ANTENNE BAYERN TIPP

Auch außerhalb der Badesaison kann man den Moorweiher auf einem anschaulich gestalteten Moorlehrpfad umrunden und dabei viel über die Welt der Moore und die dort lebenden Tiere erfahren. Vielleicht entdeckst du selbst einen Moorfrosch, einen Wasserläufer oder gar einen Feuersalamander.

235 Einmal im Leben Ritter sein!

Deine Kinder lieben Ritter und Burgfräulein? Stehen auf Lagerleben und Armbrustschießen? Dann haben wir hier eine super Idee für euch: Die Ritterspektakel auf der Burg Sulzberg im Allgäu sind ein toller Spaß für die ganze Familie! Und eine echte Alternative zum großen Besucherandrang bei den Spielen in Kaltenberg.

Dreimal im Jahr gehört die Burg den Kids: Sie dürfen in die Fußstapfen »echter« Ritter treten, bekommen ritterliche Kleidung, Helm und Schild und lernen, was es im Mittelalter hieß, ein Ritter zu sein. Anders als damals können sich jetzt auch Mädchen zum Ritter schlagen lassen und wie die Jungs verschiedene ritterliche Disziplinen erlernen. Nach erfolgreicher Ausbildung wenden die Nachwuchsritter ihre frisch erworbenen Fähigkeiten im Zweikampf praktisch an. Zur Krönung gibt's eine Urkunde und den Ritterschlag – und zur Stärkung Würstchen am Lagerfeuer und Getränke.

Jedes Jahr am ersten Wochenende im September findet zudem ein großes Burgfest statt. Doch natürlich kann man die Burgruine Sulzberg das ganze Jahr über besichtigen und sich eingehend und anschaulich über deren Geschichte informieren.

Anfahrt **Öffentlich:** Zug nach Kempten, dort Anruf-Sammel-Taxi AST 301 Richtung Oy bis Sulzberg (Voranmeldung bis 45 Minuten vor Abfahrt, Tel. 0831/125 55). **Auto:** A 980 Ausfahrt Durach/Sulzberg, dort Richtung Sulzberg fahren.

Informationen Gästeinformation Sulzberg, Rathausplatz 4, 87477 Sulzberg, Tel. 08376/920 10; www.sulzberg.de.

Preise Ritterabenteuer: Kinder 3 €, Erwachsene 4 €; Burg: Schüler (ab 14 Jahren) 1 €, Erwachsene 2 €.

Mit der eigenen Fähre über die Iller

Wo gibt es das noch? Mit einer kleiner Personenfähre über einen Fluss gerudert zu werden? Bei gutem Wetter und rechtzeitiger Anmeldung beim urigen Fährmann Sepp Fischer! Also nichts wie ans Telefon, möglichst ein, zwei Tage vorher! Und bitte sagt dazu, auf welcher Seite der Iller ihr abgeholt werden möchtet …

Los geht's mit einer Wanderung in Illerbeuren am Bauernhofmuseum. Dort biegst du links in die Museumsstraße, dem Fußweg unter der Kirche folgend, und wanderst an der Hauptstraße links bergauf. Hinter der Eisenbahnbrücke erneut bergauf, zunächst über Stufen, dann durch den Wald. Nach etwa einer halben Stunde geht der Weg in einen breiteren Forstweg über. Wenig später taucht die Wallfahrtskirche Maria Steinbach auf.

Weiter führt der Weg durch den Ort Maria Steinbach. Beim Landgasthof Löwe biegst du auf eine schmale Teerstraße, kommst an ein paar Höfen vorbei, dann in den Mischwald. Bald stößt du auf ein altes Holzschild, das den Weg zur Fähre weist. Fährmann Sepp sollte dich am Illerufer bereits erwarten und mit seiner Fähre über den ruhig dahintreibenden Fluss steuern. Am anderen Ufer gehst du zur Straße, nimmst den bei der Bushaltestelle abzweigenden Fußweg nach Kronburg und läufst in Richtung Wald. Dann führt der Pfad bergauf und stößt kurz darauf auf einen Forstweg. Dort links bis zur Straße, dann links auf den Forstweg. Wenig später entdeckst du an einem Baum einen weißen Pfeil, dem du bis zur Straße folgst. Du überquerst diese, wanderst durch fast dschungelartigen Wald und erreichst wieder das Bauernhofmuseum.

Anfahrt **Öffentlich:** Zug nach Leutkirch, Bus 966 Richtung Legau, Haltestelle Feuerwehrhaus. **Auto:** A 96 Ausfahrt Aitrach/Legau, zunächst Richtung Legau, dann Richtung Illerbeuren fahren, in Lautrach abbiegen zum Bauernhofmuseum Illerbeuren.

Informationen Fährmann Sepp Fischer, Tel. 08394/665 (am besten abends).

Preise Pro Person 1 €.

Anfahrt **Öffentlich:** Mit der Bahn bis Memmingen, weiter mit dem Bus Richtung Legau, Haltestelle »Illerbeuren«. **Auto:** Über die A 7, Ausfahrt Memmingen-Süd, weiter Richtung Illerbeuren; über die A 96, Ausfahrt Aitrach/ Legau, weiter Richtung Illerbeuren.

Informationen Schwäbisches Bauernhof- museum, Museumstraße 8, 87758 Illerbeuren/ Kronburg, Tel. 08394/14 55; www.bauernhofmuseum.de.

Öffnungszeiten April–Mitte Okt. 9–18 Uhr, März/Mitte Okt.–Ende Nov. 10–16 Uhr, Mo Ruhetag.

Preise Erwachsene 6 €, Kinder ab 6 Jahren 1 €.

Das Leben früher: ohne Strom

Wie war das wohl damals, als es noch keinen elektrischen Strom gab? Als noch keine Fußbodenheizungen die Häuser wärmten? Als noch kein Supermarkt um die Ecke lag? Wie lebten die Menschen während dieser Zeit? All das und noch viel mehr enträtselt ihr im Schwäbischen Bauernhofmuseum Illerbeuren.

Das Schwäbische Bauernhofmuseum ist ein familiengerechtes Freilichtmuseum. Dabei ist das Bauernhofmuseum eines der ältesten Freilichtmuseen Deutschlands. Stellt euch vor, es wurde bereits 1955 eröffnet! Der Restaurator, Bildhauer und Kreisheimatpfleger Hermann Zeller stellte damals seine heimatkundliche Sammlung der Öffentlichkeit zur Verfügung.

War es ursprünglich nur ein Haus, das für die Besucher offenstand, so besucht ihr heute über 30 verschiedene Gebäude. Einzigartig – wahrscheinlich in ganz Europa – ist die Lage des Museums: Folgt ihr in Illerbeuren den Schildern zum Museum, kommt ihr zum Dorfplatz. Auf der einen Seite steht die Kirche, auf der anderen sind ein Wirtshaus und ein paar schöne Bauernhäuser. Passt gut auf, denn das Museum ist so geschickt in das Dorf integriert, dass ihr erst auf den zweiten Blick den Eingang entdeckt. Die Häuser, die hierher versetzt wurden, wirken so authentisch, als hätten sie schon immer hier gestanden.

Schlendert doch einfach über das Museumsgelände, öffnet die Türen zu den alten Höfen und Ställen und seht euch die Einrichtungen sowie die ländlichen Maschinen und Geräte genauer an. Nehmt die vielen Museumsangebote wahr und erlernt zum Beispiel fast vergessene Arbeitstechniken. Bastelt Vogelscheuchen, backt Fladenbrot, schöpft Papier oder gestaltet Heupuppen. Vor allem in den Ferien gibt es Erlebnisprogramme und viele Aktionstage.

Natürlich leben auch zahlreiche Tiere hier, darunter selten gewordene Haustierrassen wie das Schwäbisch-Hällische Landschwein, das Zaupelschaf oder das hübsche Augsburger Huhn – das statt einem klassischen Hühnerkamm ein Krönchen trägt. Das müsst ihr gesehen haben!

Anfahrt **Öffentlich:** Mit der Bahn bis Bahnhof Rammingen, 800 m zu Fuß bis zum Park. **Auto:** Direkt an der A 96, Ausfahrt Bad Wörishofen.

Informationen Allgäu Skyline Park, Im Hartfeld 1, 86825 Bad Wörishofen, Tel. 08245/966 90; www.skylinepark.de.

Öffnungszeiten Ende März–Anfang Nov., meist 9.30–18 Uhr, je nach Wochentag und Ferien auch früher und länger (siehe Homepage

Preise Pro Besucher ab 150 cm 28 €, Besucher 110–150 cm 23 €, Kinder unter 110 cm freier Eintritt; Familientag: Freitag p.P. 18,50 €.

Durch die Lüfte im Skyline Park

Das dürft ihr nicht verpassen! Sportliche Fahrgeschäfte, Spannung, Nervenkitzel und Action – alles das bietet der Allgäuer Skyline Park. Ein genialer Familien-Freizeitpark, in dem ein Tag voller Ausgelassenheit wie im Nu vergeht. Denn über 50 Attraktionen wollen von euch erobert werden!

Freut euch auf diesen Familienausflug! Der Skyline Park bei Bad Wörishofen ist der perfekte Abenteuerpark für große und kleine Gäste. Zum wiederholten Mal hat er eine Auszeichnung für das beste Preis-Leistungs-Verhältnis unter den europäischen Freizeitparks bekommen.

Unter dem bewährten Motto »Einmal zahlen, alles fahren« erkundet ihr den gesamten Park und testet natürlich alle möglichen Fahrgeschäfte. Bei den über 50 Attraktionen ist ganz sicher für jeden etwas dabei.

Für ultimative Action, Herzrasen und Schnappatmung sorgen der Sky Wheel, die aktuell höchste Überkopf-Achterbahn Europas, der Sky Shot, der die Fahrgäste in einer Kugel gegen den Himmel katapultiert, der Sky Circle, das verrückte Propellerkarussell und der Sky Jet, bei dem ihr im freien Fall zur Erde rauscht.

Natürlich geht es auch ein bisschen gemächlicher. Trotzdem werden eure Nerven an der Hängeachterbahn Sky Rider oder im Höhenkarussell Sky Twister flattern. Abkühlung findet ihr auf der Wildwasserbahn Sky Rafting, am Wasserspielplatz oder im einmaligen Wasserrutschen-Spaßbad, wofür ihr am besten eure Badesachen mitbringt.

Aber ein Familienpark wäre kein Familienpark, wenn er nicht auch genügend Spaß für die Kleinsten und die ältesten Familienmitglieder bieten würde. Egal ob Kindereisenbahn, Flug der Karibik, Baustellenfahrt, Fliegerkarussell, Schiffschaukel, Kettenkarussell, Schießbude, Riesenrad, Tretboote, Autoscooter, Tarzanseile oder Kinderkanus – hier erlebt ihr unvergessene Abenteuer. Und natürlich sorgen ein Spielplatz mit Riesenrutsche, Luftkissen oder das Trampolin für Bewegung. Doch versäumt bei all der Abwechslung nicht die vielen Shows, Feste und Veranstaltungen.

Anfahrt Öffentlich: Bahnlinie München–Mindelheim. **Auto:** A 96 München–Lindau, Ausfahrt Mindelheim, Richtung Krumbach/Kirchheim i. Schw./Pfaffenhausen, bei B 16 rechts, Ausschilderung nach Mindelheim folgen.

Informationen Tourist-Information, Maximilianstraße 26, 87719 Mindelheim, Tel. 08261/991 50; www.mindelheim.de.

Turmuhrenmuseum in Mindelheim

Auf den Spuren der Zeit wandelt ihr in Mindelheim im Schwäbischen Turmuhrenmuseum, in dem Turmuhren, Taschenuhren, Pendulen, Sonnenuhren und andere Werke der Uhrmacherkunst gezeigt werden. Doch auch ein Spaziergang durch die historische Altstadt lockt mit Bürgerhäusern, Türmen, Toren und schmalen Gassen.

Im Mindelheimer Turmuhrenmuseum ist die Zeit sozusagen stehengeblieben – um genauer zu sein bei 50 meist handgeschmiedeten Uhren aus der Zeit von 1562 bis 1933. Eine besondere Attraktion stellt die Nachbildung einer astronomischen Uhr von 1529 dar, deren vier Zeiger den Lauf von Sonne und Mond, ihre Stellung im Tierkreis, den Sonnenauf- und -untergang sowie Sonnen- und Mondfinsternisse anzeigen. Im 48 Meter hohen Kappelturm, den ihr über 155 Stufen ersteigen könnt, schlägt unter anderem die Uhr mit dem zweitlängsten Pendel der Welt. Ein weiteres Prunkstück der Ausstellung ist die barocke Klosteruhr aus Füssen, im Jahre 1750 von einem Klosterbruder kunstvoll angefertigt.

Eine Attraktion ganz anderer Art ist das seit 1853 alle drei Jahre stattfindende Frundsbergfest – das nächste Mal im Juni/Juli 2021. Für zehn Tage kehrt die ganze Stadt ins Mittelalter zurück, in die Zeit des Adelsgeschlechts der Frundsberger, die lange die Geschicke der Stadt bestimmt haben. Gefeiert wird zwischen den Toren und Türmen der Altstadt, mit historischen Festzügen, mittelalterlichem Lagerleben und Markt sowie zeitgenössischem Theaterspiel.

ANTENNE BAYERN TIPP

Mindelheim liegt im Herzen des Kneipp-Landes Unterallgäu. »Kneipp« klingt vielleicht altmodisch, ist es aber keineswegs. Denn der 1821 bei Ottobeuren geborene Sebastian Kneipp vertrat ein ganz modernes, ganzheitliches Naturheilverfahren. Er erkannte, dass man den Menschen, seine Lebensgewohnheiten und seine Umwelt als Einheit betrachten muss. Aus dieser Erkenntnis entwickelte er seine Kneipp-Therapie. Wollt ihr euch bei einem Kneipp-Wochenende entspannen? Dann seid ihr in Bad Wörishofen oder Ottobeuren, beide gleich um die Ecke bei Mindelheim, genau richtig.

240 Die älteste Sozial-siedlung der Welt

Wie aus einer anderen Welt: In die Fuggerei darf nur einziehen, wer ein geborener Augsburger ist, verheiratet und katholisch, einen tadellosen Ruf hat und arm ist – und sich verpflichtet, täglich drei Gebete für Jakob Fugger und seine Familie zu sprechen. Dafür gilt immer noch eine Jahreskaltmiete von 0,88 Euro.

Wer denkt, sozialer Wohnungsbau sei eine »Erfindung« unserer Zeit, der irrt gewaltig. Schon vor fast 500 Jahren wurde in der Augsburger Jakobervorstadt eine Siedlung für bedürftige Bürger erbaut: die »Fuggerei«.

Der Augsburger Kaufherr und Bankier Jakob Fugger der Reiche, berühmtester Vertreter dieser Familie, hatte ein Herz für in Not gekommene Menschen. Im Jahr 1521 stiftete er seiner Heimatstadt Augsburg die Fuggerei. Noch heute leben in den 140 Wohnungen, die sich auf 67 Häuser verteilen, 150 Augsburger.

Zu den wichtigsten Sehenswürdigkeiten der Fuggerei gehören die St.-Markus-Kirche sowie die einstige Schule und Mesnerwohnung in der Herrengasse. Achtet in der Mittleren Gasse auf das Haus Nummer 13. Seine Erdgeschosswohnung ist die einzige original erhaltene Wohnung der Sozialsiedlung mit Küche, Wohn- und Schlafstube. Gruselig wird es in der Ochsengasse 52. Im Obergeschoss lebte Dorothea Braun, die von ihrer Tochter der Hexerei beschuldigt wurde. Nach »scharfer Marter« gestand sie und wurde am 25. September 1625 enthauptet und verbrannt. Damit war Dorothea Braun das erste Opfer des Hexenwahns in Augsburg.

Anreise Öffentlich: Bahnlinie München–Augsburg. Auto: A 8 München–Stuttgart, Ausfahrt Augsburg-Ost.

Informationen Fuggerei 56, 86152 Augsburg, Haupteingang Jakoberstraße, Tel. 0821/319 88 10; www.fugger.de.

Öffnungszeiten April–Sept. tgl. 8–20 Uhr, Okt.–März 9–18 Uhr.

Preise Eintritt (inkl. Museum, Bunker und Schauwohnung) Erwachsene 4 €, Kinder (8–18 Jahre) 2 €; Familienkarte 8 €.

Ja, du hast richtig gelesen. Und nicht nur das. Du kannst auch die Milchstraße aus Tausenden von Lichtjahren Entfernung betrachten. Du siehst Asteroiden vorbeifliegen. Und du bist bei der ersten Landung auf dem Mond »live« dabei: im Planetarium Augsburg, dem modernsten digitalen Planetarium Süddeutschlands!

DER Kindheitstraum: Astronaut sein. Mit dem Raumschiff zum Mond und zu weit entfernten Galaxien fliegen. Wie klein und zerbrechlich die Erde durch die Sichtluken einer Rakete aussieht! Sogar die Reise zum Mars ist hier schon möglich. Mit dem Weltraum-Simulator kannst du mitten in Augsburg eine täuschend echte Reise ins Weltall unternehmen. Und zu welchem Himmelsobjekt du möchtest, entscheidest du! Sieben digitale Beamer mit spezieller Optik erzeugen in der Kuppel des Planetariums einen überaus realistischen Sternenhimmel.

Über Laserstrahlen siehst du, wie sich die Planeten bewegen und zueinander verschieben. So wird Astronomie lebendig! Wie wäre es mit einer Tour durch die Geschichte des Universums? Oder möchtest du lieber beim Start einer Ariane-Rakete dabei sein? Sicher ist: Du wirst die Welt danach mit anderen Augen sehen …

ANTENNE BAYERN TIPP

Auch für Kinder gibt es im Planetarium fantastische Angebote: von »Peterchens Mondfahrt« für die Kleinen bis zur »Kids Night«, einer Sternennacht für Schulkinder.

Anfahrt **Öffentlich:** Zug nach Augsburg, Straßenbahnlinien 1, 2, 4, Buslinien 22, 23. **Auto:** A 8 Ausfahrt Augsburg-Ost, Richtung Augsburg-Zentrum fahren, über Georg-Haindl-Straße, Müllerstraße, Unterer Graben und Leonhardsberg zur Ludwigstraße.

Informationen Sparkassen-Planetarium Augsburg, Ludwigstraße 14 (gemeinsamer Besuchereingang mit Naturmuseum und Augusta-Garage), 86152 Augsburg, Tel. 0821/324 67 40; www.planetarium-augsburg.de.

Preise Schüler und Studenten 5 €, Erwachsene 7,50 €, Familienkarte 17 €.

242 Rafting-Spaß auf dem Olympia-Eiskanal

Der absolute Kick für Rafting-Fans: Mit einem Mini-Raft auf dem legendären Augsburger Eiskanal zu fahren – da schnellt das Adrenalin nur so in die Höhe! Also nicht lang überlegen, sondern rein ins Boot und ab aufs Wasser. Und vielleicht trainiert nach dir ja die National-mannschaft und du kannst noch ein wenig zuschauen …

Auch wenn du nicht zu den Rafting-Cracks zählst, sondern noch Anfänger bist, darfst du dir die abenteuerliche Fahrt auf dem Augsburger Eiskanal ruhig zutrauen – schließlich sitzt du mit einem ausgebildeten Bootsfüh-rer und zwei bis vier anderen Raftern in einem Boot! Außerdem wird der Schwierigkeitsgrad immer an die jeweilige Gruppe angepasst.

Doch egal, ob WW II, III oder IV – immer sind Mut, Teamgeist und Ge-schicklichkeit gefordert. Bevor du deine Rafting-Künste beweisen darfst, werden erst Paddeln, sicheres Sitzen und natürlich auch der Notfall »Mann über Bord« an Land geübt. Danach geht's in das eiskalte Wasser – natürlich mit Neoprenanzug, der wie die gesamte Ausrüstung gestellt wird. Gemeinsam durchfahrt ihr die gigantische, 660 Meter lange Beton-rinne, meistert künstliche Hindernisse wie den »Zuckerhut« oder »Moby Dick« und überwindet einen Höhenunterschied von über vier Metern. Sanfte Wellen wechseln sich mit Stromschnellen, schäumenden Walzen und hohen Wogen ab – am Ziel bist du klatschnass, hast aber garantiert Lust auf den nächsten, etwas waghalsigeren Durchgang.

Anfahrt Öffentlich: Zug nach Augsburg-Hochzoll, ca. 10 Minuten Fußweg. **Auto:** A 8 Ausfahrt Augsburg-Ost, Richtung Füssen fahren, an der Kreuzung Berliner Allee/Friedberger Straße geradeaus, nach ca. 800 m Parkplatz des Stadions.

Informationen Rafting Tours Augsburg, Gögginger Straße 50, 86159 Augsburg, Tel. 0821/55 00 55; www.raftingcanyoning.com.

Preise Pro Person: 2 Fahrten 45 €, 3 Fahrten 55 €, 4 Fahrten 65 €.

Bei Jim Knopf auf dem Lummerland-Spielplatz

»Eine Insel mit zwei Bergen und dem tiefen weiten Meer, mit viel Tunnels und Geleisen und dem Eisenbahnverkehr. Nun, wie mag die Insel heißen, ringsherum ist schöner Strand, jeder sollte einmal reisen in das schöne Lummerland.« – Na, dann mal los im Gänsemarsch und Tippelschritt … zum Augsburger Spielplatz am Roten Tor.

Jeder weiß, wer Jim Knopf, Lukas, Emma und August der Viertel-vor-Zwölfte ist. Klar, oder? Denn die Geschichten von Jim Knopf und Lukas dem Lokomotivführer sind Klassiker. Und deswegen kennt ihr natürlich auch das Lummerland! Die Insel mit den zwei Bergen, auf der Lukas und Jim Knopf zu Hause sind.

Augsburg ist seit jeher durch das Marionettentheater Augsburger Puppenkiste stark mit den Geschichten von Michael Ende verbandelt. Und ganz in der Nähe der Augsburger Puppenkiste, in den Wallanlagen am Roten Tor im Südosten der Altstadt, gibt es außerdem den supertollen Spielplatz Lummerland. Das ist euer perfektes Ausflugsziel – vor allem mit kleineren Kindern. Mit Holz, Steinen und Sand ist hier Lummerland nachgebaut. Ihr findet Frau Waas mit ihrem Einkaufsladen. Und natürlich trefft ihr Jim Knopf und Lukas. Rutscht doch von den beiden Bergen, krabbelt durch den Tunnel, schaukelt mit dem Schiff oder besucht König Alfons in seiner Burg.

Anfahrt **Öffentlich:** Mit der Bahn bis Augsburg, weiter mit der Straßenbahn, Haltestelle »Rotes Tor«. **Auto:** Über die A 8, Ausfahrt Augsburg-Ost, oder über die B 17, Richtung Stadtmitte, Parkmöglichkeit z. B. im Parkhaus City Galerie.

Informationen Augsburg Tourismus, Schießgrabenstraße 14,

86150 Augsburg, Tel. 0821/50 20 70; www.augsburg-tourismus.de. Spielplan und Preise des Marionettentheaters siehe www.augsburger-puppenkiste.de.

Öffnungszeiten Der Spielplatz ist jederzeit frei zugänglich.

Anfahrt Öffentlich: Dasing liegt auf der Bahnstrecke Augsburg–Ingolstadt, ab Dasing ca. 1 km Fußweg. **Auto:** Von der A 8, Ausfahrt Dasing, in Richtung Dasing fahren.

Informationen Jimmy's Fun Park, Laimeringer Straße 1, 86453 Dasing, Tel. 08205/96 94 92; www.jimmys-funpark.de.

Öffnungszeiten Mo, Mi–Fr 14–19 Uhr, Sa/So/feiertags/Ferien 10–19 Uhr, Di in den Ferien geöffnet.

Preise Erwachsene 6,50 €, Kinder ab 2 Jahren 9,50 €.

In Jimmy's Funpark, dem großen Tobe- und Spieleparadies an der Augsburger Autobahn, geht stets die Post ab. Denn der Park ist Garant für gute Laune bei Groß und Klein, und das bei noch so schlechtem Wetter. Hier könnt ihr herumtollen, was das Zeug hält – zahllose unterhaltsame Spielgeräte laden dazu ein.

Jimmy's Funpark ist einer der größten Indoor-Spielplätze Bayerns, in dem sich Kinder gern gemeinsam mit ihren Eltern auspowern können. »Gemeinsam« ist hier ausdrücklich die Devise. Denn das Besondere an Jimmy's Funpark ist, dass alle Geräte auch von Erwachsenen benutzt werden dürfen. So könnt ihr zusammen Trampolin springen, auf drehenden Scheiben sausen, auf dem Donut Glider rutschen, den hohen Spiderturm erklettern oder das Piratenschiff entern. Probiert, auf einen Vulkan zu steigen, dort ist sogar das Abstürzen und Herunterrutschen lustig.

Vielleicht wollt ihr euch einmal wie Torwart Manuel Neuer fühlen? Dann ab in die Riesentorwand. Um den Ball zu fangen, müsst ihr gewaltig springen. Aber das Hinfallen schmerzt nicht, denn die Torwand ist mit Luft gefüllt. Richtig spannend wird es beim Wettkampf zwischen den Generationen. Ob beim Air-Hockey oder im Reaktions-Schnelltest: Wer hier wohl fitter ist? Für die Abkühlung erhitzter Kampfgeister sorgt eine meist feucht endende Fahrt in Plastikbooten im Poolbecken. Wer eine Pause braucht, kann jede halbe Stunde mit der Bongo-Bahn durch die Halle fahren oder sich auf die bereitstehenden Massageliegen verkrümeln. Spätestens wenn Hunger oder Durst rufen, sitzen dann ohnehin alle im Restaurant wieder zusammen.

Übrigens: Die Hallen dürfen weder mit Straßenschuhen noch barfuß begangen werden. Und schaut öfter mal auf der Homepage des Funparks nach. Tolle Events wie Afrikanische Wochen finden immer wieder statt.

ANTENNE BAYERN TIPP

Unweit des Funparks liegt der große Dasinger Bauernmarkt, eine etwas andere Autobahnraststätte. Hier könnt ihr regionale Lebensmittel sogar am Sonntag einkaufen.

Anfahrt   **Öffentlich:** Mit der Bahn bis Augsburg, weiter mit dem Bus Richtung Rehling, Haltestelle »Rehling-Au«.   **Auto:** Auf der A 8, Ausfahrt Augsburg-Ost, weiter über die St 2035 und die St 2381 nach Rehling; oder auf der B 2, Ausfahrt Langweid, nach Rehling.

Informationen   Soccerpark Rehling, Auer Bergstraße, 86508 Rehling, Tel. 08237/ 959 39 67; www.soccerpark-rehling.de.

Öffnungszeiten   April/Okt. Do/Fr 13–18 Uhr, Sa/So/feiertags/Ferien 10–18 Uhr Mai–Sept. Di–Fr 13–20 Uhr, Sa/So/feiertags/ Ferien 9–20 Uhr, Mo Ruhetag (außer in den Ferien oder an Feiertagen).

Preise   Erwachsene 11 €, Kinder von 6–15 Jahren 7 €.

Fußballgolf – ein Funsport für alle

Wenn zwei Sportarten kombiniert werden, heißt das Ergebnis Soccergolf! Testet das Golfspielen mit dem Fußball, es ist gar nicht so schwer und bringt außerdem jede Menge witzige Unterhaltung. Tragt doch ein Familienduell aus! Alt gegen Jung, Frauen gegen Männer – das geht nämlich auch völlig ohne Fußball-Vorkenntnisse.

Der Soccerpark Rehling liegt mitten im Wittelsbacher Land nördlich von Augsburg. Hier widmet ihr euch ausschließlich der Fun-Sportart Soccergolf. Was das ist? Ganz einfach: Fußballgolf. Der Soccerpark ist in dieser Art der einzige in Bayerisch-Schwaben und ein herausragendes Ausflugsziel. Nicht nur für Familien mit fußballbegeisterten Jungs. Im Soccerpark haben nämlich alle ihren Spaß an der frischen Luft – egal, ob Groß oder Klein!

Natürlich ähnelt Soccergolf dem klassischen Golfsport und auch dem Minigolf. In Rehling spielt ihr aber nur mit den Füßen und einem Fußball auf den 18 Bahnen. Die führen mehr als zwei Kilometer über die Felder. Aber einfach ist es nicht, denn sie sind gespickt mit jeder Menge Hindernissen. So müsst ihr z. B. den Ball durch ein Loch oder einen Reifen schießen. Oder punktgenau einen Treffer landen, indem ihr den Ball mit dem Fuß in eine Mulde bugsiert. Ihr umrundet Felsen oder zielt unter Baumstämmen hindurch. Wenn ihr jetzt glaubt, Fußballspieler wären im Vorteil, dann täuscht ihr euch gewaltig.

Die wirklich guten Spieler schaffen diesen Platz mit 72 »Schüssen«. Probiert es aus – wie viele Schüsse benötigt ihr?

Falls ihr hungrig und durstig seid, gibt es vor Ort einen Kiosk mit kleinen Gerichten und Getränken zur Stärkung. Übrigens eignet sich der Soccerpark auch super für einen Schulausflug. Ihr müsst nur eure Lehrer überzeugen.

ANTENNE BAYERN TIPP

Die Unermüdlichen unter euch kombinieren den Ausflug vielleicht mit einem Besuch des Kletterwalds Schloss Scherneck in Rehling. Hier bezwingt ihr neun Parcours mit vielen verzwickten Elementen. Ein tolles Erlebnis, bei dem schon Kinder ab sechs Jahren mit einem Erwachsenen mitklettern können.

246

Sisi-Schloss
in Unterwittelsbach

Wusstest du, dass es auch in Bayern ein »Sisi-Schloss« gibt, nicht nur in Schönbrunn in Wien? Gemeint ist das romantische Wasserschloss in Unterwittelsbach bei Aichach, das im Volksmund nur »Sisi-Schloss« genannt wird. Denn hier hat die spätere Kaiserin als Kind heitere und unbeschwerte Stunden verbracht.

Im Jahr 1838 erwarb Sisis Vater, Herzog Max von Bayern, das Anwesen. Der Kaufpreis soll 56 500 Gulden betragen haben, das wären heute etwa 750 000 Euro – geradezu ein »Schnäppchen«, wenn man bedenkt, dass zum Wasserschloss noch rund 800 Hektar Wald gehörten. Der Herzog ließ die »Burg«, wie er das Wasserschloss liebevoll nannte, erweitern und zu einem typisch bayerischen Landschloss umbauen. Die Einrichtung im Schloss war einfach und zweckmäßig, vermutlich schlichte Biedermeier-möbel. Denn das Schloss diente nicht zu offiziellen Zwecken, sondern nur als privates Jagdschloss. So hat »Sisi« in ihrer frühen Kindheit zeitweise die Sommermonate hier verbracht. Noch heute erzählt man sich allerlei Geschichten um den lebensfrohen Herzog und seine Familie.

Herzog Max war viel auf Reisen, die ihn bis in den Orient führten. Daran erinnert der Altar in der neugotischen Schlosskapelle. Die Kapelle soll 1841 mit Wasser aus dem Fluss Jordan geweiht worden sein. Heute finden im »Sisi-Schloss« wechselnde Ausstellungen rund um das Leben der Kaiserin Elisabeth und ihrer Familie statt. Es ist Station der Sisi-Straße, die den Lebensstationen der Kaiserin Elisabeth folgt.

Anfahrt Öffentlich: Bahnlinie München– Ingolstadt, ab Ingolstadt Regionalbahn nach Aichach, ab Aichach ca. 25 Minuten Fußweg Richtung Nord-Ost. **Auto:** A 8 München– Stuttgart, Ausfahrt Dasing, Richtung Aichach/ Friedberg/B300, B 300, Ausschilderung nach Aichach folgen.

Informationen Sisi-Schloss Unter- wittelsbach, Klausenweg 1, 86551 Aichach, Tel. 08251/89 18 69; www.aichach.de.

Öffnungszeiten Mai–Okt. Di–Fr 10–17 Uhr, Sa/So/feiertags 10-18 Uhr.

Hier dreht sich alles um edle Alpakas. Die sanftmütigen Tiere leben in der kleinen Alpakazucht »Westwood Alpacas« in Horgau. Besucht sie und geht mit ihnen auf Wanderung. Dieses außergewöhnliche Tier- und Naturerlebnis ist eine unvergessliche Erfahrung – so startet ihr zu einem Familienausflug, bei dem mit Sicherheit alle ihren Spaß haben.

Ursprünglich stammen Alpakas aus den Anden in Südamerika. Dort werden sie als Lastentiere genutzt und wegen ihrer Wolle gezüchtet. Mittlerweile sieht man diese grazilen Tiere immer öfter auch in Bayern.

Schaut euch diese wuscheligen Tiere einmal ganz aus der Nähe an. Am besten in Horgau bei der Westwood-Alpacas-Zucht. Wie der Name schon sagt, liegt die Farm im Naturpark Westliche Wälder. Hier züchten Claudia und Walter ihre Alpakas – bei einem Besuch lernt ihr viel über ihre Herkunft, die Zucht, die Verwendung der weichen Wolle und die Eigenheiten dieser ungewöhnlichen Tiere.

Den Höhepunkt bildet ein gemeinsamer Ausflug mit den Alpakas. Dabei lernt ihr Nepomuk, Nico, El Hakim oder Nidiva bestimmt näher kennen. Lasst euch begeistern und verzaubern. Die frische Luft, die Begegnung mit der Natur und der innige Kontakt zu den sanften Tieren sorgen bestimmt dafür, dass ihr den Alltag ganz schnell vergesst. Die geführte Wanderung dauert gut 1,5 Stunden.

Anfahrt **Öffentlich:** Mit der Bahn bis Kutzenhausen, weiter mit dem Bus. **Auto:** Auf der A 8, Ausfahrt Zusmarshausen, weiter über die B 10 Richtung Augsburg, Grottenberg liegt nördlich von Horgau; über die A 8, Ausfahrt Adelsried, weiter über die St 2032 und die A 5 nach Grottenberg/Horgau.

Informationen Westwood Alpacas, Grottenberg 8 (Stall), 86497 Horgau, Tel. 0177/288 34 51; www.westwood-alpacas.de.

Öffnungszeiten Ganzjährig möglich, aber nur nach Voranmeldung.

Preise Pro Tierführer 25 €, Begleitperson (ohne Tier) 10 €

Anfahrt **Öffentlich:** Mit der Bahn bis Günzburg, weiter mit dem Legoland-Bus. **Auto:** Über die A 8, Ausfahrt Günzburg, oder über die B 16 ins ausgeschilderte Legoland.

Informationen Legoland, Legoland Allee, 89312 Günzburg, Tel. 0180/670 07 57 01; www.legoland.de.

Öffnungszeiten 28. März–8. Nov. tgl. 10–18 Uhr, im Sommer und in den Ferien auch länger.

Preise Erwachsene und Kinder ab 12 Jahren 45,50 €, Kinder von 3–11 Jahren 40,50 €, Online-Tickets billiger.

Riesenklötzchen im bunten Legoland

Für alle Fans der kleinen, bunten Kunststoffklötzchen – euch bestimmt besser bekannt unter dem Namen Lego – ist der Besuch des Freizeitparks Legoland fast schon verpflichtend. Im deutschen Legoland nahe der schwäbischen Stadt Günzburg erlebt ihr einen fantastischen Tag mit der ganzen Familie.

Kinder lieben diesen Freizeitpark und Erwachsene werden wieder zu Kindern. Kein Wunder bei den vielen Attraktionen im Legoland. Unter dem Motto »Erlebt das Abenteuer!« stürzt ihr euch ins Getümmel. Bringt Zeit mit, denn ein Ausflug ins Legoland ist tagesfüllend.

Am besten kundschaftet ihr zuerst alle Themenwelten aus: Überall erlebt ihr actionreiche Abenteuer mit viel Fahrspaß. Ihr erkundet, baut und spielt im Bereich Imagination. Hier steht auch die Lego Arena, in der verschiedene spannende Liveshows stattfinden.

Familien mit größeren Kindern finden den Bereich Lego X-treme bestimmt ganz super. Hier gilt bei allem: schneller, wilder und höher – und auch das fantastische 4-D-Kino kitzelt eure Nerven. Eine Dschungel-X-pedition führt euch durch noch unerforschten Regenwald, während ihr im Reich der Pharaonen auf interaktiven Indoor-Fahrattraktionen durch die Dunkelheit auf Schatzsuche geht. Neu ist das große Lego Rennen – ein rasantes Achterbahn-Wettrennen, das dir mit Virtual-Reality-Brille den ultimativen Adrenalin-Kick verschafft.

Eine weitere Sensation im Park ist das Miniland. Diese Miniaturlandschaft ist aus über 25 Millionen Lego-Steinen aufgebaut. Schaut euch bekannte Denkmäler und Bauwerke aus ganz Europa genau an. Unübersehbar sind beispielsweise die große Münchener Allianz Arena, der Berliner Reichstag, der Hamburger Hafen oder Schloss Neuschwanstein. Außerdem sind hier legendäre Szenen aus Star Wars nachgestellt. Überhaupt stoßt ihr auf ganz viele Lego-Sets, die ihr bestimmt von eurem Zuhause kennt. Lasst euch faszinieren von der unglaublichen Detailtreue und den vielen tollen Farben.

249 Größter Römertempel nördlich der Alpen

Schon die alten Römer hatten ein Faible für Wellness und nahmen gern täglich ein Bad, nicht nur zu Hause, sondern auch in den eroberten Pro-vinzen. Beispielsweise in Phoebiana, dem heutigen Lauinger Stadtteil Faimingen. Das Zentrum der Badeaktivitäten bildete der Apollo-Grannus-Tempel, der größte römische Tempel nördlich der Alpen.

Die rund 1000 Quadratmeter große Tempelanlage wurde um das Jahr 70 n. Chr. erbaut und war den Göttern Apollo und Grannus geweiht. Der Tempel war nicht nur ein Ort des Gebets, sondern auch der Hoffnung auf Besserung und Heilung von Krankheiten. Welche Bedeutung Phoebiana vor rund 1800 Jahren für die Römer hatte, erkennt ihr daran, dass die Römer ihre Wege aus allen vier Himmelsrichtungen auf die Stadt zuführen ließen. Als später das Römische Reich vergrößert und der Limes die nördliche Befestigung der Provinz Raetien wurde, war Phoebiana vor allem aus militärischer Sicht als Nachschubstandort interessant. In jene Zeit fiel auch der Bau des Apollo-Grannus-Tempels, der aus dem früheren Militärstützpunkt eine gepflegte römische Wellness- und Kuroase machen sollte. Von der einstigen Stadt könnt ihr heute nichts mehr erkennen. Nach mühevollen, mit Unterbrechungen fast hundert Jahre dauernden Ausgrabungen wurde der Apollo-Grannus-Tempel rekonstruiert. Das Ergebnis ist durchaus beeindruckend, obwohl eine Rinne im Boden das einzige erhaltene Original ist. Das, was mit Liebe zum Detail wiederaufgebaut wurde, beflügelt die Fantasie. Überzeugt euch selbst!

Anfahrt   Öffentlich: Bahnlinie München–Günzburg, ab Günzburg Regionalbahn nach Lauingen, ab Lauingen Bus nach Faimingen. **Auto:** A 8 München–Stuttgart, Ausfahrt Burgau, Ausschilderung nach Lauingen folgen.

Informationen   Stadt Lauingen, Herzog-Georg-Straße 17, 89415 Lauingen (Donau), Tel. 09072/99 80; www.lauingen.de.

Öffnungszeiten   Ganzjährig geöffnet.

Live dabei – beim Straußenschlüpfen

Etwas Geduld und Glück brauchst du schon, wenn du ein Straußen küken beim Schlüpfen beobachten willst. Dafür ist es aber sehr beeindruckend zu sehen, wie sich das Küken nach und nach durch die Schale des Eis zwängt, schließlich ganz verschmiert und klebrig herausschlüpft und sich mit einem zarten Piep meldet.

Das könnt ihr auf der Straußenfarm »Donaumoos« in Leipheim miterleben. Die voraussichtlichen Schlüpftermine der Küken werden im Internet angekündigt. Aber natürlich kommen auch Straußenbabys dann, wenn sie wollen – bei den exotischen Laufvögeln normalerweise nach 42 Tagen Brutzeit. Das Schlüpfen kann bis zu 48 Stunden dauern …

Doch auch wenn du dieses spannende Ereignis vielleicht gerade verpasst hast, ist die Straußenfarm einen Besuch wert. Denn nach ihrer Geburt werden die flauschigen Küken in besonderen Gehegen aufgezogen, in denen sie aufgeregt hin und her wuseln. Sobald sie ausgewachsen sind, kommen sie zu den »Erwachsenen« in ein weitläufiges Freigehege.

Doch du kannst die afrikanischen Vögel nicht nur beobachten, sondern auch alles rund um die Tiere kaufen – vom Straußenfleisch bis hin zu den Federn. Sollte der Hofladen gerade nicht geöffnet haben: einfach klingeln!

Anfahrt **Öffentlich:** Zug nach Leipheim, vom Bahnhof ca. 2,7 km Fußweg, entweder entlang der GZ 4 Richtung Riedheim/Langenau oder durch den Donauwald; alternativ mit dem Taxi fahren. **Auto:** A 8 Ausfahrt Leipheim, im Ort nach ca. 500 m abbiegen Richtung Riedheim/Langenau, nach ca. 1 km langgezogene Linkskurve mit Warntafeln, vor den Tafeln rechts auf geteerten Feldweg abbiegen; die Farm liegt ca. 1 km von der Hauptstraße entfernt auf der linken Seite.

Informationen Straußenfarm Donaumoos, Familie Engelhardt, Herdweg 2, 89340 Leipheim, Tel. 08221/27 32 09; www.straussenfarm-donaumoos.de.

Preise Kinder (ab 3 Jahre) 2,50 €, Erwachsene 3 €; Führungen ab 10 Personen mit Voranmeldung (ca. 1,5–2 Std.): 60 € (bis 15 Personen), Eintrittspreis + 1,50 €/ Person für größere Gruppen.

Register

Museen, Ausstellungen, Sehenswürdigkeiten

Natur

Outdoor-Action und Sport

Spielplätze

Städte und Stadtführungen

Wanderungen und Erlebnisausflüge

Tiere